Harald

CW01424623

Abpfeifen!

MSV Duisburg
Die Saison 2020 / 2021
aus der Sicht eines Fans

Harald „*Harry*" Steffen wurde 1968 in Duisburg geboren. Er ist verheiratet und hat zwei Kinder. Neben seiner Tätigkeit als kaufmännischer Angestellter macht er Musik. Außerdem fotografiert er sehr gerne; mit Vorliebe die Landschaft Skandinaviens sowie der britischen Inseln. Und durch seine Leidenschaft zum Fußball, *insbesondere dem MSV Duisburg*, ist er zum Autor geworden.

Herstellung und Verlag:
BoD - Books on Demand, Norderstedt.
ISBN: 9783754325353

Alle MSV-Flyer ©2020/2021 Mit freundlicher Genehmigung des MSV Duisburg

Vielen Dank an Nico Herbertz für die tollen Fotos!

Inhaltsverzeichnis

13.03.21	28	Viktoria Köln - *MSV Duisburg*	3:1	*127*
16.03.21	24 (N)	Hallescher FC - *MSV Duisburg*	1:1	*131*
20.03.21	29	*MSV Duisburg* - Türkgügü München	3:2	*135*
03.04.21	30	SC Verl - *MSV Duisburg*	1:2	*141*
10.04.21	31	*MSV Duisburg* - Waldhof Mannheim	1:1	*146*
20.04.21	33	*MSV Duisburg* - 1. FC Kaiserslautern	2:2	*150*
25.04.21	34	Wehen Wiesbaden - *MSV Duisburg*	0:3	*154*
28.04.21	32 (N)	Dynamo Dresden - *MSV Duisburg*	1:0	*158*
05.05.21	35	*MSV Duisburg* - Bayern München II	2:2	*162*
08.05.21	36	1. FC Mageburg - *MSV Duisburg*	3:2	*166*
12.05.21	NRP1	KFC Uerdingen - *MSV Duisburg*	0:5	*170*
15.05.21	37	*MSV Duisburg* - FC Ingolstadt	1:5	*172*
19.05.21	NRP2	Wuppertaler SV - *MSV Duisburg*	6:2	*175*
22.05.21	38	SV Meppen - *MSV Duisburg*	2:1	*177*

Abschlusstabelle *182*

Das Team

1 *Leo Weinkauf*
2 *Maximilian Sauer*
3 *Dominik Schmidt*
4 *Dominik Volkmer*
5 *Mirnes Pepic*
6 *Connor Krempicki*
7 *Lukas Scepanik*
8 *Darius Ghindovean*
9 *Ahmet Engin*
* 10 *Moritz Stoppelkamp*
11 *Arnold Budimbu*
12 Die Fans vom MSV Duisburg
13 *Julian Hettwer*
14 *Stefan Welkov*
15 *Tobias Fleckstein*
17 *Arne Sicker*
19 *Sinan Karweina*
20 *Leroy-Jacques Mickels*
21 *Maximilian Jansen*
22 *Jonas Brendieck*
23 *Joshua Bitter*
24 *Vincent Vermeij*
26 *Vincent Gembalies*
27 *Nico Bretschneider*
28 *David Tomic*
29 *Orhan Ademi*
30 *Steven Deana*
31 *Fredericos Palacios*
35 *Cem Sabanci*
36 *Wilson Kamavuaka*
37 *Marlon Frey*
39 *Azis Bouhaddouz*

Trainer: *Torsten Lieberknecht, Gino Lettieri, Pavel Dotchev*
Co-Trainer: *Marvin Compper*

14. September 2020 - DFB-Pokal (1. Hauptrunde)
MSV Duisburg - Borussia Dortmund

Stelle Dir vor, Du bekommst im Pokal endlich mal wieder ein Traumlos und dann darfst Du nicht ins Stadion. Oder um es anders zu formulieren: *Nach der Corona-Saison ist vor der Corona-Saison.* Eigentlich habe ich gehofft, dass wir mit einem jetzt doch eingespielten Team das Thema Aufstieg in Angriff nehmen. Aber aufgrund erheblicher Abgänge fangen wir zwar nicht wieder bei null, aber auch nicht viel weiter darüber an. Jedenfalls wurden heute hundert Tickets unter den Fans für die dreihundert zugelassenen Zuschauern verlost. Ich habe es versucht, aber natürlich erfolglos. So haben uns die avisierten dreißig Grad des Spätsommers dazu animiert, nochmals den Grill rauszuholen und wir treffen uns beim Björn, um den Abend bereits ab 18h zu begehen. Ich erwähne dabei explizit, dass wir uns im Dunstkreis der Verordnungen rund um die Maßnahmen gegen die Verbreitung des Coronavirus entsprechend verhalten und die Teilnehmerzahl dabei noch weit unter der Maximalgrenze liegt. Und schnell entwickelt sich der Abend zu dem Event, das aufgrund sinnfreier Dialoge Fußball anzuschauen eigentlich überflüssig macht:

Peter: *„1975 war ich unfreiwillig auf einem Julia Iglesias Konzert auf Mallorca."*
Simon: *„Laut meinem Arzt sollte ich nie wieder etwas heben."*
Ich: *„Stell sofort die Bierflasche ab."*

Björn: *„Warum hast Du eigentlich ein schwarzes Trikot an?"*
Ich: *„Er hat nur eins."*
Peter: *„Stimmt nicht. Ich habe fünf."*

Ich: *„Aber die sind alle schwarz."*

Das Grillen ist lecker und der Abend extrem gesellig. Da stelle ich die Frage, ob wir uns überhaupt noch das Spiel anschauen sollen. Der Abend kann eigentlich nicht besser werden. Aber der eigentliche Grund für den gemeinsamen Abend ist dann doch gekommen. Bei der Aufstellung der Dortmunder wird mir schon übel. *„Das ist ja voll die B-Elf. Selbst Reus sitzt auf der Bank"*, versuche ich meine Befürchtung vor dem nicht abwendbaren Desaster in den Griff zu bekommen. *„Wenn der MSV einen schlechten Tag hat, hat Dortmund eine Chance,"* füge ich hinzu. Bei uns ist Vermeij Kapitän was bedeutet, dass Stoppelkamp noch immer krank ist. *Und auch Mickels fehlt.* Na, das fängt doch schon wieder super an. Die beste Nachricht nach drei Minuten: *Es steht noch 0:0.* Das ist gut.

Ich: *„Warum kommt eigentlich ein englisches Supertalent von der Insel nach Dortmund?"*
Björn: *„Damit er gegen den MSV spielen kann."*

Nach zehn Minuten ist es ein Spiel auf ein Tor. *Leider auf unseres.* Aber etwas anderes konnte auch nicht erwartet werden. Die neuen Trikots des MSV gefallen mir sehr gut. *Ich will eins haben.* Kurz danach gibt die erste fette Chance für die Borussen. Aber *Babyface Haaland* tritt über den Ball. Ich hoffe, dass wir die Gäste müde machen und muss angesichts dieses Gedankens sofort in mich hineinlachen. Nach knappen vierzehn Minuten haben die Gäste jedenfalls noch den vollen Tank und kommen über links. Die halbhohe Hereingabe in den Strafraum springt einem Duisburger Verteidiger an Arm. Es folgt der sofortige Pfiff mit der Folge, dass es einen Strafstoß für Dortmund gibt. *Jetzt nicht im ernst, oder?* Ich wette, den hätte es auf der Gegenseite nicht gegeben. Der Sachverhalt von Strafstößen für und gegen uns ich ohnehin seit Jahren ein leidiges Thema. Und dass selbige von unseren Keepern kaum gehalten werden, ändert sich heute auch nicht. Ich meine, es war Flekken, der zuletzt einen gehalten hat. So steht es nach einer Viertelstunde 0:1 und selbst die Hoffnung auf ein Weiterkommen nach torlosen hundertzwanzig Minuten ist frühzeitig Geschichte.

Zwanzig Minuten sind um. Zwei Duisburger Fehlpässe innerhalb von Augenblicken stehen als Synonym für unser Spiel. Dann hebt ein Dortmunder schon wieder *vor* einem möglichen Foul ab. Das nervt total. *Haben die das echt nötig?* Wir verteilen auch so schon genug Gastgeschenke. Da brauchen wir nicht auch noch die des Schiedsrichters, der nämlich auf Foulspiel entscheidet. Beim MSV läuft derweil noch immer nicht viel zusammen. *Es könnte am Gegner liegen.* Denn der Respekt scheint omnipräsent. Die Gelbe Karte gegen das Dortmunder Wunderkind aus England ist hingegen amüsant, da er einen Ersatzball wegschießt, der neben dem Tor liegt.

Mitte der ersten Halbzeit dann doch ein Angriff des MSV. Engin kommt über links und bis in Strafraum. Er schießt mit rechts ... *drüber.* Das hat er gut gemacht, aber letztendlich wäre auch mehr möglich gewesen. Viele solcher Möglichkeiten werden wir sicher nicht mehr haben. Dann gibt es die Gelbe Karte gegen Karweina. Es soll sein zweites Foul gewesen sein, obwohl das erste die zuvor geschilderte Dortmunder Fallstudie gewesen ist. Den folgenden Freistoß von Can lenkt Weinkauf über Latte. *Eine halbe Stunde ist um.* Karweina versucht es aus der Distanz und der Ball kommt auch aufs Tor. Allerdings auch direkt auf den Keeper. Im Gegenzug dann die Dortmunder, die sich mit Hacke & Co in den Strafraum kombinieren. Weinkauf ist beim Schuss dran, aber der Ball senkt sich per Bogenlampe zum 0:2 ins Tor. Wir nehmen es relativ emotionslos zur Kenntnis.

Und dann irre ich mich. Ich war mir sicher, dass es im Finale 1954 zur Halbzeit schon 3:2 für Deutschland stand. *Aber Rahn schoss erst in der 84. Minute aus dem Hintergrund.* Ich schäme mich. *Wie konnte ich mich nur derart irren?* In der Gegenwart läuft die 38. Minute und Haaland auf unser Tor zu. Volkmer grätscht und foult. Und es kommt, wie es kommen muss: *Rote Karte.* Dass der folgende Freistoß von Hazard dann auch noch in den Winkel geht, ist dann eine Mischung aus spielerischer Demut und optimalem Pech. Fünf Minuten später ist Scepaniks Schuss zwar scharf, geht aber drüber. Wir nehmen die Pause wohlwollend zur Kenntnis.

Zur zweiten Halbzeit kommen beim MSV Ademi und Jansen für Vermeij und Karweina. Und uns erreicht die Nachricht, dass Tina ist im Stadion. *Wir sollten ihr schreiben, dass wir sie nicht hören können.* Auf dem Rasen sind drei Minuten vergangen. Wieder ist es Scepanik, der einen Freistoß ausführt. Der kommt dieses Mal auf das Tor, aber auch direkt auf den Keeper. Irgendwie komme ich mir vor wie ein Papagei. *Vorbei, drüber* und *direkt auf dem Keeper* sind zu häufig benutzte Worte. Vier Minten nach unserem Freistoß gibt es einen solchen auf der Gegenseite. Der Schuss wird von Witzel abgefälscht und landet zum 0:4 in unserem Kasten. Das kollektive Seufzen wird stetig lauter gepaart mit der Erkenntnis, dass es noch ein langer Abend werden kann.

Nach einer knappen Stunde kommen bei Dortmund Brandt, Reus und Pisczcek. *Noch Fragen?* Dann kann Dortmund im Mittelfeld den Freistoß ausführen, den sie kurz vor dem Wechsel zugesprochen bekommen haben. Und für die Zebras geht das alles viel zu schnell. So steht Reus alleine vor Weinkauf und kann den Ball mit seinem ersten Kontakt zum 0:5 einschieben. *Hallo?* Ein bisschen mehr Gegenwehr wäre echt nicht verkehrt. Und sogleich gibt es die nächste Chance. Aber jetzt kann Weinkauf den Ball über die Latte lenken. *Der sieht echt genervt aus.* Vermutlich, weil er genau *das* ist. Die

Gegenwehr des MSV lässt echt zu wünschen übrig. Wenn da echt nicht mehr ist, mache ich mir auch für die anstehende Saison keine großen Hoffnungen. Zumindest nicht, wenn der Aufstieg ein Thema sein soll. Auch der MSV wechselt und Ghindovean kommt rein. Und beim BVB noch ein von Real Madrid ausgeliehenes Talent. Wir bekämen nicht mal den Busfahrer der Madrilenen ausgeliehen.

Immerhin vergehen die nächsten Minuten ohne weitere Gegentreffer. Fünfzehn davon sind es noch, als Hazard Engin recht rüde zu Fall bringt. *Der hat schon Gelb*, rufe ich in den Raum und liege damit sogar richtig. *Aber gibt es die Ampelkarte?* Nein. *Warum auch?* Doch nicht gegen einen Dortmunder, wenn das Spiel schon entschieden ist. *So ein Feigling von Schiedsrichter.* Wenn er bisher seine rigide Linie durchgezogen hat, dann soll er das auch bis zum Ende und unabhängig von Spielstand und Gegner durchziehen. *Aber was rege ich mich auf?* So war es, so ist es und so wird es auch immer sein. *Keiner mag uns, scheißegal.* Ob sich Geburtstagskind Krempicki, der für Engin kommt, jetzt noch über seine Einwechslung freut, werden wir wohl nie erfahren.

Noch zehn Minuten. Weinkauf hält nochmal einen Schuss von Brandt und wir hoffen auch weiterhin auf das Ausbleiben weiterer Gegentreffer. In der 84. Minute geht Sicker und Fleckstein kommt. Der BVB lässt es dann aber auch gut sein, so dass es beim 0:5 bleibt. Ich habe nicht mehr erwartet. *Aber mehr erhofft.* Vor allem, wenn man zuvor die Siege von Essen gegen Bielefeld und Dresden gegen den HSV gesehen hat. Aber wir sind halt in Duisburg.

Endstand: MSV Duisburg - Borussia Dortmund 0:5 (0:3)

MSV: Weinkauf, Sauer, Gembalies, Volkmer, Sicker (84. Fleckstein), Kamavuaka, Karweina (46. Jansen), Bretschneider, Scepanik (64. Ghindovean), Engin (77. Krempicki), Vermeij (46. Ademi)

Dortmund: Hitz, Can, Hummels, Akanji, Meunier (57. Piszczek), Witsel, Bellingham (46. Delaney), Hazard, Sancho (64. Reinier), Reyna (57. Reyna), Haaland (57. Reus)

Tore: 0:1 Sancho (14., HE), 0:2 Bellingham (30.), 0:3 Hazard (39.), 0:4 Reyna (50.), 0:5 Reus (58.)

Gelbe Karte: Karweina - Bellingham, Witsel, Hazard

Rote Karte: Volkmer

Schiedsrichter: Dr. Robert Kampka (Mainz)

Zuschauer: 300

19. September 2020 - 1. Spieltag
Hansa Rostock - MSV Duisburg

Heute schauen wir uns das Spiel bei mir an. Das Bier ist kalt und die Chips sind bereitgestellt. Es kann losgehen. *Aber was erwarte ich überhaupt?* Das Spiel gegen Dortmund hat mich schon nachdenklich gestimmt, obwohl der Gegner auch nicht wirklich als Maßstab genommen werden darf. So ziemlich jeder Spieler der Dortmunder verdient mehr als unser gesamter Kader. Also schaue ich auf unseren heutigen Gegner. Hansa Rostock ist etwas unglücklich gegen Stuttgart mit 0:1 ausgeschieden. Also auch gegen einen Bundesligisten, der vom Niveau aber deutlich tiefer anzusiedeln ist. *Kann daraus eine Tendenz für heute prognostiziert werden?* Keine Ahnung. Klar ist nur, dass Stoppelkamp erneut fehlt und wohl auch langfristig nicht zur Verfügung steht. Es wird gemunkelt, dass er das Pfeiffersche Drüsenfieber hat. Ich kann mich an Olaf Bodden von 1860 München erinnern, der auch daran erkrankt war und trotz eines zwischenzeitlichen Comebacks seine Karriere letztendlich beenden musste. Und was mit Mickels ist, weiß auch niemand. Bitter hingegen scheint auf einem guten Weg, in Bälde wieder fit genug für eine Rückkehr ins Team zu sein. Während Björn, Peter und Thomas eintreffen, bekomme ich via Facebook die Aufstellung: Weinkauf, Sauer, Schmidt, Pepic, Krempicki, Scepanik, Engin, Sicker, Vermeij, Gembalies und Kamavuaka. Auf der Bank sitzen Deana, Fleckstein, Karweina, Jansen, Breitschneider, Tomic und Ademi. Mein Gefühl sagt mir, dass ich gar kein Gefühl habe. Ich bin sogar respektvoll nachdenklich. Mit Pepic spielt bei uns ein Ex-Rostocker und bei Hansa mit Verhoek ein Ex-Zebra. Derweil gibt Thomas die Devise des heutigen Tages aus:

15

„*Das ist der erste Sieg zum Aufstieg.*" Ein schöner Reim, inhaltlich aber zu hinterfragen. Dennoch stoßen wir traditionsgemäß auf drei Punkte an.

Die ersten Minuten gehören Rostock. Sowie auch der erste Torschuss. Verhoek zieht aus Pesic zwanzig Metern ab, aber genau auf Weinkauf. Auch in der Folge kommt der MSV, der heute in den gelben Trikots mit den roten Streifen spielt, nicht wirklich ins Spiel. Zehn Minuten sind um, als Hansa im Mittelfeld einen Freistoß direkt in die Füße von Engin spielt. Der spurtet los und an einem Verteidiger vorbei, um den Ball fast von der Grundlinie aus in die Mitte zu bringen. Vermeij kommt nicht dran, aber Pepic steht am zweiten Pfosten völlig frei vor dem Tor. *Das ist das 1:0.* Wir stehen bereits und reißen mangels Augen-Hirn-Kommunikation die Arme zum Jubel hoch, obwohl der Ball *nicht* im Tor ist. *Wieso nicht?* Weil Pepic zwanzig Zentimeter vor dem Tor den Ball nicht trifft. *Ist das Absicht? Ist er als Ex-Rostocker aufgrund vorheriger Pfiffe gegen sich verunsichert? Hat er noch eine vertragliche Bindung bezüglich möglicher Treffer gegen seinen Ex-Verein?* In Summe ist es jedenfalls unfassbar. Danach geht es auch etwas rustikaler zur Sache. Erst gibt es die Gelbe Karte gegen Scepanik und dann gegen Verhoek.

Björn: „*Gibt es bei Facebook eigentlich einen Algorithmus, der mir mögliche Freunde vorschlägt? Das sind nur 20jährige Models.*"
Ich: „*Das hat was mit Telepathie zu tun.*"

Nach zwanzig Minuten habe ich mal wieder das Gefühl, dass der Schiedsrichter nicht unser Freund ist. Aber diese Ansicht transformiert sich ohnehin nur sehr selten in eine objektive Wahrnehmung. Immerhin ist die anfängliche Dominanz der Gastgeber etwas abgeklungen. Warum wir aber wieder so viele Fehlpässe generieren, kann ich nicht erklären. *Zum Glück muss ich es auch nicht.* Ich stelle es nur fest. So wirklich nach vorne kommen wir seit der Führung auch nicht mehr. Ach ne, *der Ball ist ja gar nicht eigentlich drin gewesen.* So steht es Mitte der ersten Halbzeit noch 0:0. Ein Freistoß der Gastgeber von halbrechts kommt an den zweiten Pfosten und der Kopfball geht gefährlich knapp vorbei. Kamavuaka schubst seinen Gegenspieler dabei auch mehr, als dass er verteidigt. Pingelige Schiedsrichter haben da auch schon mal auf Strafstoß entschieden. *Fünf Minuten später.* Nach einem langen Pass mit anschließender Kopfballverlängerung zieht der nächste Rostocker ab, scheitert aber an Weinkauf. Zum Glück hat er zuvor nicht quergespielt. *Denn da stand Verhoek frei.* Der liegt dafür jetzt verletzt am Boden. Und er wird heute auch nicht gegen uns treffen können, da er den Platz verlassen muss.

Eine halbe Stunde ist um. Der MSV wirft auf der rechten Seite ein und spielt dann den Pass ins Sturmzentrum. Der ist aber zu steil. Vermeij setzt dennoch nach und kommt vor dem Keeper an den Ball. Er spielt zurück und Pepic versucht es mit dem Schuss.

16

Abgewehrt. Wieder über Vermeij kommt der Ball zu Sicker, der es aus zwanzig Metern versucht. Vermeij hält den Fuß dazwischen und bringt den Ball so erst richtig gefährlich auf das Tor. Der Keeper kann abwehren, aber direkt vor die Füße von Scepanik, der von halbrechts mit links direkt abnimmt, sodass der Ball links im Tor einschlägt. *Arme Katze.* Die hatte es sich gerade erst neben Björn auf der Couch bequem gemacht, verlässt aufgrund unseres Jubelschreis aber fluchtartig den Raum. *Geht doch.*

In der Folge wirkt Rostock etwas geschockt. Wieder ist der MSV mit Zwei gegen Eins im Angriff. Aber Vermeij will nochmal abspielen, so dass der Ball zu Ecke geklärt werden kann. *Zwei Minuten später.* Nach einem Foul am Strafraum gibt es für uns einen Freistoß. Da Stoppelkamp nicht da ist, übernimmt Engin. Der setzt den Ball aber drüber und ich habe plötzlich die Erleuchtung, dass solche Möglichkeiten besser genutzt werden sollten. *Besser* bedeutet im Optimalfall mit einem Tor. Oder dass der Ball irgendwie zumindest in den Bereich kommt, in dem der Torhüter aktiv werden muss. *Aber der MSV setzt nach.* Engin setzt sich energisch durch und geht im Strafraum bis zur Grundlinie. Aber der Rückpass ist dann zu ungenau. Ein zweiter Schuss wird abgewehrt. Der MSV ist jetzt echt gut im Spiel und mit mehr Präzision wäre auch noch mehr möglich. Lieberknecht legt sich unterdessen mit dem Schiedsrichter an, weil er einer seiner dubiosen Entscheidungen nicht so gut findet.

Noch eine Minute bis zur Pause. Ein langer Pass erreicht Vermeij. Aber der bekommt den Ball nicht unter Kontrolle. Im Gegenzug verliert Sicker den sicheren Ball, bekommt aber auch einen Freistoß zugesprochen und es gibt die Gelbe Karte gegen Rostock wegen Meckerns. *Vermutlich um Lieberknecht zu beruhigen.* Es ist aber tatsächlich auch ein Foul an Sicker gewesen.

Die zweite Halbzeit beginnt mit Tomic für Scepanik. *Warum? Ist der verletzt?* Sonst könne ich das nicht nachvollziehen. Hansa tätigt einen Doppelwechsel, wodurch deren Kontingent bereits ausgeschöpft ist. Denn mit Beginn der Meisterschaft wurde der Fünffachwechsel wieder abgeschafft. Hansa kommt sogleich über links. Der Rückpass an die Strafraumgrenze endet in einem Distanzschuss, den Weinkauf klären kann. Wir bekommen den Ball aber nicht weg, was erst nach zwei weiteren Klärungsversuchen bewerkstelligt wird. Es sollte das Ziel sein, den ersten Ansturm irgendwie heil zu überstehen. Doch sofort kommt es im Mittelfeld zum nächsten unnötigen Ballverlust. Der schnelle Angriff der Rostocker endet erneut in einem Distanzschuss, der diesmal neben das Tor geht. Ich hoffe, die Zebras kommen schnell wieder in die Spur. *Wie es gegen Ende der ersten Halbzeit der Fall gewesen ist.*

Wir befinden uns noch immer innerhalb der ersten fünf Minuten der zweiten Halbzeit und Hansa hält den Druck stetig hoch. Eine Ecke wird durch Weinkauf abgewehrt.

17

Auch der Nachschuss kommt wieder auf unseren Keeper, der erneut zur Stelle ist. *„Cooler Typ"*, so Björn. *„Schade, dass er nächste Saison weg ist."*

Die ersten zehn Minuten der zweiten Halbzeit haben wir jetzt überstanden. Nach einem Freistoß für Hansa kontert der MSV über Kamavuaka. Aber das Abspiel ist einerseits zu ungenau und Abseits ist es auch noch. Der Gegenzug bringt dann eine umstrittene Ecke, weil das eigentlich Abstoß hätte geben müssen. Der Ball kommt, Kopfball und … *Ausgleich.* Es ist wie immer. Eigentlich haben wir ein bisschen darum gebettet, aber andererseits ist der Gegentreffer nicht regelkonform. Lieberknecht reagiert und bringt nach einer Stunde Karweina für Pepic, der an alter Wirkungsstätte sehr unglücklich agiert hat. Und diese ständigen Ballverluste werden für mich immer ein Rätsel darstellen. *Sehenden Auges direkt zum Gegner.* Und auch das Zweikampfverhalten ist mitunter gewöhnungsbedürftig. Vielleicht aber jetzt, denn der MSV ist im gegnerischen Strafraum. Doch der Ball geht verloren. Hansa kontert in höchster Geschwindigkeit und Gembalies hat keine Chance, jenseits der Notbremse eine Aktion zwecks Verteidigung anzusetzen. Der Rostocker erreicht über halbrechts den Strafraum. Der stramme Schuss fliegt an Weinkauf vorbei zum 1:2 ins Tor. *Freude, Frust und Fragezeichen,* um den Titel meines letzten Buches zu zitieren.

Mitte der zweiten Hälfte stelle ich mir die Frage, ob bzw. wann der MSV jetzt aufwacht. Oder ob Rostock einen Gang zurückschaltet. Zwei Ecken für uns verpuffen wirkungslos. Und Sauers Freistoß von rechts geht direkt zum Keeper. Das sieht nicht nach einem Aufbäumen aus. Dafür bieten sich den Gastgebern zusätzliche Räume. Weinkauf ist im Eins gegen Eins mit Fuß dran. *Das wäre es gewesen.* Sicker startet den Angriff aus eigener Hälfte über das ganze Spielfeld, um dann einen Fehlpass zu spielen. Da hätte er auch *selbst* schießen können. Lieberknecht bringt Ademi für Krempicki. *Noch fünfzehn Minuten.* Nach einem Einwurf kann ein Hanseat bis zur Grundlinie gehen. Der Duisburger bietet da maximal einen Begleitservice an. Die flache Hereingabe findet zwei Meter vor dem Tor einen völlig freistehenden Rostocker, der ohne viel Aufwand das 1:3 erzielen kann. Das ist jetzt schon eine Spur Dilettantismus. Und uns ist sofort klar, dass das Spiel entschieden ist. *Wie oder wer sollte das denn noch ändern?*

Noch zehn Minuten. Vermeij kommt über links und setzt sich gut durch. Er passt in die Mitte, wo es jetzt Engin ist, der frei vor dem Tor steht. Er nimmt mit links ab … *und trifft den Keeper.* Meine Fresse, kotzt mich das schon wieder alles an. In der Tat hätte ein 2:3 zehn Minuten vor dem Ende eine neue Hoffnung generiert. *Aber so vergehen die Minuten.* Auch Engins nächster Versuch aus sechzehn Metern geht drüber. *Das ist es dann auch gewesen.* Die Serie unnötiger Niederlagen vom Ende der letzten

Saison scheint sich in dieser nahtlos fortzusetzen. Es mag am Stadionentzug liegen, dass wir die Runde nach dem Spielende nicht sofort auflösen, sondern zunächst noch die Bundesliga-Konferenz anschauen. Der mittlerweile leere Bierkasten wird per Spontankauf durch einen neuen ersetzt und der Hunger per Pizzataxi gestillt. Die Lücke zwischen der Konferenz und dem Topspiel füllt die Premiere-League gefolgt vom Spätspiel der Premiere-League. Ich sag mal so: *Manchmal muss man sich die Freude am Fußball erarbeiten.* Oder um es auf den MSV zu beziehen: *Es war nicht alles schlecht. Aber Vieles war auch nicht gut.*

Endstand: Hansa Rostock - MSV Duisburg 3:1 (0:1)
Rostock: Kolke, Neidhart, Riedel, Roßbach, Scherff, Rother, Löhmannsröben, Farrona Pulido (46. Butzen), Bahn, Litka (46. Vollmann), Verhoek (32. Breier)
MSV: Weinkauf, Sauer, Schmidt, Gembalies, Sicker, Kamavuaka, Krempicki (74. Ademi), Pepic (Karweina), Scepanik (46. Tomic), Vermeij, Engin
Tore: 0:1 Scepanik (32.), 1:1 Löhmannsröben (56.), 2:1 Breier (65.), 3:1 Breier (75.).
Gelbe Karten: Verhoek, Breier - Scepanik
Schiedsrichter: Burda (Berlin)
Zuschauer: 7.125

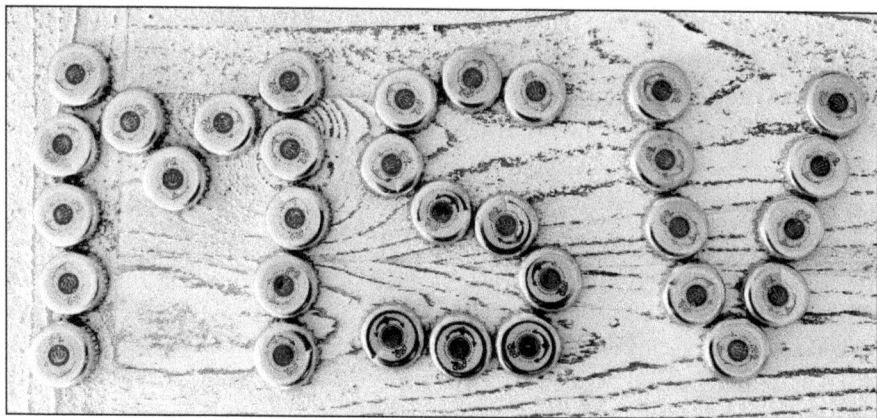

Kaum zu glauben, aber wahr. *Heute geht es ins Stadion.* Letzen Montag um 12h kam die Nachricht, dass es ab 15h Karten für das heutige Spiel zu bestellen gibt. Dass dabei die Dauerkarteninhaber bevorzugt werden, habe ich mir gedacht und auch erwartet. Aber warum jeder Besteller zwei Karten haben darf, habe ich wiederum nicht verstanden. *Warum nicht jedem Inhaber einer Dauerkarte für einen Tag ein Vorverkaufsrecht einräumen und den Rest dann in den freien Verkauf geben?* Ich kann mir schon vorstellen, dass einige Fans ohne Dauerkarte das nicht lustig gefunden haben. Der Schuss ging dann auch nach hinten los, weil nur die Hälfte der Tickets verkauft wurden. Auch der Versuch den Mitgliedern Tickets zukommen zu lassen, änderte kaum etwas daran. Ich gebe zu bedenken, dass es auch Fans gibt, die gerne eine Dauerkarte hätten, sich diese aber aus den unterschiedlichsten Gründen nicht zulegen können. Das hat der MSV im Ansatz gut gemacht, dann aber doch nur suboptimal zum Ende gebracht. *Möglicherweise sind aber viele Anhänger auch einfach noch zu sehr vom Ausgang der letzten Spielzeit gefrustet.* So habe ich eine Karte für Andrea organisieren können und aufgrund meiner Mitgliedschaft am Tag des Spiels auch noch eine für die Tochter einer weiteren Arbeitskollegin. Die war schon extrem stinkig, dass sie auf normalen Weg keine Chance hatte, an eine Eintrittskarte zu gelangen. So konnte ich immerhin etwas Gutes tun. Ich *hoffe* zumindest, dass es gut ist. Das hängt irgendwie dann auch von Spiel ab.

Gegen 12h mache ich mich mit Peter per Rad Richtung Homberg auf. Kurz vorher sickert noch die Nachricht durch, dass das Abendspiel der Bundesliga zwischen Schalke und Mönchengladbach kurzfristig zu einem Geisterspiel degradiert wurde. Da von unserem Spiel zwei Stunden vor dem Anstoß dahingehend nichts zu vernehmen war, gehen wir davon aus, dass uns gleich der Einlass gewährt werden wird. Es tut gut, endlich mal wieder mit der gewohnten Truppe unterwegs zu sein. Also per Rad zum Stadion zu fahren und nicht in der Bude sitzend vor dem Fernsehgerät. Nachdem wir Björn eingesammelt haben, treffen wir am Rheindamm in Homberg auf Thomas nebst seinen Zwillingstöchtern. Zum Glück behält die Wettervorhersage recht und es bleibt trocken. Das erste, was uns im Stadion auffällt ist, dass die Betonpfeiler und Treppen in den Vereinsfarben gestrichen worden sind. Ich gebe zu, dass das schon extrem cool aussieht.

Dass Stoppelkamp aufgrund seiner Erkrankung am Pfeifferschen Drüsenfieber ausfällt, ist klar. Zumindest sitzt Mickels wieder auf der Bank. Schwer tun wir uns zunächst mit Wilson Kamavuaka. Also mit dem Aussprechen seines Namens. Andrea schlägt vor darum vor, ihn einfach Mr. Wilson zu nennen. *Warum eigentlich nicht?* Selbst wenn Mr. Wilson in *Castaway* ein trauriges Ende findet. Obwohl, vielleicht schwimmt er immer noch über den Atlantik. Es gibt aber auch noch den Mr. Wilson aus *Hör' mal, wer da hämmert.* Doch genug der abstrusen Gedankengänge. *Die Hymne erklingt.* Da bekomme ich trotz der limitierten Lautstärke eine Gänsehaut. Dass es aber nur ein Platz Abstand zum Platznachbarn ist, überrascht mich. *Das sind doch weniger als einein-halb Meter?* Nun gut, ich will mich nicht beschweren. Und dafür haben wir die ganze Zeit auch die Maske auf. Zwickau spielt in Rot. *Rot ist immer scheisse.* Die Zebras machen sich auch gegenüber warm, spielen dann aber richtig herum. Und was noch neu ist: *Heute sitzt niemand vor mir, der mir durch Aufspringen die Sicht versperren könnte.* Wie ungewohnt.

Gleich in der ersten Minute testet Engin den Zwickauer Keeper aus der Distanz, der aber zur Ecke klären kann. Nach der Auftaktniederlage im ersten Spiel hoffe ich auf eine Umkehrung der Ereignisse mit Blick auf die letzte Saison. Da hatten wir die erste Niederlage im zweiten Spiel. Diese Saison wäre der erste Sieg im zweiten Spiel also notwendig, um gleichzuziehen. Allerdings entpuppt sich die erste Szene des MSV nicht als der erhoffte Sturmlauf. Nach zehn Minuten ist das Spiel ausgeglichen, bis der MSV den nächsten Schuss absetzt und erneut am Keeper scheitert.

Andrea: *„Der Rasen ist rutschig. Da kann der Ball mal durchgehen."*
Ich: *„Ja, dann müssen die aber fester schießen."*

Quasi in der nächsten Szene startet der FSV nach einem Duisburger Ballverlust den Angriff über links. Der Hereingabe kommt flach in die Mitte. Mit der Fußspitze kommt ein Zwickauer dran und der Ball geht gegen den Außenpfosten. *Tja, so schnell kann das gehen.* Nach fünfzehn Minuten tut sich der MSV sehr schwer. Zwickau hat mehr vom Spiel. *Nach einem sehr taktischen Foul an Scepanik gibt es nicht die Gelbe Karte?* Doch. *Ich wollte schon sagen.* Eine Minute später bekommt diese dann auch Karweina wegen des gleichen Vergehens. Dann fängt es an zu Regnen. Das wäre jetzt das richtige Wetter, um nachher per Rad nach Hause zu fahren. *Dann muss sich auf die Toilette.* Ich frage Peter, ob er mitkommt. Er muss aber nicht. *Auch das macht mir Angst.* Es könnte aber auch daran liegen, dass keine alkoholischen Getränke verkauft werden. Wieder zurück steht es noch immer 0:0. Karweina versucht es auch aus der Distanz, aber der Ball geht vorbei. Im Grunde ist mir das heutige Ergebnis auch egal. *Hauptsache wir gewinnen.* Nachdem die Hälfte der ersten Hälfte um ist, hält sich mein dahingehender Optimismus aber in Grenzen. Zumal Weinkauf im Eins gegen Eins aus spitzem Winkel retten muss. Der MSV macht das bis zum Strafraum im Grunde gar nicht schlecht. Dann spielen wir aber bevorzugt zum Gegner. Irgendwo ist es schon spürbar, dass ein *Leader* fehlt. Was mir nicht gefehlt hat, das sind hingegen diese *Kacksprüche* aus dem Hintergrund. Dieses unzufriedene Mopperpack mit tendenzieller Ahnungslosigkeit. Dann sollten wir besser echt ohne Zuschauer spielen. *Unfassbar.* Als ob die nur vermisst hätten, verbal ihren Dünnschiss zu verbreiten.

Es laufen bereits die letzten zehn Minuten. Der MSV führt einen Freistoß aus, den Zwickau in einen Konter transformiert. Krempicki fällt hin, sodass die Flanke in unseren Strafraum kommt. Gut, dass sich die Gäste dann gegenseitig den Ball vom Fuß nehmen. *Noch eine Minute bis zur Pause.* Nein, ich habe *nicht* vergessen was aufzuschreiben. *Es passiert einfach nicht viel.* Im Moment sieht es schlichtweg nach tristem Alltag aus und nicht nach Aufstieg in die zweite Liga. Es könnte eher eine extrem schwierige Saison werden. Kein Vergleich zum starken Start der letzten Saison. Als die Welt noch in Ordnung war. Mein Kommentar zur Pause: *„Das ist ein Spiel auf Ballhöhe."*

In der gibt es dann auch nur zwei Möglichkeiten: *Klo und Cola*. Nicht mal Pommes gibt es.

In den ersten drei Minuten der zweiten Halbzeit notiere ich mir zwei katastrophale Fehler im Aufbauspiel. Ich hoffe weiterhin darauf, dass diese Saison mies bis grenzwertig beginnt und gut endet. *Was soll ich auch sonst tun?* Zunächst kommt aber Zwickau über links. Die Hereingabe geht in der Mitte an allen vorbei ins Toraus. In Summe ist das Niveau des Spiels sehr übersichtlich und unser Aufbauspiel nach wie vor schwerfällig. Weiterer Unmut verbreitet sich unter den wenigen Fans, derweil der nächste Distanzschuss der Zwickauer vorbeigeht. Warum die allerdings schon zu Beginn der zweiten Halbzeit derart träge die Ausführung eines Eckballs zelebrieren, erschließt sich mir nicht. *Spielen die echt jetzt schon auf Zeit?* Der nächste lange Ball kommt in unseren Strafraum und Weinkauf wirkt unsicher. Als der Ball bereits neben dem Tor das Spielfeld verlassen hat, hebt der Linienrichter mit zehnsekündiger Verzögerung auch die Fahne. *Herrje.* Ich wusste gar nicht, dass wir in der dritten Liga jetzt doch den Video Assistent Referee haben, der potenzielle Abseitspositonen nochmals überprüfen kann.

Zehn Minuten sind bereits wieder gespielt und ich würde so gerne über Ähnliches wie im letzten Jahr zu dieser Zeit schreiben. Leider gibt es dazu keine Veranlassung. *Es ist zäh.* Und die Unzufriedenheit unter den wenigen Fans breitet sich weiter aus. Gegen einen Zwickauer gibt es die Gelbe Karte, weil er einen schnellen Einwurf unsererseits durch das Wegspielen des Ersatzballs unterbindet. *Das scheint echt in Mode zu kommen.* Eine Stunde ist um und nach vorne tut sich bei uns gar nichts. Lieberknecht scheint zu reagieren, denn Mickels macht sich bereit. Das ist aber auch nötig, denn da Null Inspiration in unserem Spiel ist. Er kommt dann für Karweina. *Tut sich da was?* Der MSV flankt von rechts und Vermeij verlängert per Kopf. Mickels setzt artistisch zum Schuss an, aber der Ball geht deutlich drüber. Aber immerhin kann ich das als offensives Lebenszeichen werten. Im Gegenzug kommt jetzt Zwickau mit der Flanke von rechts. Der Duisburger Verteidiger steht dabei vor statt hinter seinem Gegenspieler, sodass letzterer per Kopf zum 0:1 eindrücken kann. *Stille.*

Noch zwanzig Minuten. Der MSV kombiniert sich über links nach vorne. Der Schuss von Mickels ist gut, geht dann aber knapp vorbei. *Scheiße.* Hoffentlich ist *das* das Zeichen zum Sturmlauf. Immerhin bauen die Zebras mal sowas wie Druck auf. Unsere Ecke wird abgewehrt und Krempicki bekommt in der Folge wegen Foulspiels die Gelbe Karte. Ich tippe eher auf die Laienspielgruppe Zwickau-Süd. *Noch fünfzehn Minuten.* Der MSV treibt den Ball über rechts nach vorne. Die hohe Hereingabe verlängert wieder Vermeij per Kopf. Und wieder ist es Mickels, der an den Ball kommt. Er zieht direkt ab und … *TOOOR!!!* Meine Fresse, endlich. Los jetzt. *SIEG!!!*

Noch sieben Minuten. Merke: Für den Griff an die Gurgel im vollen Spurt aufs Tor gibt es nur eine Gelbe Karte. *Noch fünf Minuten.* Die Variante mit der Flanke von rechts und der Kopfballverlängerung durch Vermeij klappt in der zweiten Halbzeit ganz gut. Jetzt ist es Engin, der den Ball mit Fußspitze auf das Tor bringt. *Wir springen auf.* Der Keeper kommt aber mit den Fingerspitzen noch dran und lenkt den Ball über die Latte. *Wir sacken wieder zusammen.* Engin hätte heute echt einen Treffer verdient gehabt. Der hat in den beiden bisherigen Spielen seine Leistung gebracht. *Im Gegenzug dann Zwickau.* Den Distanzschuss muss nun Weinkauf zur Ecke lenken. Die können wir abfangen und kontern. Engin scheitert dann aber bei dem Versuch, am letzten Verteidiger vorbeizukommen. Und nochmal die Zebras, die es erneut schnell über die linke Seite versuchen. Aber Engin muss den Spurt abbrechen. Das sieht gar nicht gut und nach einer mehrwöchigen Zwangspause aus. Das ist ja sowas klar. *Habe ich gerade erst noch gesagt, dass er ganz gut spielt?* Jetzt kann er mit Stoppelkamp eine Arbeitsgruppe bilden: *Zwangspause auch ohne Corona.* Da dürfte klar sein, dass Grlic auf dem Transfermarkt wohl nochmal aktiv werden muss. Sonst geht das so weiter, wie es aufgehört hat: Mit Verletzten, die sich die Reha-Klinik in die Hand geben. *Und den dürftigen Ergebnissen.* Nach der Niederlage im Auftaktspiel geht es dann auch genau so weiter, denn es bleibt beim 1:1. Wenigstens kommen wir per Rad trocken wieder nach Hause, bevor sich am Abend dann die Schleusen so richtig öffnen.

Endstand: MSV Duisburg - FSV Zwickau 1:1 (0:0)
MSV: Weinkauf, Sauer, Schmidt, Fleckstein, Sicker, Jansen, Krempicki, Karweina (63. Mickels), Scepanik, Vermeij, Engin (90. Bretschneider)
Zwickau: Brinkies, Stanic, Frick, Schikora, Jensen, Hehne (75. Reinhardt), Schröter, Drinkuth (69. Starke), Coskun, König, Willms (78. Wolfram)
Tore: 0:1 König (67.), 1:1 Mickels (74.)
Gelbe Karten: Krempicki, Karweina - Schikora, Jenden, Hehne, Reinhardt, Starke, Willms
Schiedsrichter: Florian Heft (Neuenkirchen/Niedersachsen)
Zuschauer: 3.462

Heute schaue ich seit langem ein Spiel der Zebras mal wieder alleine an. Wie vermutet fehlt Engin mit Muskelfaserriss inklusive Sehnenverletzung. *Wenn schon, dann richtig.* Dazu gibt es auch noch einen Coronafall beim MSV. Wer das ist, wird nicht gesagt. Seltsam, dass der MSV der einzige Verein ist, der auch wirklich jede Information in Tüten einschweißt und wegpackt. An dieser Stelle sei gefragt: *Wo ist eigentlich Budimbu?* Wie auch wir, so ist auch der heutige Gegner mit einer Niederlage und einem Unentschieden in die Saison gestartet. Unser letztes Spiel in Lübeck war 2010 im DFB-Pokal. Wir siegten mit 2:1 und schafften es bis ins Pokalfinale. Warum der MSV heute in Schwarz spielt, verstehe ich nicht. Wir könnten auch in den Heimtrikots spielen können. Dann wäre der Unterschied zu den dunkelgrünen Trikots der Gastgeber wesentlich deutlicher.

Das Spielt läuft seit zwei Minuten. Ein Rückpass der Lübecker ist zu kurz. Mickels kommt dran und wird dann gefoult. Der Schiedsrichter wartet den Vorteil für Vermeij ab, der aber keiner wird. So gibt es mittig und einen Meter vor dem Strafraum einen Freistoß für uns. *„Wollen sie mich verarschen? Nicht mal Gelb?",* ist deutlich über die Mikrofone zu hören. Der Verursacher dieser Botschaft kann nicht ermittelt werden. Der Reporter entschuldigt die ausbleibende Verwarnungskarte mit der frühen Spielzeit. Ja, *ist klar.* Das *muss* der Herr vom NDR wohl so sagen. Mickels tritt in Vertretung für Stoppelkamp und Engin an und … trifft die Mauer. *Und das am Tag der Deutschen Einheit.* Da muss echt mehr bei rauskommen als diese grob fahrlässige Vergeudung einer guten

Tormöglichkeit. Im Gegenzug dann die Lübecker, doch im Strafraum kann geklärt werden.

Zehn Minuten sind um. Duisburg löst die optische Überlegenheit selbst auf, indem sich Schmidt den Ball wegnehmen lässt. Der finale Schuss landet bei Weinkauf. Kurz danach wieder ein schneller Angriff der Gastgeber über links. Als der erste Duisburger ins Leere grätscht, vollendet Jansen rustikal. Die Gelbe Karte ist mehr als angebracht, wenn nicht gar als glücklich einzustufen. Der Lübecker muss verletzt runter und die Stimmung ist aufgeheizt. Lieberknecht will deeskalieren und geht rüber zum Lübecker Trainer, um beruhigend auf die Situation einzuwirken. *Und bekommt dafür die Gelbe Karte.* Nun ja, Herr Schiedsrichter, *so kann auch Öl ins Feuer geworfen werden.* Nach einigen Minuten geht es dann mit dem Freistoß weiter, der keine Gefahr bringt. Auch nach fünfzehn Minuten ist das Niveau des Spiels mit vielen Fehlpässen auf engstem Raum übersichtlich. Der MSV versucht irgendwie die Initiative zu ergreifen, läuft dann aber oft Gefahr ausgekontert zu werden. Und wenn am eigenen Strafraum der eigene Mitspieler nicht gefunden wird, ist das schon extrem anstrengend. *Zwanzig Minuten sind um.* Mickels bringt einen Freistoß von halblinks. Der Ball kommt hoch an zweiten Pfosten. Vermeij spurtet hin, bekommt den Ball aber nicht aufs Tor. Eigentlich darf das nicht mal als Chance gewertet werden. Aber ab und zu muss ich dann doch was notieren. Auch weitere fünf Minuten später gibt es keine Veränderung. Inspiration und Spielwitz tendieren bei beiden Teams gegen Null. So auch bis zur 30. Minute. Zumindest ist der MSV dabei öfters in der Lübecker Hälfte als umgekehrt. Ecken unsererseits sind aber keine Waffe. *Insofern wir überhaupt eine Waffe haben.* Nach einem Fehlpass der Lübecker steht Krempicki zwanzig Meter vor dem Tor. Er scheint fast erschrocken, weshalb er vermutlich ohne zu schauen sofort abzieht. Das Ergebnis ist wie fast immer: *Vorbei, drüber oder beides.* Jetzt ist Pepic am Strafraum. Er spielt weiter nach links zu Sicker und der seinerseits sehr stramm in den Strafraum. Aber Scepanik kommt zu spät. *Doch die Zebras bleiben dran.* Vermeij ist am Strafraum spielt aber einen Fehlpass Richtung Mickels. Dann kommt Vermeij aber selbst nochmal in Schussposition. Der wird abgefälscht und der Keeper klärt zur Ecke. Und das tatsächlich alles im Sekundentakt. *Nähern wir uns der Führung?* Allerdings nicht mit unseren Ecken.

Noch fünf Minuten bis zur Pause. Der MSV kombiniert sich in den Strafraum. Mickels versucht es mit links, fällt dabei aber mehr hin als dass er schießt. In Summe sieht das jetzt nach einer deutlichen Überlegenheit aus. Aber es steht nur 0:0. Ich hoffe unser Trainer liegt mit seiner Einschätzung richtig, dass sich das Team noch finden wird. Zu lange dürfte es nämlich nicht dauern, um nicht zu früh den Anschluss nach oben zu verlieren. *Bisher kann ich mir aber nicht vorstellen, dass wir mit dem Aufstieg was zu tun haben werden.* Derweil macht sich Sicker auf den Weg Richtung Tor, wird aber per Tritt in die Ferse zu Fall gebracht. *Ganz ehrlich?* Das sieht noch übler aus als das Foul von Jansen. Da hat sich der Gegenspieler beim Fallen an der Schulter verletzt. *Hier geht es direkt auf die Knochen.* Das muss auch die Gelbe Karte geben. *Gibt es aber nicht.* Der folgende Freistoß bringt nichts ein, dafür startet Lübeck aber nochmal einen Angriff über links. Die Flanke wird abgefälscht und geht an allen vorbei ins Toraus. Ein Gegentreffer so kurz vor der Pause hätte auch wieder ins Bild gepasst. Aber es gibt einiges an Nachspielzeit. Krempicki knockt noch einen Lübecker aus und bekommt dafür die Gelbe Karte. Während der Behandlung erfolgt der Pausenpfiff.

Das Spielt läuft zwei Minuten. Vermeij bekommt nach einem Fehler der Lübecker an der rechten Außenlinie den Ball. Der Keeper kommt raus. *Warum?* Egal. Vermeij legt den Ball mit dem rechten Außenrist links am Torwart vorbei. Der Ball hoppelt auf dem Geläuf Richtung Tor und … *geht am linken Pfosten vorbei.* Geile Aktion. Er macht eigentlich alles richtig und doch bleibt alles beim Alten. *Vorbei eben.* Fünf Minuten später spielt Krempicki am Strafraum einen Doppelpass mit Mickels. Er schlenzt … *knapp drüber.* So langsam schmerzt es in den Fingern, mich bezüglich der Ergebnisse unserer Schussversuche wiederholen zu müssen. Das 0:0 ist mittlerweile echt ein Witz. *Aber wenn wir nun mal nicht treffen?* Auch in der Folge macht der MSV im Grunde viel richtig. Er trifft nur einfach nicht zur mittlerweile hochverdienten Führung. Und dass, obwohl das Spiel der Zebras noch immer nicht wirklich gut ist.

Karweina kommt für Scepanik. Mickels setzt über links zum Angriff an und seinen neuen Mitspieler sofort in Szene. Der nimmt direkt ab und der Ball geht am rechten Pfosten vorbei. *Was auch sonst?!* Im Gegenzug Lübeck. Krempicki verliert zwanzig Meter vor dem Tor den Zweikampf, sodass der Lübecker zum Schuss ansetzt, der flach unten rechts zum 0:1 einschlägt. *Das ist jetzt nicht wahr, oder?* Aber aus Duisburger Sicht auch nicht wirklich überraschend. *Das ist der MSV.* Die Frage ist, wie die Zebras reagieren. Pepic versucht es, doch der Keeper lenkt den Schuss mit den Fingerspitzen über die Latte. Die folgende Ecke kommt zwar mit Schnee runter, aber dann doch irgendwie in die Mitte. Es gibt eine weitere Ecke, die dann nichts einbringt. *Wer soll denn da treffen?* Mein bisheriges Fazit: Wir spielen nicht gut, hätten führen müssen und liegen hinten. *Das ist doch Folter.* Im Grunde also wie immer. *Noch zwanzig Minuten.* Lübeck ist im Angriff, aber die Zebras können klären. Nein, *es läuft ein Konter des MSV.* Wow, *dass sieht geil aus.* Mickels spurtet dem Tor entgegen und steht alleine vor dem Torwart. Er legt den Ball links an Keeper vorbei und der geht… *neben das Tor.* Jetzt mal Tacheles, *die verarschen uns doch.*

Kurz danach kommt Ademi für Schmidt. *Und Karweinas Flanke von links.* Kopfball Vermeij und … *Tor.* Endlich! *Verdammt, ja.* Dabei ist es mehr ein Eigentor als Vermeijs Treffer, *but who cares?* Natürlich steigt die Hoffnung, dass wir das Spiel drehen. Und auch zehn Minuten vor Spielende ist klar, dass der MSV den Sieg will. Aber sie kommen nicht in die richtige Position. Mickels versucht es von links, zieht aber vorbei. Da ist auch mehr der Wunsch Vater des Gedankens gewesen. Beim nächsten Angriff versucht es Pepic direkt aus sehr spitzem Winkel, aber der Ball geht ins Außennetz. *Vielleicht hätte er einfach mal den Kopf heben sollen.* Das ist dann auch seine letzte Aktion gewesen, denn für ihn kommt Bretschneider. *Noch vier Minuten.* Krempicki spurtet richtig Tor. *Spiel ab.* Er geht aber weiter und verliert den Ball. *Kopf heben.*

So vergehen die Minuten. Mickels spielt links in den Lauf von Bretschneider. Der hat schön hinterlaufen und bringt den Ball in die Mitte. Da der Ball an allen vorbeigeht, gibt es auf der anderen Seite einen Einwurf für Lübeck. Kurz danach gibt es eine ähnliche Situation für Mickels. Die Flanke kommt in die Mitte und ist dann auch zu weit. Immerhin gibt es jetzt eine Ecke. Der anschließende Schuss wird aber abgewehrt. *Ist es das gewesen? Schon wieder ein Unentschieden?* Aber die Lübecker greifen nochmal an. Doch deren Schuss wird zu unserem Glück vom eigenen Mann zum Abstoß geklärt. Da unsererseits der letzte Versuch durch Karweina ebenfalls keinen Erfolg bringt, bleibt es beim 1:1. Ich lasse es jetzt mal oder weiterführende Kommentare und Einschätzungen so stehen. Oder um es anders zu formulieren: *Das ändert einiges, aber nicht viel.*

Endstand: VfB Lübeck - MSV Duisburg 1:1 (0:0)
Lübeck: Raeder, Riedel (66. Kircher), Malone, Grupe, Rieble, Thiel, Deichmann, Mende, Boland, Röser (54. Deters), Ramaj (13. Benyamina)
MSV: Weinkauf, Sauer, Schmidt (74. Ademi), Fleckstein, Sicker, Jansen, Scepanik (60. Karweina), Krempicki, M. Pepic (84. Bretschneider), Mickels, Vermeij
Tore: 1:0 Deichmann (61.), 1:1 Vermeij (74.)
Gelbe Karten: Grupe, Deichmann - Jansen, Krempicki
Schiedsricher: Eric Müller (Bremen)
Zuschauer: 1.860

21. Oktober 2020 - 6. Spieltag
SpVgg Unterhaching - MSV Duisburg

Da hat uns Corona so richtig erwischt. Erst wurde das Spiel gegen Saarbrücken abgesagt, weil die Duisburger Mannschaft vier Coronafälle zu verzeichnen hatte und das Gesundheitsamt eingeschritten ist. Gegen Halle letzte Woche war der DFB der Ansicht, dass der MSV wieder spielen könne. Dass die Spieler quasi aus der Quarantäne ohne Training direkt auf den Platz sollten. *Aber ohne Zuschauer, da dort das Infektionsrisiko zu hoch wäre.* Da soll der gesunde Menschenverstand keine Kopfschmerzen bekommen. Letztendlich wurde dem Begehren des MSV auf Spielverlegung mangels Personals aber doch stattgegeben. Viel besser sieht es heute leider immer noch nicht aus, da sich die gesunden Spieler erst seit letztem Donnerstag wieder im Mannschaftstraining befinden. Dennoch muss heute in Unterhaching gespielt werden. *Sind das nicht Momente, in denen Helden geboren werden können?* Vermutlich dann aber doch eher im Kino. Erstaunlich ist, dass wir trotz drei Spielen Rückstands nicht Tabellenletzter sind. Das ist unser letzter Gegner Lübeck. Dort, wo wir mehr schlecht als recht unentschieden gespielt haben. Ich weiß daher nicht, ob mein zunächst positives Erstaunen angesichts dieses Sachverhaltes nicht eher beängstigend sein sollte. Weil wir gegen einen Gegner nur einen Punkt geholt haben, der trotz drei Spielen Vorsprungs unter uns steht. Aber wer weiß. *Sollten wir heute hoch verlieren …*

Wir spielen ohne Vermeij vom dem ich dachte, ihn beim Warmmachen gesehen zu haben. Dafür beginnt *Mr. Wilson* alias Kamavuaka und Ademi gibt sein Startelfdebut. Gerne hätten wir uns das Spiel heute im gewohnten Kollektiv angeschaut. Aber Corona lässt es leider nicht zu. Der Ball rollt und die erste Nachricht kommt rein.

Björn *Hundert Prozent Ballbesitz.*

Nun gut, es sind auch erst zehn Sekunden gespielt. *Vermutlich fünf, als er die Nachricht abgeschickt hat.* Den ersten Torschuss gibt es nach zwei Minuten aber durch die Gastgeber. *Weinkauf hält sicher.* Ich denke nicht, dass wir heute das Spiel machen werden. Eher ist zu vermuten, dass wir zunächst die Hachinger machen lassen um selbst zu schauen, was geht. *Das kann natürlich auch voll in die Hose gehen.* Wieder greifen die Hachinger an und dringen über links in unseren Strafraum ein. Die Duisburger Spieler erscheinen mir tatsächlich wesentlich langsamer als die des Gegners. Und das sieht gefährlich aus. Den Schuss aus spitzem Winkel lenkt Weinkauf mit einem Reflex an den Pfosten. Haching kommen zum Nachschuss und wieder wehrt Weinkauf ab. Die Gastgeber macht viel Druck, sodass die Zebras überhaupt nicht hinten rauskommen. Ich kann verstehen, dass wir kraftsparend spielen müssen. Aber es sind erst zehn Minuten um. *Das kann doch jetzt nicht bis Spielende so weitergehen!* Irgendwann wird das Ball einschlagen. Und ich stelle fest, dass ich Vermeij mit Sauer verwechselt habe.

Wieder kommen die Hachinger. *Jetzt über rechts.* Der Ball kommt zurück an den Strafraum und die direkte Abnahme aus sechzehn Metern lenkt Weinkauf zur Ecke. Das *kann* doch nicht ein ganzes Spiel lang gutgehen. Und ich könnte auch Jansen mit Vermeij verwechselt haben. Die nächste Nachricht kommt.

Peter *So schlimm ist das nicht.*

Schmidt muss nach einem Zweikampf auf dem Spielfeld getackert werden. *Na super.* Er kann aber weitermachen. Dann folgt mit Zwickau gegen Türkgücü per Einblendung der Hinweis auf das kommende Topspiel der dritten Liga. *Da muss man doch heulen, oder?* Zwanzig Minuten sind um und Schmidt bekommt nach einem Foul im Mittelfeld die Gelbe Karte. Keine Frage, weil er bei seiner Grätsche schlichtweg zu spät dran gewesen ist, um den Ball noch spielen zu können. *Hängt das möglicherweise auch damit zusammen, dass die nicht fit und entsprechend langsam sind?* Für mich ist das alles nach wie vor Wettbewerbsverzerrung. Auch, dass je nach Bundesland mit und ohne Zuschauer gespielt wird. Heute jedenfalls ohne, was für uns wohl ein Vorteil sein sollte. Und der nächste Schuss der Gastgeber erreicht Weinkauf.

Björn *Ich widerspreche Peter. So schlimm ist es doch.*

Mickels bleibt nach einem Foul am Boden liegen. Ich denke aber auch, dass solche Szenen als Auszeit genutzt werden, um durchschnaufen zu können. Eine Minute später bekommt Jansen die Gelbe Karte. Dass es nach einer halben Stunde noch 0:0 steht, ist für uns sicher schmeichelhaft. Aber so langsam habe ich das Gefühl, dass die

Duisburger besser im Spiel sind und sich jetzt auch etwas weiter nach vorne wagen. Mickels kommt über links und zieht wie gewohnt nach innen. Sein Schuss geht aber rechts am Tor vorbei. Im nächsten Angriff kommt der schöne Pass in die Sturmmitte auf Karweina. Der will nochmal nach links weiterleiten, aber ein Haching geht dazwischen.

Noch zehn Minuten bis zur Pause. Sicker sieht dann auch die Gelb Karte. *Muss der Schiedsrichter jetzt echt alles verwarnen?* Das endet irgendwann in Rot für eine vermutlich eher belanglose Aktion. Der folgende Freistoß wird abgewehrt, aber der Nachschuss kommt aufs Tor. *Weinkauf klärt mit beiden Fäusten.* Der nächste Angriffsversuch der Hachinger endet mit einem Fehlpass, sodass wir unsererseits einen Angriff starten können. Von der rechten Seite geht der Ball rüber zu Mickels nach links. Wieder zieht er nach innen, doch statt des erwarteten Schusses spielt er jetzt zu Karweina, der sich links bereits im Strafraum befindet. Der spielt quer in die Mitte, wo Ademi im zweiten Versuch an den Ball kommt und mit dem rechten Außenrist den Ball am Keeper vorbei ins lange Eck schiebt. *Wir gehen mit 1:0 in Führung.* Ok, *damit* habe ich jetzt nicht gerechnet. Eher damit, dass Mickels vier Minuten vor der Pause verletzt den Platz verlassen muss. Dass sieht nach einer Verletzung im hinteren Oberschenkelbereich aus. *Das schreit nach einem Muskelfaserriss.* Der wird uns doch sicher vier Wochen fehlen. Vielen Dank, DFB. *Das war doch abzusehen.* Leute auf den Platz schicken, die nicht trainieren können. Für Mickels kommt Tomic. Aufgrund einiger verletzungsbedingter Unterbrechungen gibt es drei Minuten Nachspielzeit. Karweina spurtet aufs Tor zu und kommt im Strafraum nach einem Zweikampf zu Fall. Also, da hätte er lieber versuchen sollen an den Ball zu kommen. Da hat er Glück, dass er keine Gelbe Karte für Schauspielerei bekommt. So geht es zumindest mit der Führung in die Pause. Das ist überraschend positiv. Und in der heutigen Zeit ist es schön, dass positiv nichts Negatives bedeutet. *Aber das mit Mickels ist doof.* Und in Rostock haben wir auch 1:0 geführt. *Und nicht nur das.* In allen vier bisherigen Spielen haben wir vor der Pause kein Gegentreffer kassiert. Allerdings gab es am Ende auch kein Sieg. *Sind wir also seit zwei Spielen ungeschlagen oder seit drei Spielen ohne Sieg?* So ist das mit dem halbvollen und halbleeren Glas.

Die zweite Hälfte beginnt mit dem ersten Angriff der Hachinger über rechts. Der Ball kommt stramm in die Mitte, geht aber an allen vorbei. Und die Gastgeber bleiben dran, was stark an die erste Begegnung in Rostock erinnert. Der MSV will am Strafraum klären, produziert aber einen genialen Pass zum Gegner. Zum Glück kann in letzter Sekunde noch geklärt werden. Im Gegenzug dann aber der MSV mit der Flanke von rechts und dem Kopfball Ademi. Der kommt gut, aber der Keeper ist m den Fingerspitzen noch dran und lenkt den Ball über Latte. Diese Szene ist aber nur ein Aufflackern gewesen, denn nach zehn Minuten in der zweiten Halbzeit ist MSV wieder sehr destruktiv. Unterhaching kreist unseren Strafraum taktisch ein und leider gibt es sowas wie Zeitspiel im Handball hier nicht. Wir sind mental und körperlich zu oft zu spät dran. Jetzt ist es Krempicki, der die Möglichkeit eines Konters leichtfertig vergibt. Es ist dann auch seine letzte Aktion, denn für ihn kommt Scepanik ins Spiel.

Ademi trifft zum 1:0

Und als ob das fast schon erdrückende Anrennen der Gastgeber nicht ausreicht, bringen wir uns auch noch selbst in Gefahr. Wieder wird der Ball statt zur Seite ins Zentrum verteidigt, sodass Weinkauf rausstürmen und Kopf und Kragen riskieren muss, um den Ball zu sichern. *Meine Nerven.* Wenn das jetzt die letzten fünfundzwanzig Minuten so weiter geht, dann kann ich gleich *auch* zum Duschen. Wieder wird eine eigentlich sehr gute Flanke des MSV abgewehrt und es läuft der Konter. Zum Glück erfolglos. Aber der nächste Angriff lässt nicht lange auf sich warten. *Ist eigentlich noch ein Duisburger vorne?* Die Kameraeinstellung gibt darüber keine Auskunft. Um den nächsten Angriff zu unterbinden, foult der MSV im Mittelfeld. Der Schiedsrichter lässt aber Vorteil gelten, bis ein Hachinger im Strafraum gefoult wird. *Es folgt ein Pfiff.* Aber es gibt nur den Freistoß im Mittelfeld und nicht den Elfmeter. *Warum nicht?* Ich es mir nur so erklären, dass der Schiedsrichter im Strafraum kein Foulspiel hat. *Das ist aber eines gewesen.* Glück gehabt, würde ich mal sagten. *Aber wie lange soll das noch gutgehen?* Der MSV macht nach vorne zu wenig und spielt zu ungenau. Andererseits, *liegt das an der fehlenden Praxis?* Wenn ich ehrlich bin, sah das gegen Lübeck trotz Trainings auch nicht besser aus.

Noch zwanzig Minuten. Haching kommt über rechts und die Hereingabe in die Mitte. Ein Hachinger ist mit dem Fuß dran, aber Weinkauf macht sich lang und kann den Ball um den Pfosten lenken. *Aber weiter die Hachinger.* Der nächste Schuss geht vorbei, aber wegen eines vorherigen Fouls gibt es Freistoß. *Der geht drüber.* Eine Nachricht trifft ein.

Björn *Können wir nicht das 2:0 machen und für entspannten Abend sorgen?*
Ich *Beim MSV?*
Björn *Wird nicht ja mal Träumen dürfen.*

Immerhin holen wir mal eine Ecke raus. Der Ball kommt von rechts flach in die Mitte, wo Fleckstein steht und einfach mal den nicht Fuß hinhält. *Aber der Keeper wehrt ab.* Das ist sie gewesen, die Chance zum 2:0. Dann verlässt Karweina den Platz und Bretschneider kommt. *Oh, Beton anrühren? Also noch mehr als ohnehin schon?* Ich weiß nicht, ob das der richtige Gedanke ist. Obwohl, es ist nicht so, dass der MSV nicht nach vorne agieren möchte. Er *schafft* es einfach nicht. Nun gut, solange wir führen, ist alles gut. Ich bin erwartungstechnisch jetzt nicht auf dem Niveau, dass wir jeden Gegner weghauen müssen. Primär müssen wir derzeit mit den Gegebenheiten klarkommen und das Maximum rausholen. *Und das sind im Augenblick drei Punkte.* Die Gelbe Karte gegen Kamavuaka wegen Ball wegschlagens ist irgendwie nachvollziehbar, aber auch irgendwie dumm. Weil der Erfolg überschaubar ist, da das Zeitspiel nicht wirklich viel Zeit verstreichen lässt.

Wir nähern uns den letzten zehn Minuten und tatsächlich stelle ich fest, dass sich der MSV wieder etwas mehr aus der Umklammerung löst. Was aber nicht bedeutet, dass die Pässe jetzt plötzlich den Adressaten finden. *Aber die Einstellung stimmt.* Da wird um jeden Ball gefightet. Aber wieder setzt sich ein Hachinger rechts im Strafraum durch. Den Schuss aus spitzem Winkel kann Weinkauf abwehren. Aber noch immer sind die Gastgeber in unserem Strafraum und in der Folge acht Meter vor dem Tor frei vor Weinkauf. *Kein Abseits.* Schuss und … Weinkauf fährt den Fuß aus und klärt zur Ecke. *Ich werd' bekloppt.* Die Ecke kommt und … *Stürmerfoul Haching.* Die wollen aber Elfmeter. *Und wie entscheidet der Schiedsrichter?* Gar nicht. *Er lässt weiterspielen.* Auch gut.

Noch fünf Minuten. Ademi versucht es mit einem Schuss aus der aus der eigenen Hälfte heraus. Weil er sieht, dass der Keeper zu weit vor dem eigenen Tor steht. Oder weil kein eigener Mitspieler anspielbereit ist. Wie auch immer, der Schuss scheint im

Ansatz nicht gänzlich ungefährlich, geht aber doch daneben. Im Gegenzug hält Weinkauf sicher den Weitschuss. *Noch zwei Minuten.* Den Drehschuss des Hachingers klärt Weinkauf zur Ecke. *Meine Fresse.* Die Ecke kommt und Weinkauf haut den Ball mit Faust raus. *Der nächste Angriff kommt.* Das ist jetzt nur noch der pure Kampf darum, den Sieg mit nach Duisburg zu nehmen. Aus dem Gewühl heraus kommt der nächste Schuss … *vorbei.* Fleckstein steht mit blutender Wunde draußen und muss behandelt werden. Wir müssen mit zehn Spielern weitermachen, da wir unser Wechselkontingent bereits ausgeschöpft haben. Er kommt aber wieder. *Wofür gibt es vier Minuten Nachspielzeit?*

Zwei Minuten sind um und Haching steht schon wieder frei vor Weinkauf. Und wieder ist er am Ball und kann den Schuss abwehren, *der Krakenmann.* Und es ist noch immer nicht Schluss. Die Situation ist undurchsichtig und chaotisch, an deren Ende ein Pfiff erklingt. *Stürmerfoul.* Puh. *Einmal ganz tief durchatmen, bitte.* Vor allem, als der Schiedsrichter das Spiel beendet. *Wir haben tatsächlich gewonnen.* Wer das Spiel gesehen hat, kann es kaum glauben. Das nenne ich mal einen dreckigen Schweinesieg. Hätten wir den mal am vorletzten Spieltag der Vorsaison gehabt.

Endstand: SpVgg Unterhaching - MSV Duisburg 0:1 (0:1)
Unterhaching: Mantl, Müller, Dombrowka, Greger (40. Ehlich), Schwabl, Grauschopf, Hufnagel (56. Schröter), Anspach (64. Stroh-Engel), Fuchs, Hasenhüttl, Henrich
MSV: Weinkauf, Sauer, Schmidt, Fleckstein, Sicker, Krempicki (57. Scepanik), Jansen, Kamavuaka, Karweina (75. Bretschneider), Mickels (45. Tomić)
Tor: Ademi (37.)
Gelbe Karten: Fuchs - Schmidt, Sicker, Krempicki, Kamavuaka
Schiedsrichter: Timo Gerach
Zuschauer: keine

Heute wurden die Nachholspiele terminiert. *Sieben Spiele in drei Wochen.* Das ist im wahrsten Sinne des Wortes sportlich und erinnert schon jetzt wieder an das Ende der letzten Saison. Hoffentlich kommen wir mit der Spielerdecke und der Verletztenliste da einigermaßen durch. Und die Ergebnisse sollten bevorzugt auch noch stimmen. Heute gibt es dann das erstes Geisterspiel dieser Saison, das ich alleine im eigenen Wohnzimmer anschaue. Wir mussten uns aus Coronagründen dazu entscheiden, auf kollektives Schauen der Spiele zu verzichten. *Nach vier Minuten gibt es die erste Ecke für Uerdingen.* Der folgende Kopfball kommt dann genau auf Weinkauf. *Wer spielt überhaupt?* Gembalies, Tomic und Ghindovean stehen auf dem Platz. Karweina und Kamavuaka sind draußen. Vermeij sitzt unteressen wieder auf der Bank, was vermuten lässt, dass er ein Coronafall war. So wie Budimbu, der ebenfalls wieder auf der Bank sitzt. Während andere Vereine dahingehend Statusberichte mit Namen geben, macht der MSV da auch weiterhin ein echtes Staatsgeheimnis draus. *Dürfen die das überhaupt?* Auch Albutat ist verletzungsbedingt nicht dabei. Ach ja, der spielt ja gar nicht mehr bei uns. Zehn Minuten sind um und der MSV hat mehr Spielanteile, Uerdingen dafür aber mehr Strafraumszenen. Jetzt gibt es über zwanzig Meter vor dem Tor einen Freistoß für uns. Die Ausführung ist gut gedacht, der Schuss wird aber trotzdem abgewehrt. Kurz danach gibt es nach einem Zweikampf im Mittelfeld die Gelbe Karte gegen Bretschneider. In der Wiederholung sieht das echt übel aus, weil er mit gestrecktem Bein aufs Schienbein geht. Da ist das Zebra mit der helleren Kartenfarbe sehr gut bedient. *Fünfzehn Minuten sind um.* Krempicki verliert im Aufbau den Ball, was leider sehr häufig vorkommt. *Allerding nicht nur bei ihm.* Der Gegenangriff der Gäste mündet dann in einem Freistoß. Aus gleicher Position wie bei uns kommt der Ball hier aber gefährlich auf das Tor und Weinkauf muss selbigen aus dem Winkel holen. Der sofortige Gegenzug des MSV endet mit Ghindoveans Weitschuss, den der Keeper zur Ecke klärt. Es folgen zwei gute Ecken, aber kein Abschluss.

Die Hälfte der ersten Halbzeit ist um und es passiert nicht wirklich viel. Das Spiel ist irgendwo auf Augenhöhe, wobei sich das komisch anhört, wenn die Augen als Synonym für das Niveau des Spiels auf Höhe der Grasnarbe sind. Und wenn sich der Reporter über eine Minute über die Art, wie Ghindovean die Hose trägt, auslässt, sagt es sehr viel darüber aus, wie viel es über das Spiel zu berichten gibt. Auch nach dreißig Minuten gibt es keine weiteren Strafraumszenen. Jetzt dribbelt sich Ghindovean in den Strafraum, kommt am letzten Gegenspieler aber nicht vorbei. *Aber Tomic mit der Fußspitze.* Allerdings nicht fest genug, um das Tor des Gegners in Gefahr zu bringen. Wie sich Orhan Ademi kurz danach nach einem langen Pass den Ball abnehmen lässt, ist sowohl bedenklich als auch beängstigend. *Noch fünf Minuten bis zur Pause.* Sicker bekommt an Mittellinie den Ball. Er spurtet nach vorne, kann aber niemanden anspielen. Also zieht er von halblinks ab, was aber weder Fisch noch Fleisch ist. *Es ist irgendwie vegetarisch.* Jedenfalls gibt es Abstoß. *Noch zwei Minuten.* Ein langer Ball der Uerdinger kommt an. *Kein Abseits.* Der Ball wird per Brust abgelegt und am folgenden Schuss ist Weinkauf dran. Wenn ein Team führen müsste, dann wohl der Gast. Nochmal der Gegenangriff des MSV, aber der Ball wird dann gnadenlos verstolpert. Sorry, aber da ist kein Konzept ersichtlich. Der Reporter meint, dass beide Teams noch nicht ihr Potenzial abrufen. Bei uns bin ich mir da nicht so sicher.

Björn *So, auch daheim. Mache jetzt auch an.*
Ich *Tu es nicht.*

Mit Wiederbeginn kommt Vermeij für Jansen. Drei Minuten sind gespielt und es gibt auf der rechten Seite einen Einwurf für Uerdingen. Schmidt klärt, aber zum Gegner. So kommt der Ball zurück in die Mitte. Der Uerdinger Hackentrick misslingt, sodass Sauer den Ball sehr unglücklich an die Hacke bekommt. Von da aus springt er von der Hand eines Uerdingers ins Tor. Der Treffer *darf* nicht zählen. *Tut er aber.* Und die Wiederholung bestätigt meine Wahrnehmung. Es ist ein Handspiel und der Treffer hätte nicht zählen dürfen. *Ich könnte schon wieder im Strahl kotzen.* Ich wette, dass wir noch einen Elfer bekommen müssen, der uns aber verwehrt werden wird. Aber der Treffer zeigt Wirkung. *Leider nicht die erhoffte.* Diese Ideenlosigkeit und diese unfassbar unnötigen Ballverluste brennen in den Augen. Eine Uerdinger Ecke von links wird per Kopf an zweiten Pfosten verlängert, wo Ghindovean gerade noch zur nächsten

Ecke klären kann. Ich weiß nicht, was mir Hoffnung machen soll. Zumal es gleich die nächste Szene vor Weinkauf gibt, die er klären muss. Wir kommen überhaupt nichts auf die Kette und müssen froh sein, dass wir uns den Ball nicht sogar ins eigene Tor hauen.

Ich *Diese Ballverluste schmerzen körperlich.*
Björn *Ich bekomme Kopfschmerzen, wenn ich nicht mal die Idee erkennen kann.*

In der 64. Minute kommt Karweina für Ademi. Aber wenn ich sehe, wie wir es nicht schaffen, den Ball in den Strafraum zu bringen, selbigen dann verlieren, foulen und noch die Gelbe Karte bekommen, dann habe ich echt keinen Bock mehr mir das Elend weiterhin anzuschauen. *Corona hin oder her.* Das ist einfach nur schlecht. Wenn Uerdingen nichts mehr falsch macht, können die gar nicht anders, als hier zu gewinnen. Und wieder ein Fehlpass im Aufbau. *Wie kann ich jemanden anspielen wollen, der gar nicht hinschaut oder hinter dem Gegenspieler steht?* Ich schreibe gerade mehr über meinen Gemütszustand als über das Spiel. Moment: *Fehlpass Kempicki.* Würg! *Noch zwanzig Minuten.* Uerdingen kommt über rechts in den Strafraum und Gembalies steht zu weit weg. Der folgende Drehschuss landet zum 0:2 im langen Eck. *Danke und durch.* Ich denke, ich notiere ab jetzt nur noch die weiteren Tore, bevor ich das Notebook voller Frust an die Wand klatsche. Das ist aber nicht erforderlich, weil einfach nichts mehr passiert. Uerdingen muss nicht mehr und Duisburg kann nicht mehr. So einfach lassen sich zwanzig Minuten zusammenfassen. Ich hätte auch nichts anderes schreiben können, als ich es vorher schon gemacht habe. Die Erkenntnis der zweiten Halbzeit ist, dass wir in dieser Verfassung absteigen oder zumindest gegen den Abstieg spielen. Und das in der dritten Liga, wo wir noch vor kurzem den Aufstieg in den Sand gesetzt haben. Ich hoffe inständig, dass das eine Momentaufnahme ist und dass wir von künftigen Verletzungen verschont bleiben. Dass ein oder zwei Langzeitverletzte zurückkehren und dass jetzt regelmäßiges Training dafür sorgt, dass die Sicherheit zurückkehrt und Pässe irgendwann auch vermehrt wieder ankommen. Und dass wir Tore schießen. *Zumindest mehr als der Gegner.* Heute bin ich jedenfalls restlos bedient.

Endstand: MSV Duisburg - KFC Uerdingen 0:2 (0:0)
MSV: Weinkauf, Sauer, Fleckstein, Sicker, Gembalies, Bretschneider, Krempicki, Ghindovean, Jansen (46. Vermeij), Tomic (71. Budimbu), Ademi (64. Karweina)
Uerdingen: Jurjus, Girdvainis, Lukimya, Dorda, Fechner, Wagner, Gnaase (87. Mörschel), Göbel, Feigenspan (81. Kinsombi), Marcussen (77. Anapak), Kiprit
Tore: 0:1 Marcussen (48.), 0:2 Kiprit (71.)
Gelbe Karten: Bretschneider, Sicker, Ghiondovean - Dorda
Schiedsrichter: Patrick Hanslbauer
Zuschauer: Keine

31. Oktober 2020 - 8. Spieltag
1860 München - MSV Duisburg

ZEBRASTROM.de

PRÄSENTIERT

VS

08. SPIELTAG

SA, 31.10.2020, 14:00 UHR

#GEMEINSAM FÜR DUISBURG FÜR DEN MSV

STADTWERKE DUISBURG

Was hatte ich letzten Mittwoch für einen Streß. Als es plötzlich hieß, dass ab dem 2. November ein Reiseverbot innerhalb Deutschlands Inkrafttreten würde. Mit verheerenden Folgen für meine Frau und mich, da wir uns seit Wochen auf ein paar freie Tage auf Rügen freuen. Aber die steigenden Fallzahlen rund um Covid-19 ließen schon erahnen, dass uns wieder dieses *verkackte* Virus in die Quere kommt. Und als drei Tage vor unserer Abreise der zweite Lockdown mit besagtem Reiseverbot verkündete wurde, war unsere Reise quasi schon abgesagt, weil wir bis zum 5. November bleiben wollten. *Aber es ist dann doch anders gekommen.* Gestern um 14h rief der Hotelbesitzer an und informierte mich über die Sonderregelung, dass bereits vor dem 2.11. angereiste Gäste nicht wieder abreisen müssen. *Jedenfalls nicht sofort.* Die Übergangszeit ginge bis zum 5.11. Gut für uns, weil wir da ohnehin wieder zurückfahren wollen. Also heißt es heute: *Auf nach Rügen!* Und da das heutige Spiel der Zebras in München während der Fahrt stattfindet, bedeutet das Fahrerwechsel kurz vor Spielbeginn. Vor dem Spiel wurden zwei weiteren Coronafällen in Reihen des MSV kommuniziert. Einer davon soll ein Spieler sein. *Wer?* Keine Ahnung. Der MSV macht daraus auch weiterhin ein Staatsgeheimnis. Auf Facebook wurde bereits beklagt, dass wir ohne die Verletzten und Erkrankten keine Chancen beim aktuellen Tabellenführer haben werden. Ich habe geschrieben, dass wir auch in Bestbesetzung keine Chance hätten, weil wir bei den Löwen genetisch bedingt nicht siegen können. Der letzte Sieg in München ist über zwanzig Jahre her. Und so gehört die Anfangsphase auch klar den Münchenern. Da ich das Spiel per Handy und ohne das Notieren von Notizen verfolge, kann der heutige Bericht etwas konfus und durcheinander wirken. Quasi wie das letzte Spiel des MSV gegen Uerdingen.

Die erste erwähnenswerte Szene gibt es, als sich Schmidt bei einer hohen Hereingabe verschätzt, sodass ein Münchener irgendwie noch mit dem Fuß drankommt. Weinkauf muss die Bogenlampe um den Pfosten lenken. Und kaum passieren wir die Grenze von Mecklenburg-Vorpommern, ist das Netz weg. Ich muss den Stream komplett neu starten. Zum Glück scheint es nur ein lokales Funkloch gewesen zu sein. *Wieder ist München im Angriff.* Die Flanke von links wird abgewehrt, aber wieder zu einem Löwen. Der versucht es aus der Distanz, der Ball geht aber rechts vorbei. *Über die Hälfte der zweiten Halbzeit ist um.* Karweina wird über rechts geschickt, geht nach innen und zieht mit links ab. *Aber deutlich am linken Pfosten vorbei.* Ansonsten plätschert das Spiel jetzt nicht gerade so dahin, aber es passiert auch nicht wirklich viel. *So beginnt schon die Nachspielzeit.* Der MSV versucht es über links. Scepanik bringt den Ball flach in die Mitte, wo Vermeij verpasst. Kamavuaka kommt dran, aber auch irgendwie nicht. *Hat er den Ball nicht getroffen?* Jedenfalls geht es torlos in die Pause.

Es gibt einen Freistoß für München im Bereich des linken Halbfelds. Der Ball erreicht den Strafraum, wo Mölders sehr frei an den Ball kommt. Er nimmt direkt ab und der Schuss geht knapp rechts vorbei. *Ausgerechnet Mölders.* Immerhin muss ihm zugutegehalten werden, dass er sich mit Treffen gegen uns zurückhält. *Die nächsten fünfzehn Minuten vergehen ereignislos.* Der MSV bringt eine Ecke von rechts, aber zu flach. Jansen kommt aber im vorderen Bereich des Strafraums dran und hebt den Ball per Bogenlampe in den Strafraum. Der Keeper will klären, kollidiert dabei jedoch mit seinem Mitspieler. So kommt er nicht dran und der Münchener köpft unfreiwillig in Richtung des eigenen Tores. Fleckstein und ein Münchener setzen nach. Quasi auf der Linie kommt der Verteidiger vor Fleckstein an den Ball und will ihn wegschlagen, was ihm auch gelingt. Allerdings schießt er gegen den Kopf von Fleckstein und der Ball kann gar nicht anders, als ins Tor zu fliegen. Die Zebras führen. *Unglaublich.*

Quasi im Gegenzug setzen sich die Löwen mittig durch und kommen knapp im Strafraum zum Abschluss. *Pfosten.* Nachschuss Mölder … *abgewehrt.* Da wäre die Führung fast schon wieder dahingewesen. Danach läuft München unentwegt an, aber entweder können schon die Duisburger Spieler abwehren oder aber Weinkauf als letztes Glied der Verteidigungskette. Die Zeit vergeht nur mühsam, derweil Rügen immer näherkommt. Dass ich jetzt schon den Beginn der Nachspielzeit ankündige liegt daran, dass tatsächlich seit der letzten Münchener Chance nichts von Bedeutung passiert ist. Bis auf die Tatsache, dass die Angst vor dem Ausgleich omnipräsent ist. Aber darüber zu berichten ist wenig erstrebenswert. Auch der nächste Angriff endet bei Weinkauf. *Der haut den Ball nach vorne.* Vermeij setzt sich auf der linken Außenbahn robust durch und zieht knapp vor der Torauslinie nach innen. Ich warte auf den Pfiff, der aber ausbleibt. Er macht es aus spitzem Winkel selbst, scheitert aber am Keeper.

Fleckstein zu 0:1

Der abgewehrte Ball kommt noch im Strafraum senkrecht nach unten. Scepanik nimmt aus vierzehn Metern direkt ab … Aufsetzer … *drin.* Jubeltechnisch halte ich mich zurück, um keinen Verkehrsunfall zu provozieren. Weil sich meine Frau aufgrund meiner verbal übermäßigen Freude zu sehr erschrecken könnte. *Es dürfte klar sein, dass wir heute drei Punkte einfahren.* Also, ich hätte nie im Leben gewagt daran zu glauben, dass wir nach dem letzten grausamen Kick und dann auch noch ausgerechnet bei den Löwen einen Auswärtssieg einfahren. *Geht es jetzt bergauf?* Besser kann ein Kurzurlaub jedenfalls nicht beginnen. Um meiner Freude auch die entsprechende Würdigung zu geben, schreibe ich noch in unsere MSV-Gruppe:

Ich *Sind gerade angekommen. Tore habe ich gesehen.*
Björn *Iss ein Fischbrötchen für mich mit.*

Endstand: 1860 München - MSV Duisburg 0:2 (0:0)
1860: Hiller, Willsch (75. Ngounou Djayo), Moll, Salger, Steinhart, Wein, Neudecker, Tallig, Dressel, Mölders, Pusic (87. Erdmann)
MSV: Weinkauf, Sauer (67. Bretschneider), Fleckstein, Schmidt, Sicker, Jansen, Kamavuaka (71. Pepic), Krempicki, Scepanik, Vermeij, Karweina (82. Budimbu)
Tore: 0:1 Fleckstein (62.), 0:2 Scepanik (90.+2)

40

Gelbe Karten: Pusic, Ngounou Djayo, Erdmann - Kamavuaka, Schmidt, Sicker
Schiedsrichter: Max Burda
Zuschauer: Keine

So wollen wir die Zebras sehen!

4. November 2020 - 4. Spieltag (Nachholspiel)
MSV Duisburg - 1. FC Saarbrücken

Heute ist unser letzter Tag auf Rügen und wir haben uns als finales Ziel mit dem *Kap Arkona* den nördlichsten Punkt der Insel ausgewählt. Und wir haben dabei ziemliches Glück mit dem Wetter. Und weil heute das erste der beiden Nachholspiele ansteht, muss ich natürlich Streifen zeigen. Ansonsten sitze ich jetzt zum Spielbeginn vor Notebook und Tablet, um das Spiel sehen und mir dazu Notizen machen zu können. Dass Stoppelkamp wieder im Kader ist, lässt Hoffnung aufkeimen. Auch bedingt durch die Tatsache, dass wir mit Siegen in diesem und auch im nächsten Nachholspiel dafür sorgen könnten, dass wir Tuchfühlung zur Tabellenspitze aufnehmen. Wie gesagt: *Theoretisch.*

Thomas *Ein schönes Spiel und drei Punkte für den MSV.*
Björn *Drei Punkte würden mir reichen.*
Thomas *Das zählt beim MSV als gutes Spiel.*

Die ersten fünf Minuten beinhalten einen Schuss der Saarbrücker direkt auf Weinkauf und einen Schuss von Karweina über das Tor. Im Moment habe ich noch Hoffnung, dass wir gewinnen können. Nach zehn Minuten sind weitere Chancen Mangelware, wenn nicht gar vollständig abwesend. Allerdings sind die Gäste besser im Spiel. So auch noch nach fünfzehn Minuten. Mittlerweile hat Saarbrücken schon vier Ecken. Die Zebras schaffen es gar nicht, koordiniert über die Mittellinie zu kommen. Ähnlich hat es auch in München ausgesehen, aber im Grunde kann das doch nicht immer die Taktik sein. *Zumindest können die Zuschauer nicht unruhig werden.*

Die Hälfte der ersten Halbzeit ist um. Zum Glück für den MSV schaffen es die Saarbrü-
cker nicht, ihre spielerischen Vorteile in Tore umzumünzen. Der Versuch einer
Direktabnahme innerhalb des Strafraums scheitert deshalb, weil der Saarbrücker den
Ball vorher aufstolzen lässt. *Warum bringt eigentlich Karweina den Freistoß aus dem Halbfeld*

Streifen zeigen oder *Ein Niederrheiner auf Rügen*

in den Strafraum? Und das dann auch noch total ungefährlich. Die Duisburger reagieren
viel zu träge. Da sind die Gäste gedanklich und auch körperlich wesentlich zügiger
unterwegs. *Noch zehn Minuten bis zur Pause.* Die Saarbrücker Flanke von rechts mündet
in einem Kopfball. Der Spieler kommt aber nicht richtig hinter den Ball, sodass dieser
vorbeigeht. Ich würde mich freuen, zumindest über eine solche Teilchance für den
MSV berichten zu können. *Jetzt vielleicht.* Krempicki geht in den Strafraum. Aber sein
Versuch zwei Verteidiger zu überlupfen und hinterherzurennen scheitert. Auf der
Gegenseite gibt es die nächste Ecke für Saarbrücken. Am Elfmeterpunkt kommt ein
Gästespieler frei zum Kopfball. Der Ball kommt zwar nicht aufs Tor, aber Richtung
des zweiten Pfostens. Da steht der nächste Saarbrücker frei, weil Scepanik pennt. Der
muss den Ball zum 0:1 nur noch über die Linie drücken. Es ist in der Tat nur eine
Frage der Zeit gewesen. *Noch fünf Minuten bis zur Pause.* Natürlich hoffe ich auf eine

Duisburger Reaktion noch vor dem Halbzeitpfiff. Der MSV kontert und Krempicki hat die Chance abzuspielen. Aber er macht es selbst, zieht in die Mitte und spielt den völlig vermurksten Pass nach außen zu Sauer, der den Ball erlaufen muss. *Leider nicht vor der Seitenauslinie.* Was für ein Rückschritt im Vergleich zum letzten Spiel. Wobei, vielleicht haben wir da auch einfach nur mehr Glück gehabt. *Noch ist nicht Pause.* Saarbrücken kommt nochmal über rechts und Scepanik nicht hinterher. Die flache Hereingabe klärt Sauer dann vorsichtshalber zur Ecke. Die bringt nichts ein und es ist Pause.

Auch die ersten Minuten der zweiten Halbzeit gehen an die Gäste. Saarbrücken flankt von rechts und kommt wieder zum Kopfball, weil Scepanik nicht ausreichend genug in den Zweikampf geht. *Eigentlich überhaupt nicht.* Zehn Minuten sind um und ja, der MSV ist bemüht. Aber dennoch ist es beängstigend, wie wenig wir Zustande bekommen. Das Passspiel ist einfach nur grausam. Ein langer Pass auf Sauer kommt nur aufgrund eines Stellungsfehlers der gegnerischen Verteidigung an. Es springt aber nur eine Ecke raus. Die tritt Scepanik ganz gut. Aber Jansens Kopfball kommt nur auf den Keeper. *Immerhin.* Ich hoffe, dass das mehr als nur ein Lebenszeichen ist.

Nach einer guten Stunde ist es soweit. Stoppelkamp kommt für Karweina und Ademi für Krempicki. Ich erwarte durch die Einwechslung von Stoppelkamp jetzt keine Wunderheilung. Aber vielleicht doch etwas mehr Koordination. Aber auch die ersten Szenen nach den Wechseln zeigen, dass die Zebras noch immer einen Schritt zu spät am Ball sind. Oder wenn sie ihn haben, zu schnell wieder einen Fehlpass fabrizieren. Aus einer dieser Szenen resultiert ein Freistoß für die Saarbrücker. Der kommt von links und geht am ersten Stürmer vorbei. *Aber nicht am Zweiten.* Allerdings spielt er den Ball mit der Hand, so meine sofortige Einschätzung. Der Ball geht an den Pfosten, prallt von dort gegen den Hinterkopf des jetzt am Boden liegenden Stürmers und dann ins Tor. *Und der Treffer zählt.* Das Kacktor des Jahres lässt grüßen. Die Wiederholung zeigt, dass es tatsächlich Hand gewesen ist. Der Treffer hätte nicht zählen dürfen. *Hatten wir das nicht erst vor einer Woche gegen Uerdingen?* In der 70. Minute kommt Budimbu für Kamavuaka.

Drei Minuten später bringt Stoppelkamp von links eine Ecke rein. Vermeij kommt zum Kopfball, aber der Keeper fliegt und hält. Da hätten aber auch noch zwei Verteidiger auf der Linie zur Klärung bereitgestanden. *Noch fünfzehn Minuten.* Der Saarbrücker Torwart will den Ball nach vorne schlagen. Er geht aber flach weg und trifft Vermeij am Fuß. Und geht von da aus wieder zum Keeper. *Warum so und nicht anders? So, dass Vermeij den Ball unter Kontrolle bringt und er ins leere Tor einschieben kann? Ist das jetzt Pech?* Aber der MSV bleibt dran und holt am gegnerischen Strafraum den Ball. Der

Pass in den Lauf von Budimbu ist klasse. Er steht vor dem Keeper und vollendet flach zum 1:2. *Ich bin überrascht.* Und endlich kann ich über etwas Positives berichten. Vielleicht ist es auch gut gewesen, dass der Schuss noch leicht abgefälscht wurde, weil er ansonsten nicht den Weg ins Tor gefunden hätte. Aber trotzdem glaube ich nicht an mehr. *Ich hoffe es aber.* Im Gegenzug dann sofort Saarbrücken mit der Direktabnahme, welche Weinkauf mit den Fäusten abwehren muss.

Jetzt wieder der MSV. Stoppelkamp spielt halbrechts in den Strafraum. Budimbu kommt an den Ball, kann ihn aber irgendwie nicht kontrollieren. Vermeij kommt angespurtet und hämmert den Ball voller Frust und absolut humorlos am reaktionslosen Keeper zum Ausgleich ins Netz. *Wahnsinn.* Das Spiel war verloren und jetzt steht es 2:2. *Wie konnte das passieren?* Nicht, dass es mich stören würde. In der Tat fällt es mir wieder sehr schwer, mich verbal zu kontrollieren. Ich möchte schließlich nicht das ganze Hotel in Grund und Boden schreien. *Geht da noch mehr?* Aber im Grunde würde ich das Unentschieden jetzt auf jeden Fall mitnehmen wollen. Wie schon nach dem Anschlusstreffer, so reagieren die Gäste auch jetzt sofort. Nach einem Schuss muss Weinkauf fliegen und kann den Ball sicher festhalten. Wie gesagt, *nach diesem Spielverlauf würde ich das 2:2 nehmen.* Es laufen bereits die letzten zehn Minuten. Die Zebras klären im Mittelfeld extrem ungeschickt per Kopf nach hinten und quasi in den Lauf eines Saarbrückers. Sicker setzt nach und kann den Ball im letzten Moment vor dem Gegenspieler wegspitzeln. *Was macht denn der Schiedsrichter da?* Er zeigt Sicker die Rote Karte. *Was?* Niemals. *Er spielt ganz eindeutig den Ball.* Natürlich trifft er anschließend den Saarbrücker Spieler. Aber der hat seinerseits den Kopf viel zu tief und rennt gleichzeitig in das Bein des Duisburgers. *Ich würde dem Arne eher den Preis für das beste Tackling ever verleihen.* Dieser Platzverweis ist ein echter Witz. *Absolut lächerlich.* Das zeigt aber auch, wie oft wir beschissen werden. Soviel ausgleichende Gerechtigkeit kann uns in den nächsten zehn Jahren nicht widerfahren. Was für eine gequirlte Scheisse. *Was ist überhaupt mit dem Linienrichter?* Alles gekaufte DFB-Affen und MSV-Hasser. *Vielleicht bekommen wir noch einen Elfmeter.* Ok, da muss sich selbst lachen.

Noch eine Minute. Die Gäste haben jetzt natürlich Oberwasser bekommen und der MSV versucht nur noch den Punkt ins Ziel zu retten. Nach einem Foul von Stoppelkamp gibt es im vorderen Mittelfeld nochmal einen Freistoß für Saarbrücken. Der kommt direkt auf Weinkauf. Trotzdem kommen wir zwecks Entlastung einfach nicht mehr hinten raus. Mittlerweile laufen die vier Minuten Nachspielzeit, die ich auch schon wieder sehr sportlich finde. Die nächste Ecke wird abgewehrt. *Noch zwei Minuten.* Nach einem Fehlpass der Saarbrücker vergeht eine weitere Minute. Das wird für den MSV keinen *Lucky Puch* mehr geben. Aber die Gelbe Karte gegen Lieberknecht. *Vermutlich wegen Zweitspiels.*

Der letzte Angriff der Gäste bringt nochmal die Flanke von rechts. Den Kopfball kann Weinkauf abwehren, aber direkt vor die Füße eines Saarbrückers. Der nimmt aus zehn Metern direkt ab und der Ball geht per Aufsetzer zum 2:3 ins Tor. *Danke, Herr Schiedsrichter.* Da ist er wieder, der elegante Tritt in die Familienplanung. Der gefühlte Albtraum, aus dem man sofort wieder aufwachen möchte. Das Spiel wird aber nochmal angepfiffen. Dabei grätscht ein Saarbrücker ein Zebra derart um, dass es auch die Rote Karte geben muss. *Es gibt aber nur die Gelbe Karte.* Der ist sowas von scheisse, der Schiedsrichter. Eigentlich muss der auch gesperrt werden. So wie es Schmidt werden wird, weil er auch noch die Gelbrote Karte kassiert hat. *Schlechter kann ein Kurzurlaub nicht enden.*

Endstand: MSV Duisburg - 1. FC Saarbrücken 2:3 (0:1)

MSV: Weinkauf, Sauer, Schmidt, Fleckstein, Sicker, Kamavuaka (70. Budimbu), Jansen, Scepanik, Krempicki (63. Ademi), Karweina (63. Stoppelkamp), Vermeij

Saarbrücken: Batz, Barylla, Zellner, Uaferro (73. Breitenbach), Sverko, Jänicke, Zeitz, Froese (70. Perdedaj), Shipnoski, Jacob, Mario Müller (82. Deville)

Tore: 0:1 Shipnoski (39.), 0:2 Sverko (64.), 1:2 Budimbu (76.), 2:2 Vermeij (79.), 2:3 Jänicke (90.+4)

Gelbe Karten: Schmidt, Vermeij - Uaferro, Shipnoski

Gelbrote Karte: Schmidt

Rote Karte: Sicker

Schiedsrichter: Patrick Glaser

Zuschauer: Keine

Leider bin ich mit den Statuten des DFB-Strafenkatalogs nicht vertraut. Dass aber das eine Spiel Sperre gegen Sicker quasi ein Freispruch ist, dürfte klar sein. Warum aber immer noch darauf bestanden wird, dass es sich um eine Tatsachenentscheidung handelt, wodurch ein kompletter Freispruch unterbunden wird, bleibt mir ein Rätsel. Nachträgliche Sperren anhand von Fernsehbildern sind möglich, nachträgliche Freisprüche aber nicht. *Das ist sowas von Mittelalter.* Dafür ist Schmidt zusätzlich zu seiner Gelbroten Karte auch noch für zwei weitere Spieltage gesperrt worden. *Warum?* Weil er den Schiedsrichter berührt und leicht geschubst hat. Der Schiedsrichter selbst hat das auf dem Feld aber nicht mit der Roten Karte geahndet. *Ist das dann nicht auch eine Tatsachenentscheidung?* Da passt doch was zusammen. Oder der Schiedsrichter hat es noch in den Spielbericht eingetragen, um so richtig das arrogante Arschloch raushängen zu lassen. Oder er war auf dem Spielfeld zu feige dafür. Der soll sich lieber seine beiden Fehlentscheidungen nochmal anschauen und zugeben, dass die falsch waren. Auch wenn das Tor nicht mehr annulliert werden kann, so könnte es die Rote Karte gegen Sicker. *Das macht aber keiner von den Herren.* Für uns bedeutet das für heute: *Wer soll verteidigen?*

Ich bin heute beim Björn. Zwei Haushalte sind im *Lockdown-Light* erlaubt. Dazu Björns Kater Schimanski, der sich neben mich auf die Couch setzt. Die erste Szene des Spiels hat der MSV nach zwei Minuten. Die Flanke kommt von links und die Ablage per Kopf zurück in die Mitte. Der folgende Schuss wird aber abgewehrt. Nach vier Minuten steht Stoppelkamp plötzlich frei im Strafraum. Aber er trifft den Ball

47

nicht richtig. Offensichtlich ist er von seiner Möglichkeit ähnlich überrascht worden wie wir. Als nächstes ist es Jansen, der es per Scherenschlag aus der Distanz versucht. *Vorbei.* Die ersten fünf Minuten gehören ganz eindeutig dem MSV. Offensichtlich haben sie sich nach der unglücklichen Niederlage gegen Saarbrücken Wiedergutmachung vorgenommen.

Kamavuaka und ein Kölner stoßen zwanzig Meter vor unserem Tor mit den Köpfen zusammen. Der Schiedsrichter lässt weiterspielen und Köln schießt aufs Tor. Aber Weinkauf hält. *Was entscheidet der Schiedsrichter jetzt? Freistoß für Köln? Warum?* Die sind mit den Köpfen zusammengeknallt. Auch wenn der Kölner blutet und ausgewechselt werden muss, er ist kein Foul gewesen. *Geht die Scheisse heute echt weiter?* Den Schuss klärt Weinkauf zur Ecke und auch die fischt er dann sicher aus der Luft. *„Die erste Fehlentscheidung ist überstanden",* so Björn. Sogar der Reporter ist erleichtert, dass weder aus dem Freistoß noch der Ecke ein Treffer für die Gäste entstanden ist.

Nach fünfzehn Minuten dreht sich auch das Bild und die Kölner nehmen das Heft in die Hand. Sie kommen schnell über links. Jansen kommt nicht nach und kann den Schuss von halblinks nicht unterbinden. Aber Weinkauf klärt. *Ist beim MSV nach den ersten drei Chancen schon Luft raus?* Sofort folgt der nächste Schuss der Kölner auf Weinkauf. *Was ist los?* Nach zwanzig Minuten ist dann auch der MSV mal wieder offensiv unterwegs. Budimbu lupft den Ball in Strafraum. Dort steht Stoppelkamp, der per Brust annimmt und dann direkt abzieht. *Drüber.* Ich merke, wie bei mir leichtes Kopfschütteln einsetzt. Im direkten Gegenzug dann Köln. *Aber wir holen den Ball.* Nein! *Fehlpass.* Aah!!! Der Schuss kommt dann aber direkt auf Weinkauf. Manchmal frage ich mich echt, ob die farbenblind sind. *Also die Zebras, weil sie den Ball so oft zum Gegner spielen.*

Wir nähern uns der halben Halbzeit. Budimbu kommt über links und spielt zurück in die Mitte zu Stoppelkamp. Der kommt mit einem geilen Hackentrick am Gegner vorbei. Leider legt er sich den Ball dabei zu weit vor. Aber Vermeij kommt dran und er legt wieder ab zu Stoppelkamp. Der schiebt den Ball ins lange Eck ... 1:0. *Yes.* Ich muss mich verbal aber zurückhalten, um Schimanski nicht zu nötigen fluchtartig den Raum zu verlassen. *Es gelingt mir nicht ganz.* Er sucht sich einen neuen Platz.

Köln macht aber unbeirrt weiter. Wieder tauchen sie vor Weinkauf auf und wieder wehrt er ab. Meine subjektive Wahrnehmung sagt mir, dass er vermehrt Freistöße für die Gäste gibt. Den MSV mag einfach keiner. Oder der Unparteiische zeigt sich solidarisch mit Glaser, weil sich der MSV über dessen Leistung im letzten Spiel so aufgeregt hat. *Noch zehn Minuten bis zur Pause.* Köln kommt über links und Budimbu setzt nicht nach. So kommt die Flanke, Kopfball ... *Tor.* Weil Budimbu die Hereingabe nicht unterbunden und weil Jansen nicht energisch genug beim Gegner gestanden hat. Weinkauf hat keine Chance. *FUCK!!!* Der MSV wirkt konstatiert. *Noch fünf Minuten.* Die sollen jetzt erstmal das 1:1 in die Pause retten. Aber nach wie vor ist da dieses elementare Problem, beim Pass den eigenen Mann zu treffen. *Noch vier Minuten.* Jansen spielt zu Budimbu in den Strafraum. Der legt ab zu Stoppelkamp. *Das hat heute bereits geklappt.* Dessen Schlenzer geht aber vorbei.

Björn: *„Gute Idee, schlechte Ausführung. "*
Ich: *„Umgekehrt wäre besser. "*

Ein 2:1 für uns zur Pause hätte ich natürlich auch genommen. Es reicht aber nur noch zur Gelben Karte gegen Scepanik.

Den ersten Akzent der zweiten Halbzeit setzt Köln mit dem schnellen Angriff über rechts. Der folgende Seitenwechsel nach links offenbart dabei die Duisburger Defizite. Dem Rückpass in die Mitte folgt der Schuss, den Kamavuaka durch das Dazwischenwerfen seines Körpers zur Ecke abwehren kann. Weil Bunjaku in der Folge Jansen voll auf das Scheinbein steigt, bekommt er die mehr als berechtigte Gelbe Karte. Und aus Gründen, die sich mir nicht erschließen, meckert er immer noch. So ein Pisser. *Zeig dem doch Gelbrot!* Macht der Schiedsrichter aber nicht. Dafür bleiben die Gäste am Drücker. Bei dem Pass in unseren Strafraum steht Fleckstein extrem falsch. Der Kölner geht bis fast an die Torauslinie und kommt zu Fall. *Es gibt den Elfmeter.* Ich könnte echt kotzen. *„An der Theke fällt der nicht um"*, so Björns korrekte Einschätzung. *Kann man den geben?* In keiner der Wiederholungen bekomme ich eine Bestätigung. Zumal er den Ball auch nicht mehr hätte erlaufen können. *Und wer verwandelt?* Bunjaku! *Da spüre ich doch schon den nächsten Kotzreiz.*

Leider bleibt das erhoffte Aufbäumen der Zebras aus. Wieder kommt Köln über links und zum Schuss. *Weinkauf wehrt ab.* Sogleich folgt der nächste Angriff und wieder ist es Weinkauf, der den Distanzschuss jetzt über die Latte lenkt. Bei uns ist der Stecker schon wieder raus. *Oder immer noch.* Eine Stunde ist um und Scepanik unterbindet im Mittelfeld per taktischem Foul einen Kölner Angriff. Er merkt selbst sofort, wie bescheuert diese Tat gewesen ist. Denn er wird unvermittelt per Gelbrot des Feldes verwiesen. *Keine Gnade für den MSV.* Hauptsache Bunjaku darf nach seinem Foul lustig rummeckern. Wie Leid ich es bin, über diesen und deckungsgleiche Sachverhalte zu berichten. Jetzt sind wir also im Rückstand und in Unterzahl in einem Spiel, in dem wir ohnehin schon sehr destruktiv unterwegs sind. *Das macht doch alles keinen Spaß mehr.*

Lieberknecht reagiert und bringt Bretscheider für Sauer. Und Bunjaku foult, meckert wieder und bekommt nicht die Gelbrote Karte. Die kann er dann auch nicht mehr bekommen, weil er ausgewechselt wird. Der *Kölner* Trainer macht alles richtig. Noch zwanzig Minuten verbleiben den Zebras, um doch nochmal einen Fuß in die Tür des Spiels zu bekommen. Stoppelkamp versucht er von der Strafraumgrenze aus, aber der Schuss mit links geht drüber. Zumindest darf das mit viel Wohlwollen mal wieder als Chance gewertet werden. *Engin kommt für Jansen.* Es folgt das nächste Duell Viktoria Köln gegen Weinkauf. Diesmal verhindert unser Keeper per Fußabwehr den nächsten Einschlag. *Noch fünfzehn Minuten.* Der Befreiungsschlag von Weinkauf mutiert zu einem aussichtsreichen Pass in den Lauf von Ademi. *In der Mitte läuft Vermeij mit.* Aber Ademis Annahme ist schlecht und er ist zu langsam, sodass sein Schuss abgeblockt werden kann. Ich spüre förmlich, wie mir der Frust in die Knochen kriecht. Dafür kann sich Köln bis in unseren Strafraum kombinieren. Und der abschließende Schuss von halbrechts zappelt zum 1:3 in unserem Netz. *Ende aus, Micky Maus.* In der noch verbleibenden Spielzeit können wir froh sein, dass die Niederlage nicht noch höher ausfällt. Und wir fallen auf einen Abstiegsplatz zurück. *Quo vadis, MSV?*

Endstand: MSV Duisburg - Viktoria Köln 1:3 (1:1)

MSV: Weinkauf, Sauer (62. Bretschneider), Volkmer, Fleckstein, Vermeij, Kamavuaka, Jansen (73. Engin), Budimbu, Ademi, Stoppelkamp (85. Ghindovean), Scepanik

Köln: Mielitz, Gottschling, M. Fritz (12. Lorch), Hajrovic, Handle, Klefisch, Holthaus, Holzweiler, Risse, Thiele (81. Tubluk), Bunjaku (68. Seaton)

Tore: 1:0 Stoppelkamp (22.), 1:1 Thiele (34.), 1:2 Bunjaku (52./FE), 1:3 Risse (77.)

Gelbe Karten: Scepanik - Handle, Bunjaku, Risse

Gelbrote Karte: Scepanik

Schiedsrichter: Eric Müller

Zuschauer: Keine

Der MSV Duisburg stellt Trainer Torsten Lieberknecht frei. So hieß es schon einen Tag nach der Niederlage gegen Köln. Das habe ich in der Tat nicht erwartet. Und die Meinung ist auch zwiegespalten, da sehr viele Fans die Wurzel unseres Übels nicht im Trainer, sondern im Sportdirektor sehen. Viele gute Spieler wurden ziehen gelassen und der Ersatz ist qualitativ bis jetzt noch nicht ebenbürtig. Ich vermag mir da kein Urteil zu erlauben, weil mir der Blick hinter die Kulisse fehlt. Einerseits ist der Trainer für die Sportliche Leistung zuständig. Er kann andererseits aber auch nur mit dem arbeiten, was ihm der Sportdirektor zur Verfügung stellt. Und wenn der Verein kein Geld hat, müssen Spieler eben abgegeben werden. *Das ist die immerwährende Geschichte des MSV Duisburg.* So kenne ich das, seit ich Anhänger dieses Vereins bin. Allerdings macht sich Grlic mit der Rückholaktion von Gino Lettieri keine neuen Freunde. *Im Gegenteil.* Selbst bisherige Fürsprecher wenden sich jetzt meinungstechnisch ab. Schließlich hat er ihn 2015 selbst entlassen, als wir nach dem ersten Aufstieg zurück in die zweite Liga dort auf dem letzten Tabellenplatz standen. *Auch bin letzten skeptisch.* Aber ich lasse ich mich gerne eines Besseren belehren. Heute allerdings sitzt noch Marvin Compper als Vertretung auf der Trainerbank.

Die erste nennenswerte Szene ergibt sich nach acht Minuten. Stoppelkamp spielt links in den Lauf von Engin, der in den Strafraum eindringt. Er legt quer in die Mitte, doch Vermeij verpasst. Aber Budimbu kommt dafür am zweiten Pfosten aus kurzer Distanz an den Ball. *Der muss doch drin sein.* Doch der Torwart mit kommt irgendwie noch mit dem Fuß dran. *Ohne Worte.* Zwei Minuten später geht Stoppelkamp selbst bis in den Strafraum. Sein Schuss landet aber direkt beim Keeper. Auch da wäre mehr möglich gewesen, wenn auch nicht so viel wie bei der gefühlt Zweihundertprozentigen von Budimbu. Nachdem die ersten fünf Minuten den Gastgebern gehörten, sind wir seitdem eigentlich ganz gut dabei. Bei Türkgücü spielt ein alter Bekannter mit. Eigentlich ist es eher ein junger Bekannter, da Petar Sliskovic letzte Saison noch für uns unterwegs war und den Verein unter sehr mysteriösen Umständen verlassen hat. Erst ja, dann nein, dann doch. Oder um Louis de Funès zu zitieren: *Nein, doch, oh.* Überhaupt waren viele der Abgänge seltsam und überraschend. Leider spricht Grlic so gut wie nie über seine Personalpolitik, sodass sich der Fan erzwungenermaßen seine eigene Meinung bilden muss. Ob die jetzt mit der Wahrheit übereinstimmt, scheint den Verein dabei nicht zu interessieren. Dann muss Grlic aber auch eben akzeptieren, wenn sich Widerstände ergeben. Aber auch damit kommt er offenbar ganz gut klar.

Nach fünfzehn Minuten ist die Druckphase des MSV erstmal wieder um. *Schimanski kommt.* Also nicht der Tatort, sondern Björns Kater. Ich habe mich heute bei ihm zur gemeinsamen Spielverfolgung eingefunden. *Also beim Björn, nicht beim Kater.* Schimanski traut mir aber nicht. Vermutlich, weil ich ihm mit meinem letzten Torjubel gegen Köln zu sehr erschreckt habe. Da besteht heute aber keine große Gefahr. So bringt auch der nächste halbgare Angriffsversuch keine Gefahr. *Zwanzig Minuten sind um.* Engin setzt sich links durch und bringt den Ball auch in die Mitte, aber wieder kommt Vermeij nicht dran.

Ich: *„Das macht Hoffnung."*
Björn: *„Ist das so?"*

Fast im Gegenzug kommt München schnell über rechts. Sicker kann die Hereingabe nicht verhindern. Budimbu wirft sich in den Schuss aus dem Rückraum und das ist auch gut so. Den Nachschuss bekommt Weinkauf im Nachfassen. Es wäre dann aber auch Abseits gewesen. Jetzt startet der MSV über Engin den sofortigen Gegenangriff. Er verpasst aber das Abspiel auf Vermeij. *Dafür kommt Stoppelkamp dran.* Sein Lupfer aus sechzehn Meter ist aber nicht mehr als ein Versuch. Trotzdem scheint der MSV mit mehr Sicherheit und Dynamik zu agieren. Vielleicht bilde ich mir das aber auch nur ein, weil ich es sehen *möchte.* Trotzdem ist es objektiv gesehen ein Spiel auf Augenhöhe. Und das nach mittlerweile dreißig gespielten Minuten, auch wenn es in den letzten fünf Minuten keine Torchancen mehr gegeben hat. Aber es kann immer passieren. *Und das auf beiden Seiten.* Wobei tendenziell eher die Münchener in Ballbesitz sind.

Fünf Minuten vor der Pause erwähnt der Kommentator zu ersten Mal Kamavuaka. *Spielt der mit?* Das ist mir bisher gar nicht aufgefallen. Er verliert dann auch gleich den Ball und nötigt Sauer zum Foulspiel mit Gelber Karte in der Folge. Dem Freistoß folgt ein Kopfball von Sliskovic. Er legt sich den Ball vor und … *Tor.* Aber sowohl er als auch sein Mitspieler haben im Abseits gestanden. Ich denke, die Halbzeit käme dem MSV jetzt gelegen. Bei den Zebras scheint etwas die Luft raus zu sein. *Aber sie kommen nochmal.* Engins Drehschuss von der Strafraumgrenze geht aber vorbei.

Drei Minuten sind wieder gespielt. Sicker verliert den Ball und München nutzt es für einen schnellen Angriff über rechts. Es folgt der Flachpass in die Mitte. Da steht Sliskovic, der den Ball ohne Gegenspieler aus zehn Meter voller Wucht ins Tor dreschen darf. *Ja, ne. Is' klar.* Sicker hat heute auch keinen guten Tag. Wieder kommt die Hereingabe von seiner Seite und wieder steht Sliskovic parat. *Jetzt kann Weinkauf aber klären.* Ich glaube, den Namen Sliskovic habe ich in der gesamten letzten Saison nicht so oft geschrieben wie heute. Als er noch für uns gespielt hat und auch mit den Zusatzzeichen, um seinen Namen korrekt zu schreiben. Heute ist es mir egal. *Zehn Minuten sind um.* Sicker bringt eine Ecke von links. Die kommt gut und Fleckstein zum Kopfball. *Aber vorbei.* So vergehen weitere fünf Minuten, sodass die letzte halbe Stunde des Spiels beginnt. Und wieder so ein gruseliger Ballverlust im Mittelfeld, jetzt von Budimbu. Die Hereingabe von links verpasst Sliskovic nur knapp. Mittlerweile ist alles wieder so ernüchternd, was zu Beginn noch irgendwie Hoffnung suggerierte. *Weitere fünf Minuten vergehen.* München führt einen Freistoß schnell aus. *Zu schnell für uns.* Stoppelkamp kann die Hereingabe nicht verhindern und in der Mitte steht Sliskovic schon wieder frei. *Und er macht das 0:2.* Das macht doch alles keinen Spaß mehr. So ist das, wenn das Hobby einen nur noch frustet. Dass Ghindovean für Krempicki kommt, schreibe ich nur der Vollständigkeit halber auf.

Noch zwanzig Minuten. Es geht nur noch darum, das Spiel halbwegs und ohne die ganz große Katastrophe zu überstehen. *Gegen Saarbrücken kamen wir nochmal zurück.* Aber davon sind wir heute weit entfernt. *„Ein Hattrick von Sliskovic, das wäre die Höchststrafe"*, so meine destruktive Einschätzung. Der steht zwei Sekunden später wieder frei, zielt aus vollem Lauf aber vorbei. *Ademi kommt für Engin.* Und in der 77. Minute Hettwer für Stoppelkamp. *Noch zehn Minuten.* Der MSV ist in Form von Ademi mit einem Schuss mal offensiv unterwegs. Es ist aber nicht mehr als der Versuch eines Schusses, weil er vor dem Erreichen seines Ziels schon abgeblockt wird. Zwei Minuten später bringt Sicker den Ball von halbrechts in die Mitte. Der Münchener Torwart greift ins Leere und der Ball kommt *irgendwie* Richtung Tor. Aber es ist kein Fuß, Kopf oder Knie da, um den Ball irgendwie über die Torlinie zu drücken. Dafür aber der Keeper.

Es ist so armselig und schlecht. So wie das Verhalten der Gastgeber, die mit zwei Toren im Rücken jetzt für jeden Scheiß liegenbleiben. Ghindovean bekommt die Gelbe Karte, obwohl er gar nicht gefoult hat. Ach, was rege ich mich noch auf. Mittlerweile läuft die vorletzte Minute und es ist bald geschafft. Hettwer, ein kleiner Lichtblick am Horizont, kommt über links in den Strafraum. Er kommt zu Fall und es gibt tatsächlich einen Elfmeter für uns. Na toll, *jetzt können wir den auch nicht mehr gebrauchen.* Zwar verwandelt Vermeij humorlos oben links, aber ich erwarte kaum Nachspielzeit. Oh, *doch drei Minuten.* Ich glaube trotzdem nicht an Wunder. Nach einem Foul bekommt Kamavuaka auch noch die Gelbe Karte und der Münchener eine schwere Fußverletzung mit Krampf. *Aber nur bis zum Abpfiff.*

Endstand: Türkgücü München - MSV Duisburg 2:1 (0:0)
Türkgücü: Vollath, Fischer, Sorge, Berzel, Stangl (46. Kusic), Kirsch (63. Park), Erhardt, P. Sliskovic, Tosun (81. Sijaric), Sararer, Gorzel
MSV: Weinkauf, Sauer, Volkmer, Fleckstein, Sicker, Budimbu, Kamavuaka, Krempicki (68. Ghindovean), Stoppelkamp (78. Hettwer), Engin (73. Ademi), Vermeij
Tore: 1:0 P. Sliskovic (48.), 2:0 P. Sliskovic (66.), 2:1 Vermeij (89., Foulelfmeter)
Gelbe Karten: Gorzel, Berzel - Sauer, Ghindovean, Kamavuaka
Schiedsrichter: Benjamin Brand (Gerolzhofen)
Zuschauer: Keine

17. November 2020 - 5. Spieltag (Nachholspiel)
MSV Duisburg - Hallescher FC

Der Reporter spricht zu Beginn der Übertragung sogleich über Schimanski. Jetzt nicht über Björns Kater, sondern über den Tatort *Zweierlei Blut* von 1984, der im Einzugsbereich des MSV Duisburg spielt. Ich kann mich noch daran erinnern, dass Szenen während des Zweitligaspiels beim 2:2 gegen RW Essen gedreht wurden. Als eine Leuchtrakete aus der von Essenern besetzten Südkurve Richtung Block O flog und als Antwort ein entsprechendes Arsenal als Gegenmaßnahme Richtung Südkurve abgefeuert wurde. *Ist das echt schon über dreißig Jahre her?* Mit jeder Erinnerung wird mir bewusster, dass der Blick nach vorne kürzer als der nach hinten ist. *Scheisse.*

Stoppelkamp bekommt heute eine Pause. Laut des Kommentators hat er selbst um eine Auszeit gebeten, was nach seiner langen Pause auch verständlich ist. Die Bilder vom leeren Stadion während der Hymne sind nicht weniger frustrierend. Und die Tatsache, dass der Reporter über die ganzen Duisburger Abgänge spricht, macht die Sache nicht besser. *Was erwarte ich heute?* Keine Ahnung. Die Rückkehr Lettieris hat auch nicht wirklich für Ruhe gesorgt. Selbst prominente Fans wie Joachim Lambii und Markus Krebs geben öffentlich kund, dass sie von der Rückholaktion durch Ivo Grlic nichts bis gar nichts halten. Aber wie gesagt, ich lasse mich gerne überraschen. *Am liebsten positiv.* Allerdings kann ich kaum glauben, dass es zur sofortigen Kehrtwende kommt. Vielleicht auch deshalb nicht, weil ich die Problematik weniger im Trainerstab gesehen habe.

Nach zehn Sekunden versucht es Karweina mit dem ersten Schuss von der Strafraumgrenze. *Leider vorbei.* Nach vierzig Sekunden versucht es Kamavuaka ebenfalls aus der Distanz. Der Ball geht wesentlich deutlicher neben das Tor. *„Wenn das so weitergeht, öffnet sich auf Facebook bald die erste ‚Wir-lieben-Gino-Littieri'-Gruppe",* so der wenig witzig wirkende Kommentator. Dazu sei gesagt, dass wir seit 2013 nicht mehr gegen Halle gewinnen konnten. Und seit den beiden ersten Schüssen des MSV vor zehn Minuten ist wieder offensive Flaute angesagt. Eher sind es jetzt die Hallenser, die das strukturiertere Spiel nach vorne aufziehen. Aber jetzt kommt Budimbu über halbrechts und spielt in den Lauf von Sauer. Er geht in den Strafraum mit dem Pass in den Rückraum. Karweina will direkt abnehmen, stoppt dabei den Ball aber unfreiwillig. So kann er sich neu ausrichten und es mit links versuchen. Der Schuss wird aber zur Ecke abgewehrt.

Fünfzehn Minuten sind um. Nach einem Ballverlust im Mittelfeld kommt der Ball zu Boyd, der uns in der letzten Saison in der Nachspielzeit schon so ein Ding eingeschenkt hat. Er steht vor Weinkauf, der im Eins gegen Eins klären muss. *Und Halle bleibt am Ball.* Den folgenden Schuss aus zwanzig Metern lenkt Weinkauf über die Latte. Kurz danach schlenzt auf der Gegenseite Krempicki den Ball an die Unterkante der Latte. Vermeij kommt an den Abpraller, kann aber nur noch querlegen. Scepanik setzt nach und scheitert am Keeper. Wir *haben* gute Szenen. *Aber was ist Toren?* Zumindest sieht das in Summe nicht ganz so chancenlos aus wie noch in den letzten Spielen. *Die Hälfte der ersten Halbzeit ist um.* Halle kommt über links und schließt per Flachschuss an den rechten Außenpfosten ab. Irgendwie ist das ein Spiel mit offenem Visier. Was aber auch daran liegt, dass beide Teams zu viel zulassen. Sauer kommt schnell über rechts und holt eine Ecke raus. Vermeij verlängert diese am ersten Pfosten. Am zweiten steht Krempicki, der dann aber doch nicht an den Ball kommt. Lukas Boeder wird erwähnt. Oh, *spielt der bei Halle?*

Eine halbe Stunde ist um. Wieder kommt Halle über links in den Strafraum. Den strammen Schuss aus spitzem Winkel lenkt Weinkauf zur Ecke. Auch die kommt aufs Tor und Weinkauf ist per Reflex am Ball. Die nächste Ecke kann Weinkauf dann mit beiden Händen sicher fangen. Leider findet der MSV offensiv in dieser Phase des Spiels nicht statt. Ein Hallenser nimmt in unserem Strafraum den Ball mit der Brust an. Sauer geht dazwischen und beide zum Ball. Da ertönt ein Pfiff. *Was für einer?* Stürmerfoul. *Puh.* Die Gelbe Karte gegen den Hallenser ist aber doch *too much.* Es sind noch fünf Minuten bis zur Pause und es gibt einen Freistoß für den MSV im halbrechten Mittelfeld. Der Ball kommt stramm in die Mitte, aber auch direkt in die Arme des Keepers. Im Gegenzug kann Halle per Distanzschuss quasi ohne Much Gegenwehr abschließen. Der Ball geht knapp am linken Pfosten vorbei. Chancen gibt es genug. Komisch, dass es hier noch 0:0 steht. In Summe ist das aber schmeichelhafter für uns als für den Gegner. *„Das ist eine erste Halbzeit, mit der man Taktikfetischisten glücklich gemacht hat".* Das ist nur eine der vielen Weisheiten, die der Kommentator so von sich gibt. Angesichts des Rasens hat er bereits gefragt, wann die Kartoffeln geerntet werden können. Er selbst habe aber keinen grünen Daumen. *Nur sehr viel Ahnung vom Fußball und viel Selbstvertrauen.* Was für ein Schwätzer. Quasi mit dem Halbzeitpfiff gibt es noch eine Ecke für uns. Karweina bringt den Ball nach der Hereingabe direkt aufs Tor, aber der Keeper holt ihn von der Linie und bekommt wegen Foulspiels von Volkmer auch einen Freistoß zugesprochen. *Dann ist Halbzeit.*

Die zweite Hälfte beginnt sogleich mit Freistoß für den MSV im Mittelfeld. Aber trotz dreier Anläufe ergibt sich keine Torchance. Ich will mich in einem mäßigen Team jetzt nicht auf einen einzelnen Spieler einschießen. Aber die Anzahl von Fehlpässen bei Krempicki ist schon sehr hoch. Und mir fallen sie auch nur bei ihm auf. Nach einer Hallenser Hereingabe ist Sauer mit dem Ellbogen am Ball. *Es gibt keinen Elfmeter.* Für Kommentator ist es aber einer gewesen. *Hat er die Körperfläche vergrößert?* Nein. Ohne Arm hätte er den Ball an den Körper bekommen. Keine klare Fehlentscheidung also. Seit der Handelfmeterreform gibt es ohnehin nur noch eine Regel. *Und die heißt Zufall.* Ziel war es doch, dass Strafstöße gleichermaßen gegeben oder nicht gegeben werden. Ich würde mal behaupten, dass das nicht geklappt hat. Einheitlich wäre: *Hand ist Hand.* Aber das traut sich der DFB dann wohl doch nicht. Derweil steht Sauer wieder im Mittelpunkt des Geschehens. Nach seinem extrem kurzen Rückpass muss Weinkauf im letzten Moment klären. *„Da wäre Sauer fast in bitter umgeschwappt."* Keine Ahnung, aus welchem Fundus der Kommentator seine Flachwitze bezieht. *Dabei spielt Bitter verletzungsbedingt doch noch gar nicht wieder mit.* Aber da fällt mir ein: *Wann ist der denn wieder fit? Und Mickels?* Das würde mir wieder neue Hoffnung geben. Aber vermutlich fallen dann wieder andere Spieler aus.

Sauer wird behandelt. *„Dabei ist er nur der Ersatz von Bitter. Gibt es auch einen Süß? Oder Salzig?"* Mein Gott, ist der lustig. Fußball wird aber auch noch gespielt. Halle flankt von rechts, kommt zum Kopfball, Weinkauf taucht ab und klärt. Sauer muss dann wohl raus. *Super.* Zum Glück haben wir einen extrem breiten und ausgeglichenen Kader. Es kehren keine Spieler zurück, sondern es kommen neue Verletzte hinzu. Ins Spiel allerdings kommt Bretschneider. *Noch dreißig Minuten.* Kamavuaka fängt einen Ball ab, verpasst dann aber das Abspiel. Mehr aus der Not heraus läuft er rechts die Linie entlang und bringt den Ball in die Mitte. Da steht Budimbu, der aus zwölf Metern direkt abnimmt. *Gefährlich*, aber vorbei.

Kurz danach ist es wieder Krempicki, der den Ball im Mittelfeld verliert. Es folgt der Angriff der Gäste über rechts. Der Flachpass kommt in die Mitte, aber Weinkauf ist beim Schuss auf dem Posten. Und vorne geht Karweina nicht auf das Spiel von Vermeij ein. Dafür steht nach einem langen Pass wieder ein Hallenser frei vor Weinkauf. *Und der Ball geht drüber.* Lettieri reagiert und bringt dann doch Stoppelkamp für Karweina. Zunächst bewirkt der Wechsel aber nichts. Wieder kommt Halle über rechts mit dem Pass in die Mitte. Boyd nimmt direkt ab, aber der Schuss geht drüber. *Geht uns wieder die Luft aus?* Da ist Zuviel Platz für die Gäste. Und wieder mit dem vorherigen Ballverlust von Krempicki. Der muss doch eine gruselige Passquote haben.

Gute zwanzig Minuten sind es noch. Nach dem ersten Schuss von Stoppelkamp klatscht der Keeper den Ball nach vorne ab. Leider nicht vor die Füße von Vermeij. *Warum eigentlich nicht?* Zumindest hält sich der MSV jetzt mal wieder häufiger in der Hälfte der Gäste auf. Obwohl, ob Gast oder Heimspiel, ohne Zuschauer ist es ohnehin egal. *„Guter Ball von Papadopoulous. Wunderbärchen".* Ich bekomme Kopfschmerzen. *Hat der geraucht?* Zu Krempicki werde ich mich in diesem Spiel nicht mehr äußern. Für ihn kommt Jansen. Weil sich dann zwei Duisburger gegenseitig behindern, kommt der Ball wieder zu Boyd. Sein Schuss aus achtzehn Metern geht vorbei. *Irgendwann geht der aber rein.* Vermutlich in der Nachspielzeit. Bis dahin sind es noch fünfzehn Minuten. Nach langem Pass und Stellungsfehler steht Boyd schon wieder vor Weinkauf. *Und wieder geht der Ball drüber.* Aber Weinkauf muss behandelt werden. Die Definition von Supergau wäre eine Verletzung von Weinkauf. Warten … warten … warten … er kann weiterspielen. *Durchatmen.*

Noch zehn Minuten. Keine Ahnung, ob ich mit Punkt zufrieden sein soll. *Eigentlich nicht.* Aber nach drei Heimpleiten in Folge, wäre es zumindest das Minimalziel. Zumal uns Boyd alleine schon hätte abschießen können. *Und wieder muss Weinkauf einen Kopfball parieren.* Offensiv ist bei den Zebras schon wieder die Luft raus. Vermutlich nicht nur offensiv, weshalb wir das Ganze zumindest ohne Gegentreffer überstehen sollten. Jetzt fängt auch das Länderspiel Spanien gegen Deutschland an. *Aber wen interessiert das schon?* Mittlerweile läuft die letzte Spielminute und der MSV scheint das irgendwie über die Zeit zu bringen. Und es gibt nochmal eine Ecke für uns. *Vielleicht ein Lucky Punch?* Aber die Hereingabe wird abgewehrt. Mehrfache Versuche zum Abschluss zu kommen, scheitern. Und wir holen die wirklich letzten Reserven raus, um Halle nicht angreifen zu lassen. *Es gibt zwei zusätzliche Minuten.* Jetzt versucht es Halle nochmal mit einem kurzen Powerplay. Aber auch die Gäste bekommen keinen Zugriff mehr auf das Spiel. *Pfeif ab.* Er pfeift ab. Immerhin haben wir nicht wieder verloren.

„Dieses Spiel endet 0:0 und keiner weiß warum". Zumindest da liegt der Kommentator richtig. Lettieri setzt sich nach Ende erstmal auf die Bank. *Sollte er nicht auf den Platz gehen? Zu den Spielern? Resigniert er schon?* Und am nächsten Freitag geht es schon weiter.

Endstand: MSV Duisburg - Hallescher FC 0:0

MSV: Weinkauf, Sauer (57. Bretschneider), Fleckstein, Volkmer, Sicker, Kamavuaka, Krempicki (72. Jansen), Budimbu, Karweina (65. Stoppelkamp), Scepanik, Vermeij

Halle: Müller, Boeder, Vucur, Reddemann, Landgraf, Lindenhahn (69. Gündüz), Papadopoulos, Nietfeld, Derstroff (81. Sternberg) - Boyd, Eberwein (85. Dehl)

Gelbe Karten: Volkmer - Boyd, Lindenhahn

Schiedsrichter: Schwengers

Zuschauer: Keine

Ja, heute kann es erneut passieren, dass ein ehemaliges Zebra gegen uns trifft. Und zwar Zlatko Janjic, von dem ich nie glaubte, dass er nochmal gegen uns spielen würde. *Aber heute macht er es.* Und mir ist nicht wohl dabei, weil die Formkurven der beiden Vereine stark unterschiedlich verlaufen. Insofern beim MSV überhaupt von einer Kurve gesprochen werden kann. *Das ist eher die Nulllinie.* So muss ich nach zehn Minuten feststellen, dass wir heute so beginnen, wie wir gegen Halle aufgehört haben. Und damit meine ich nicht die Aufstellung, sondern die Suche nach dem Weg nach vorne und dem Bangen in der Defensive. Verl hat das Spiel schlichtweg im Griff und bisher die hundertprozentigen Torchancen. Nach zwölf Minuten dann der erste echte Angriff des MSV. Stoppelkamp treibt den Ball in die Mitte und spielt nach halblinks zu Engin. Der ist im Strafraum und will am Gegenspieler vorbei nach innen ziehen. Er kommt zwar vorbei, aber den Ball legt er sich zu weit vor.

Fünfzehn Minuten sind um und Verl führt eine Ecke kurz aus. Der die Ecke ausführende Verler kommt wieder an den Ball und geht im Strafraum mühelos an Scepanik vorbei. Er visiert das lange Eck an und ... *trifft.* Meine Reaktion reduziert sich bereits auf ein Minimum. *Resigniere ich bereits?* Zwei Minuten später verlieren wir im Mittelfeld erneut den Ball. Sicker lässt sich tunneln und der Verler kann sich bis zum Strafraum gegen zwei Duisburger behaupten. Seinen Schuss kann Weinkauf dann aber festhalten. Trotzdem: *Das ist alles sehr beängstigend und frustrierend.*

Zwanzig Minuten sind um und die Zebras kommen über links. Die flache Hereingabe kann nicht geklärt werden, sodass Engin nachsetzen kann. Es springt aber nur eine Ecke heraus, die nichts einbringt. Doch. Sie bringt einen Konter für Verl inklusive eines Eckballs. Die möchte ein Duisburger dann klären, doch ein Verler hält einfach mal den Fuß dazwischen, sodass der Abpraller so gefährlich aufs Tor kommt, dass Weinkauf mit einem Reflex das 0:2 und einen weiteren Gegentreffer der Rubrik *Kacktor des Tages* verhindern muss. Mittlerweile gibt es nach Kamavuaka gegen Volkmar dann die zweite Gelbe Karte des Tages. Beide finde ich trotz Vereinsbrille etwas übertrieben. Insbesondere jetzt, da der Verler gegen den Arm von Volkmar rennt, der sich schon lange in der Luft zum Kopfball befindet. In Summe bleibt es aber dabei, dass das Spiel bevorzugt in Richtung unseres Tores stattfindet. Es muss also was passieren. *Aber was?*

Dreißig Minuten sind um. Der MSV hat mal Platz und trägt den Angriff gut vor. Stoppelkamp legt den Ball nach außen zu Ademi und der legt wieder zurück in die Mitte. Stoppelkamp lässt durch, weshalb Scepanik an den Ball kommt. Er dreht sich um den Verteidiger vorbei in Schussposition. *Mach ihn!* Er schießt … *auf den Keeper.* Im Ernst: *Wenn nicht jetzt, wann dann? Noch sieben Minuten bis zur Pause.* Krempicki bringt von der rechten Seite den Ball flach und stramm in den Strafraum. An der ersten Ecke des Fünfmeterraums kommt Stoppelkamp mit der Fußspitze an den Ball. *Der kommt aufs Tor, aber auch wieder auf den Keeper. Ist das jetzt einfach nur Pech?* Ich weiß es nicht. Auch nach der folgenden Ecke flippert der Ball durch den gegnerischen Torwartraum. Aber Kamavuaka kann sich nicht so positionieren, um das Runde ins Eckige zu bringen. Immerhin ist der MSV jetzt deutlich besser im Spiel. Dann aber wieder ein Freistoß für die Gäste. Der Ball kommt und Janjic steht frei vor dem Tor, setzt diesen aber drüber. *Und es ist Abseits.* Allerdings ist das eine Fehlentscheidung. Wäre der Ball ins Tor gegangen, hätte der Treffer zählen müssen. *Aber die Gäste bleiben dran.* Jetzt kommt die Hereingabe von links. Zwar aus spitzem Winkel, aber dennoch gefährlich. Sicker klärt, übersieht aber Janjic hinter sich. Quasi zwei Meter vor dem Tor muss Sicker erneut den Fuß hinhalten, um zur Ecke zu klären. Warum auf der Gegenseite Stoppelkamp an der Strafraumgrenze dann keinen Freistoß zugesprochen bekommt, wird alleine der Schiedsrichter wissen. Ist ja nicht so, dass das eine gefährliche Position gewesen wäre. *Selbst für unsere Verhältnisse.* Die letzte erwähnenswerte Szene hat dann der MSV, als es nach einer guten Flanke und einer *Fast-Kopfball-Chance* nur Ecke gibt.

Die erste erwähnenswerte Szene der zweiten Halbzeit ist im Grunde die Gelbe Karte gegen Ademi, die auf halblinks einen Freistoß für Verl bringt. Davor hatte Verl gefühlte neunzig Prozent Ballbesitz. Letztendlich endet die Situation mit einem Verler

Flachschuss, der rechts neben das Tor geht. Es folgt der erste Wechsel beim MSV, indem Budimbu für Engin kommt. Ich hätte eher Ademi vom Platz genommen, der wesentlich weniger aktiv gewesen ist. Vielleicht bleibt er aber auch deshalb auf dem Platz. *Weil er noch mehr Luft hat.* Oder er *sollte* sie haben. Budimbu hat mir gegen Halle schon ganz gut gefallen, weshalb ich ihn eigentlich gerne von Spielbeginn an gesehen hätte. *Eine halbe Stunde ist es noch.* Nach einem Freistoß für uns und einem erneut lachhaften Ballverlust folgt der schnelle Konter. Janjic kommt über rechts und kann sich sowohl gegen Scepanik als auch gegen Schmidt durchsetzen. Dann muss er nur noch flach vorbei an Weinkauf ins untere rechts Eck schieben. *Habe ich es gesagt?* Ich *habe* es gesagt. Das ist doch absolut amateurhaft. Ich notiere den Wechsel Vermeij für Stoppelkamp als Randnotiz.

Nach langem Pass setzt sich Vermeij durch. Er legt ab zu Ademi, der auch achtzehn Metern abzieht. Der Keeper wehrt zur Seite ab, während Vermeij heranspurtet. Er kommt an den Ball ... *wie dann auch der Keeper.* Es gibt Ecke. *Ist es denn echt so schwer, einfach mal dieses verkackte Tor zu treffen?* Blöde Frage. *Ich sehe es schließlich.* Noch zwanzig Minuten. *Hettwer kommt für Scepanik.* Aber so sehr sich die Zebras auch bemühen, es ist brotlose Kunst. Ein neuerlicher Ballverlust auf unserer rechten Seite bringt den entsprechenden Konter über links. Drei Duisburger inklusive Weinkauf stürmen dem Verler entgegen, der dann locker an allen vorbei nach rechts legt, wo ein mitgelaufener Verler locker ins leere Tor einschieben kann. *Das ist dann jetzt der tiefste Tiefpunkt, den ich je mit dem MSV Duisburg miterleben muss.* Das ist das Ergebnis der seit Jahren stattfindenden Abwärtsspirale, der Strudel der Erfolgslosigkeit. Vor ziemlich genau zehn Jahren haben wir im Achtelfinale des DFB-Pokals 2:1 in Köln gewonnen. *Und heute?* Schmidt verliert den Ball im Mittelfeld und der folgende Konter landet zum 0:4 im Netz. Ich weiß gar nicht mehr, was ich noch empfinden soll. Im Augenblick ist es die schiere Resignation. Ich wage es kaum auszusprechen, aber ich wünsche mir fast schon die Insolvenz zur Winterpause mit sofortigem Lizenzentzug. *Dann hätte unser Leid ein Ende.* Irgendwann schützt auch Sarkasmus nicht mehr. Vielleicht sollte Lettieri doch nochmal darüber nachdenken, Götze, Hummels, Müller und Boateng ins Team zurückzuholen. Ach ne, *das ist ja eine andere Baustelle.*

Endstand: MSV Duisburg - SC Verl 0:4 (0:1)

MSV: Weinkauf, Schmidt, Fleckstein, Volkmer, Sicker, Kamavuaka, Krempicki, Stoppelkamp (64. Vermeij), Ademi, Scepanik (72. Hettwer), Engin (58. Budimbu)

Verl: Brüseke, Lang (71. S. Korb), Mikic, Stöckner, Ritzka, Sander, Kurt, Schwermann (68. Pernot), Rabihic, Janjic, Yildirim (82. Haeder)

Tore: 0:1 Rabihic (17.), 0:2 Janjic (60.), 0:3 A. Yildirim (77.), 0:4 Rabihic (81.)

Gelbe Karten: Kamavuaka, Volkmer, Ademi, Fleckstein - Rabihic

Schiedsrichter: Robert Kampka (Mainz)

Zuschauer: Keine

24. November 2020 - 12. Spieltag
Waldhof Mannheim - MSV Duisburg

Mittlerweile wird sowohl die Wahrnehmung von Ivo Grlic als auch die Funktionalität der Vereinsführung infrage gestellt. Und dazu kristallisiert sich seit gestern die Verlängerung des Lockdowns um weitere vier Wochen heraus, was bedeutet, dass unser geplantes Wochenende im Rahmen der Familie in der Eifel abgesagt werden muss. Zusätzlich darf ich mit meiner Band weiterhin nicht Proben und ins Stadion können wir erst recht nicht. Ok, *Letzteres ist vielleicht eher eine Befreiung als eine Bestrafung.* Andererseits besteht durchaus die Möglichkeit, dass die Leistung der Spieler durch die Anwesenheit von Fans gesteigert werden könnte. Das ist aber nur eine Vermutung und demnach rein hypothetisch.

Ich schaue mir heute vorab die Aufstellung an: Weinkauf, Sauer, Volkmer, Ghindovean, Stoppelkamp, Sicker, Karweina, Jansen, Vermeij, Gembalies und Kamavuaka. *Was sagt mir diese Aufstellung?* Richtig. *Nichts.* Es gibt sechs Neuerungen, die aber irgendwie überhaupt nicht auffallen. Ich erwarte Nichts und werde hoffentlich nicht enttäuscht. Oder wie es jemand auf Facebook formulierte: *MSV zu sehen ist derzeit wie ein Besuch beim Zahnarzt. Man ist froh, wenn es schnell vorbei ist.* Nun gut, ich könnte auf das Anschauen des Spiels verzichten. Aber das geht auch nicht, weil es irgendwie wie Atmen ist. Wenn der MSV spielt, ist man dabei. Wenngleich derzeit auch mehr aus Pflichtgefühl heraus denn aus Leidenschaft. *Gegen wen spielen wir überhaupt? In Mannheim?* Ich schätze, die stehen über uns. Ja, *Humor muss sein.* Drei Minuten sind um und es kommt zum langen Pass in unseren Strafraum. Eigentlich ist Sicker vor dem Mannheimer am Ball. *Warum auch immer ihm der Ball dann abgenommen wird.* Es folgt der

Rückpass an den Strafraum, wo sich Jansen austricksen lässt. Der Schlenzer landet dann unhaltbar für Weinkauf im Winkel. *Gebt mir die Worte, ich schreibe es auf.* Damit dürften sämtliche Versuche der Motivation, die Trainer und Team seit dem letzten Debakel noch vorgenommen haben, wieder verpufft sein. *Was trainieren die eigentlich? Und kann der Trainerwechsel wegen Probezeit nochmal rückgängig gemacht werden?*

Zehn Minuten sind um. Ich bin schon froh, dass die Mannheimer nicht den großen Sturmlauf startet. Tatsächlich lassen sie den MSV etwas gewähren, der dann über links kommt. Über Stoppelkamp in der Mitte kommt der Ball nach rechts zu Sauer. Die Flanke landet am zweiten Pfosten bei Ghindovean. Die Hereingabe wird abgewehrt, aber er bleibt fast an der Torauslinie im Ballbesitz. Und er haut ihn zwischen Pfosten und Keeper ins Tor. Tatsächlich spüre ich, wie ich innerlich eine Reaktion zeige. Es ist … *Freude.* Aber ich habe mich unter Kontrolle. Bis zum Punktgewinn ist es noch ein langer Weg. Doch die Zebras bleiben dran und versuchen sich in der Hälfte des Gegners festzusetzen. Ghindovean kommt erneut in den Mannheimer Strafraum, aber diesmal nicht zum Abschluss.

Nach zwanzig Minuten hat sich das Spielgeschehen weitestgehend normalisiert. *Aber warum foult Volker derart überflüssig im Mittelfeld?* Die folgende Gelbe Karte ist überflüssig und ärgerlich. Dann Mannheim über links. *Warum ist Weinkauf so weit vor dem Tor?* Er wird überlaufen und das Tor ist leer. Zum Glück legt sich der Mannheimer den Ball zu weit vor. Im Gegenzug bekommt Sicker den Ball nicht ins Sturmzentrum. Dennoch lässt sich sagen, dass wir bis jetzt heute schon gefährlicher sind, als gegen Verl über die gesamte Spielzeit. Mal schauen, was das nach Spielende zu bedeuten hat. Wieder kommt Stoppelkamp über links und mit der gechipten Flanke in die Mitte. Vermeij kommt zwar dran, kann aber nur Verlängern als platziert Köpfen. Der Ball geht über Keeper und Latte hinweg. Nach einer halben Stunde werden die Mannheimer so langsam wieder stärker. Nach einer Flanke von rechts steht ein Mannheimer in der Mitte völlig frei. Der Kopfball kommt dem unten rechts aufs Tor und Weinkauf muss sich strecken, um den Ball um den Pfosten zu lenken. Die folgende Ecke hat er dann sicher. Plötzlich steht Mannheim völlig blank vor Weinkauf. *Und auch diesen Ball kann er abwehren.* Da ist tiefes Durchatmen angesagt. Und dabei bleibt es auch, weil der MSV überhaupt nicht mehr hinten rauskommt. Aber wenigstens reicht es, um mit einem Unentschieden in die Pause zu kommen.

Das Spiel läuft wieder. Der Pass in den Strafraum erreicht Karweina. Er bleibt am Ball, bekommt ihn aber nicht unter Kontrolle. Ein Mannheimer klärt, aber nach links zu Stoppelkamp, *immer noch im Strafraum.* Der dreht sich nahe der Strafraumgrenze und setzt zum Schlenzer an. Und der Ball senkt sich ins lange Eck. *Wir führen. WIR*

FÜHREN. Herrje, ich weiß gar nicht mehr, wie sich das anfühlt. Aber: *Es fühlt sich geil an.* Ich möchte das Gefühl heute auch nicht mehr verlieren. *GEHT DOCH!* Zehn Minuten später hoffe ich primär, dass Mannheim seinerseits jetzt nicht die Antwort auf unsere Führung findet. Was mir heute aber Mut macht, ist die Körpersprache der Spieler. Da wird sich nach einem geglückten Tackling am eigenen Strafraum auch mal gegenseitig gratuliert. Ein heutiger Sieg wäre möglicherweise eine Art Therapie. Aber das ist noch ein langer Weg, denn es bieten sich immer wieder Lücken für Mannheim und wir wissen, dass die Kondition unserer Zebras mehr als die des Gegners nachlässt. *Noch eine halbe Stunde.* Wieder kommt Mannheim über links. Sie dürfen den Schuss aus sechzehn Metern absetzen, der unten rechts zum Ausgleich einschlägt. Damit ist meine Befürchtung umgehend wahr geworden. *Und das leider zu früh.* Denn jetzt erwarte ich einen Mannheimer Sturmlauf. Also noch mehr als bisher. *Ob wir nochmal mit einem weiteren Treffer dagegenhalten können?* Ich hoffe es, aber ich habe Bedenken.

Noch zwanzig Minuten. Nach einer zu langen Hereingabe der Mannheimer geht Sicker auf Doppelsicher und klärt unbedrängt zum Eckball. Wieder kommt ein Mannheimer frei zum Kopfball, der gemächlich Richtung Tor kullert. *Und gegen den Pfosten.* Zumindest kann Weinkauf den abprallenden Ball aufnehmen. Und es folgt der erste Wechsel des MSV, mit dem Scepanik für Karweina kommt. *Frisches Blut kann nicht verkehrt sein.* Wo allem, weil wir seit langer Zeit offensiv überhaupt nicht mehr stattfinden. Das Unentschieden sollte jetzt zwar das minimale Ziel sein. Aber eigentlich benötigen wir einen Sieg. *Für die Moral und vor allem für die Tabelle.* Schön, dass wir dann im Mittelfeld einen Freistoß bekommen und der Mannheimer die Gelbe Karte. Schlecht, dass dadurch der Vorteil abgebrochen und uns eine gute Chance genommen worden ist.

Noch zehn Minuten. Es passiert etwas, was ich lange nicht mehr empfunden habe. *Ich bin nervös.* Das liegt nicht nur am Spielstand, sondern auch daran, dass sich die Zebras den Punkt heute verdient hätten. Nicht spielerisch, aber doch kämpferisch. Und dann bin ich emotional eben doch auch eher mit dabei. *Müssen sich die Mannheimer jetzt echt schon mit dem Herausschinden von Strafstößen befassen?* Hauptsache, der Schiedsrichter fällt nicht darauf rein. Aber ich bin dahingehend optimistisch, weil er seine Sache bisher sehr gut macht. Lettieri reagiert erneut und bringt Engin für Stoppelkamp. Irgendwo im Netz habe ich gelesen, dass der heute trifft. *Schön wär's.* Aber es steht 2:2 und es laufen die letzten sieben Minute ohne Nachspielzeit. Viel dürfte es dahingehend nicht geben. Mehr als drei Minuten würden mich verwundern, da es kaum Unterbrechungen gegeben hat. *Aber Mannheim jetzt über rechts.* Der Ball kommt flach in die Mitte. Gembalies lässt sich auskurven, aber Weinkauf ist draußen. *Warum höre ich die Uhr nicht ticken?*

Noch zwei Minuten. Der MSV kombiniert sich über Sauer, Ghindovean, Vermeij und nochmal Ghindovean zum Schuss. Der wird abgewehrt und es gibt Ecke. Lettieri nutzt die Zeit, um selbige vergehen zu lassen. Krempicki kommt für Ghindovean. *Es gibt drei zusätzliche Minuten.* Weil sich Sauer beim Einwurf zu viel Zeit lässt, bekommt auch er noch die Gelbe Karte. Engin holt auf der rechten Seite nochmal einen Frei-stoß raus. *Flanke oder Zeitspiel?* Scepanik entscheidet sich für die Flanke. Nein, für den Querpass zu Krempicki. Sein erster Schuss wird abgewehrt und der zweite geht drüber. *Nochmal Mannheim.* Nein, *die Zebras über links.* Aber die Flanke ist zu lang. *Noch zwanzig Sekunden.* Wir machen das gut. Mannheim kommt nicht mehr nach vorne. *Die Zeit ist um.* Aber es gibt noch eine Ecke für Mannheim. *Warum?* Die Nachspielzeit ist schon lange um. Die Hereingabe kommt und wir können abwehren. *Dann ist Ende.* Ich denke, wir können und sollten heute zufrieden sein.

Endstand: Waldhof Mannheim - MSV Duisburg 2:2 (1:1)

Mannheim: Bartels, Gohlke, Verlaat, Seegert, Costly, Saghiri (89. Jurcher), Christiansen, Donkor, Boyamba (73. Garcia), Ferati, Martinovic
MSV: Weinkauf, Sauer, Volkmer, Kamavuaka, Sicker, Jansen, Ghindovean (90.+1 Krempicki), Karweina (73. Scepanik), Gembalies, Stoppelkamp (83. Engin), Vermeij
Tore: 1:0 Ferati (3.), 1:1 Ghindovean (12.), 1:2 Stoppelkamp (48.), 2:2 Ferati (60.)
Gelbe Karten: Volkmer, Sauer - Christiansen, Ferati
Schiedsrichter: Wolfgang Haslberger (Freising)
Zuschauer: Keine

Ich habe keine Ahnung, was ich erwarten soll. Ich hoffe einfach nur noch und achte auch nicht auf die anderen Ergebnisse. Nun gut, gestern habe ich sie mitbekommen. Wenn wir heute nicht siegen, sind wir *gefühlt* Letzter, weil Meppen noch zwei Nachholspiele hat. *Und der Abstand würde immer größer werden.* Also der zu einem Nichtabstiegsplatz. Wir *müssen* also gewinnen. Und da ist es egal, dass heute der Tabellendritte aus Dresden zu Gast ist, der die drei letzten Spiele gewonnen hat. Krempicki und Engin stehen in der Startelf, sodass Karweina und Jansen auf der Bak sitzen. *Warum ist Budimbu nicht im Kader?* Erst Startelf, dann wieder ganz draußen. Da wäre doch nur eine Verletzung die plausible Erklärung. Ich hoffe inständig, dass sowohl Mickels als auch Bitter endlich wieder fit sind. Dieses Trauma Langzeitverletzung muss doch endlich bewältigt werden können.

Das Informativste der ersten fünf Minuten ist Thomas' Info, dass wir zunächst auf *unser* Tor spielen. Ich gebe zu, dass mir das nicht mal aufgefallen ist. Vermutlich bin ich stadiontechnisch bereits entwöhnt. Oder *clean*, um es im Fachjargon auszudrücken. Auf dem Platz passiert nicht wirklich viel. Möglicherweise sollte ich schon zufrieden damit sein, dass wir noch nicht im Rückstand liegen. Da spurtet Sicker durch das Mittelfeld und spielt zwanzig Meter vor dem Tor nach halbrechts zu Engin. Der schießt, trifft aber nur den Verteidiger. Gleiches macht kurz darauf Gembalies. Dessen Pass Richtung Stoppelkamp kommt aber nicht an. Aber immerhin scheinen die Zebras zu leben.

Nach zehn Minuten gibt es die erste Ecke für uns, nachdem wir wesentlich präsenter als die Gäste sind. *Auch wenn der Eckball nichts einbringt.* Dann Dresden mit dem Seitenwechsel von links nach rechts. Sicker kann die Direktabnahme des Dresdners nicht verhindern, sodass der Ball sich gefährlich dem zweiten Pfosten nähert. Weinkauf muss sich strecken, um den Ball mit den Fingerspitzen vor dem Einschlag im Winkel zu entfernen. Nun gut, das darf durchaus als gute Tormöglichkeit gewertet werden, obwohl ich Zweifel an der Absicht des Dresdner habe, den Ball exakt *so* auf unser Tor zu bringen. *„Der Ball ist zu lang. Weihrauch ist da"*, so der Kommentator. Auch wenn heute der erste Advent ist, so heiß der gute Mann immer noch Wein*kauf*. Er bemerkt seinen Fauxpas auch sofort und korrigiert sich entsprechend. Schade, dass Vermeij sich im Gegenzug zwanzig Meter vor dem Tor nicht entscheiden kann und sein Schuss abgewehrt wird. Und der Kommentator nennt unseren Keeper schon wieder Weihrauch. Ein Blick auf die Uhr: *Zwanzig Minuten sind um.*

Dresden wird stärker und die Zebras kommen nicht mehr nach vorne. Dafür die Gäste über links mit dem Flachpass in die Mitte. Volkmer kommt nicht dran und ein Dresdner steht völlig frei. Er nimmt direkt ab und der Ball schlägt unten links ein. *Es bleibt schwierig. Und seit wann ist ein Tritt in die Kniekehle kein Freistoß mehr?* Verständlicherweise regt sich Vermeij da in der ersten Szene nach Wiederbeginn auf. Dann folgt ein kleines Eckenfestival der Gäste. Mir scheint, dass der Gegentreffer den Zebras arg zugesetzt hat. Immerhin bekommen wir nach einem Stürmerfoul im eigenen Strafraum einen Freistoß. Ich schreibe über derartige Belanglosigkeiten, weil ich über den MSV im Moment nichts berichten kann. Dresden ist jetzt klar Spielbestimmend. Zumindest haben wir per Eckball mal wieder die Möglichkeit, den Ball in den Strafraum zu bekommen. Die bringt … *einen Freistoß für Dresden.* Ich spüre bereits wieder den kalten Atem der Resignation im Nacken. Also in *meinem* Nacken. Ich rege mich auch schon gar nicht mehr darüber auf, dass Dresden einen Freistoß bekommt, obwohl kein Foul vorgelegen hat. Bei uns passen weder die kleinen noch die großen Zahnräder zusammen. Mittlerweile läuft auch schon die letzte Minute der ersten Halbzeit. Wenn wir den Ball mal in den Strafraum bringen, landet er immer beim Gegner. Demnach geht es ohne einen Torschuss unsererseits in die Halbzeitpause. Und zumindest ohne einen weiteren Gegentreffer, obwohl Dresden nicht weit davon entfernt gewesen ist.

Verletzungsbedingt muss Gembalies zur Halbzeit raus. *Für ihn kommt Fleckstein.* Die ersten fünf Minuten sind wie der Beginn der ersten Halbzeit. Die Zebras sind bemüht, bringen es aber zu keiner Torchance. Und die Dresdner bringen den Ball nach der ersten Ecke auch sogleich per Kopfball auf unser Tor. *Eine Minute später.* Ein Dresdner Kopfball wird ganz simpel per Kopfball verlängert. Der Dresdner kommt bis in den Strafraum und spielt quer. Jetzt fehlt Sicker der große Zeh, sodass der Dresdner flach abziehen und das 0:2 erzielen kann. Herrje, ist das einfach. *Einfach scheisse.* Und der Torschütze heißt Weihrauch. Damit habe auch ich den Sachverhalt endlich begriffen. *Und Dresden macht weiter.* Jetzt kommt die Ecke von rechts. *Warum steht der da in der Mitte total frei?* Vermutlich weiß er es selbst nicht. Ihm ist es aber auch egal. Er zieht aus der Drehung direkt ab und erzielt das 0:3. *Sind wir jetzt echt die Schießbude der dritten Liga? Geht es echt noch eine Liga nach unten?* Es tut einfach nur noch weh. Ich habe schon so viel mit den Zebras erlebt. Aber das ist jetzt eine völlig neue Dimension, nachdem der Zwangsabstieg schon ein Abgrund war. Doch offensichtlich geht es immer *noch* schlimmer. Da passt es ins Bild, dass sich das Fast-Ex-Zebra Stark als Arschloch erweist und Vermeij per Ellbogencheck auch noch körperliche Schmerzen zubereitet. Und dass bei einer eigenen Führung mit drei Toren. *Und der Schiedsrichter?* Der hat es natürlich nicht gesehen. Nur das vorherige Foul von Vermeij an seinem Gegenspieler. *Das wird auch gepfiffen.* Im Grunde ist es auch egal. *Er nervt alles nur noch.* Karveina ist bestimmt hocherfreut, für die knapp letzten dreißig Minuten ins Spiel zu kommen. Irgendwann Mitte der zweiten Halbzeit ist dann plötzlich das Bild weg. Da ich auf dem Tablet schaue und am PC schreibe, hat sich der Akku jenseits meiner Wahrnehmung wohl entleert. *Und wisst Ihr was?* Ich habe keine Eile, den Neustart in die Wege zu leiten. Derzeit ist das Leben ohne die Zebras echt entspannter, wobei es in Summe aufgrund dieses Virus und den Begleiterscheinungen noch immer anstrengend genug ist. *Noch zehn Minuten.* Im Grunde will ich nichts mehr notieren. Vielleicht noch etwas über einen Ehrentreffer, was im Grunde aber auch egal wäre. Die Leistung ist einfach nur schlecht. Hinten kassieren wir aufgrund hanebüchener Stellungsfehlern die Gegentreffer und weder Mittelfeld noch Offensive sind in der Lage, wenigstens eine Torchance zu generieren. Ich weiß derzeit nicht, was uns vor dem Abstieg retten soll. Keine Ahnung, was da in Mannheim los war. *Dass wir dort einen Punkt holen konnten.* Mannheim hatte vermutlich einen ganz schlechten Tag. Ach ja, *das Spiel ist beendet.* Ich will nicht weiter darüber denken, schreiben oder auch nur ansatzweise über den MSV nachdenken. Schon übel genug, dass morgen wieder Montag ist.

Endstand: MSV Duisburg - Dynamo Dresden 0:3 (0:1)

MSV: Weinkauf, Sauer, Gembalies (46. Fleckstein), Volkmer, Sicker, Kamavuaka, Krempicki (64. Karweina), Engin (57. Hettwer), Ghindovean, Stoppelkamp, Vermeij

Dresden: Broll, Knipping, Mar. Hartmann, Mai, Königsdörffer, Y. Stark, Will (90. Kade), Meier, Hosiner (78. Diawusie), Weihrauch (71. Stefaniak), Daferner

Tore: 0:1 Hosiner (25.), 0:2 Weihrauch (53.), 0:3 Daferner (54.)

Gelbe Karten: Volkmer, Sauer - Hartmann, Diawusie

Schiedsrichter: Franz Bokop (Vechta)

Zuschauer: Keine

Es ist soweit. Ich habe heute das Gefühl, dass ich mir nur aus einer Verpflichtung heraus das Spiel anschaue. Denn ich erwarte überhaupt nichts. *Nichts macht mir Hoffnung.* Und ich denke nicht, dass es was mit der Trostlosigkeit rund um die Ereignisse von Covid-19 zu tun hat. Das hat einzig und alleine mit der Trostlosigkeit im Umfeld der Zebras zu tun. Dass es sportlich nicht läuft, ist die eine Sache. Aber dass es auch auf allen Ebenen den Bach runterzugehen scheint, dafür ist der Verein selbst verantwortlich. Der erste Sponsor hat aufgrund der *katastrophalen Außendarstellung* sein Engagement beendet. Und auch Andreas Rüttgers, bisheriger Kontaktmann zum Hauptsponsor und als *Der Diplomat* bekannte MSV-Fan, verabschiedet sich offiziell als Ansprechpartner, insofern es seine Funktion als Ansprechpartner für die Belange des Vereins betrifft. Was auch immer das bedeutet, es bedeutet sicher nichts Gutes. Mittlerweile sehe ich die Insolvenz nicht nur als einen dunklen Schatten am Horizont. Bisher war ich mir immer irgendwie sicher, dass die das schon hinbekommen. Aber auch diese Hoffnung ist auf ein Minimum gesunken. *Zurück zum Sportlichen.* In den Interviews vor dem Spiel sagen sowohl Grlic als auch Lettieri, dass das Team nicht so schlecht ist, wie es der Tabellenplatz aussagt. Nun gut, *was sollen sie auch sonst sagen?* Ich habe alle Spiele gesehen und kann bisher diese Ansicht nicht wirklich teilen. Es ist das übliche Fußballgelaber: *Wir müssen es auf den Platz bringen, das Training zeigt, dass sie es können, wir glauben daran, dass wir da unten rauskommen.* Oft benutze Phrasen, die am Ende doch nur die Boten des Abstiegs waren. Und die Fans des MSV wissen, wovon sie reden. Sie haben schon unzählige Abstiege miterlebt.

Dass es nach fünf Minuten noch 0:0 spielt, ist kein Glück. *Aber überraschend ist es auch nicht.* Oft genug haben wir in den letzten Spielen gut mitgespielt und auch mehr Ballbesitz gehabt, aber getroffen hat dann der Gegner. Einen Freistoß von rechts bringt Karweina an den zweiten Pfosten. Da steht Vermeij frei und nimmt direkt ab. *Aber direkt auf den Keeper.* Wären wir nicht gerade Tabellenletzter, was wir mittlerweile sind, sondern stünden weiter oben, hätte Vermeij den Ball vermutlich mit Keeper ins Tor gehämmert. So ist das eben, wenn die Scheisse am Fuß klebt. Und wären die zwei Böcke von Weinkauf und Volkmer kurz danach von den Gastgebern bestraft worden, wären wir schon wieder auf der Verliererstrasse. *Selbstvertrauen sieht jedenfalls anders aus.* Plötzlich steht Karweina nach einem langen Pass von der Mittellinie im Strafraum. Die Ballannahme sieht gut aus, ist es dann aber doch nicht. Immerhin sind es jetzt schon zwei offensive Szenen mehr als noch gegen Dresden. *Was macht denn da der Lauterer im eigenen Mittelfeld?* Er verstolpert den Ball und Vermeij marschiert Richtung Tor. Er legt quer in die Mitte, wo Karweina von drei Verteidigern umringt steht. Er bekommt aber den Ball und schiebt ihn durch die Beine des Keepers zur Führung ins Tor. *Super gespielt.* Dennoch bin ich mit der Situation überfordert, weil Tore des MSV eher Mangelware sind. Ich ertappe mich aber dabei, wie ich den Arm nach oben reiße. Offensichtlich ist meine Leidenschaft noch nicht komplett abgestumpft. Schade, dass erst vierzehn Minuten gespielt sind.

Nach zwanzig Minuten ist die Führung immer noch aktuell, aber Kaiserslautern ist angefressen. *Oder ziehen wir uns schon zurück?* Ich hoffe nicht. Die sollen einfach weiterspielen. Im Netz kursiert derweil die Freude über unsere Führung. Mein Statement: *Ich euphorisiere frühestens nach dem 3:0 in der vierten Minute der Nachspielzeit.* Zumindest bleibt der erste Eckball gegen uns ohne Folgen. Schade, dass Kamavuakas Vorlage von Vermeij nicht verarbeitet werden kann. Der hätte in der Folge freie Bahn gehabt. Ok, ob er es aufgrund seiner fehlenden Schnelligkeit auch mit Ball bis vor das Tor geschafft hätte, ist eine andere Frage. Aber die Zebras haben wieder den Weg nach vorne gefunden. Jetzt ist es Sicker, der über links in den Strafraum geht. Er hat Optionen zum Abspiel, macht es aber selbst. Sein Flachschuss stellt für den Keeper aber kein Problem dar.

Nach einer halben Stunde gibt es einen Freistoß für die Gastgeber. Der Ball kommt von links in den Strafraum. Der Ball wird per Kopf verlängert und plötzlich reklamieren die Lauterer Handspiel. Das Spiel läuft aber weiter und endet mit einem Freistoß für uns. Und die Wiederholung zeigt, dass ein Strafstoß berechtigt gewesen wäre, weil Jansen da klar mit der Hand zum Ball geht. *Warum macht er das?* In solchen Szenen mag ich es gar nicht, vom Glück abhängig zu sein. Dann lieber wie in der Szene danach, als nach einem verunglückten Weitschuss eine Lauterer Hacke Weinkauf zu einer Glanztat nötigt. In Summe muss ich leider feststellen, dass der MSV jetzt wieder extrem destruktiv unterwegs ist. Wir kommen nicht kontrolliert nach vorne und lassen den Teufeln zu viel Platz. *Noch zehn Minuten bis zur Pause.* Sicker legt den Ball nach halblinks in den Strafraum. Karweina spielt sofort quer in die Mitte, wo Vermeij lauert. Aber der Keeper kommt dazwischen. Auf der anderen Seite kommt Lautern über rechts. *Warum trabt Volkmer nur so halbgar hinterher?* Mit einem Spurt hätte er auch selbst an den Ball kommen können. So kommt der Ball in die Mitte und ein Lauterer kommt zu Fall. Der Pfiff bleibt aus und Lautern kommt zum Schuss. Der wird abgewehrt und die Diskussionen gehen weiter. *Das ist aber auch kein Elfmeter gewesen.* Eher ein Freistoß für uns. Auf der Gegenseite fliegt Sicker hoch und weit. *Auch hier bleibt der Pfiff aus.* Ich denke, auch hier liegt der Unparteiische richtig. Es geht jetzt tatsächlich hin und her. Auch neben dem Platz, denn deutlich ist unser Trainer zu hören, der Richtung Lauterer Coach fragt, *was der denn für ein Benehmen hätte.* Auf dem Platz kommt der Lauterer Freistoß von links. Der Ball wird abgewehrt und den Nachschuss klärt Weinkauf zur Seite ab und mündet in einem Konter, den Engin über links ins Leben ruft. Er kommt an den Strafraum, bringt den Ball dann aber nicht in die Mitte. Dann ist Halbzeit, was ich persönlich sehr begrüße.

Die erste Gelbe Karte des Spiels bekommt dann Gembalies, als er einen Fehler Karweinas ausbügeln muss. Dazu gibt es noch den Freistoß für Lautern vom linken Strafraumeck. Der Ball kommt auf das Tor und direkt auf Weinkauf. Jetzt geht es wieder los, diese Angst, dass jeder Angriff den Ausgleich bringen kann. Und wenn ich sehe, wie langsam Volkmer ist, vermutlich auch berechtigt. So gehören die ersten Minuten der zweiten Halbzeit ganz klar den Gastgebern. Allerdings kommt nicht mehr dabei heraus, als die taktische Einkreisung des Strafraums. *Bis jetzt zumindest.* Denn ich kann mir nicht vorstellen, dass Lautern im weiteren Verlauf des Spiels ohne Torchancen bleiben wird. Zumindest habe ich heute aber auch wieder die Hoffnung, dass auch *wir* nochmal einen Angriff erfolgreich abschließen können. Was wäre das geil, wenn wir jetzt einen Mickels einwechseln könnten. *Und was ist eigentlich mit Bitter?*

Vermeij und der Schiedsrichter werden keine Freunde mehr. Das Foul an unserem Stürmer wird ignoriert und das in der Folge von Jansen nicht. Aber ich halte heute die Füße still, denn es könnte durch einen berechtigten Elfmeter auch schon 1:1 stehen. So halte ich fest: *Nach zehn Minuten in der zweiten Halbzeit hat unsere Führung nach wie vor Gültigkeit.* Dennoch wünsche ich mir mehr etwas mehr Ausgeglichenheit bezüglich der Spielanteile. Aber nicht bei solchen Pässen, wie jetzt bei dem von Karweina Richtung Engin, der in der eigenen Hälfte hinterherspurten muss, damit der Ball nicht ins

Seitenaus geht. Er ergrätscht den Ball, rutscht dann aber aus. So kann ein Lauterer losrennen und den Ball von der Grundlinie aus in die Mitte bringen. Das muss der Ausgleich sein, weil da ein Lauterer völlig freisteht. Er muss zum Köpfen nicht mal hochspringen. Und der Ball geht ... *vorbei.* Wir müssen echt damit aufhören, den Gegner immer und immer wieder aufzubauen. Sonst wird das eine extrem lange halbe Stunde, in der jetzt Scepanik für Karweina auf dem Platz steht. Ich hoffe, dass Engin noch seinen hellen Moment hat, weil ich eher *ihn* vom Platz genommen hätte. *Drei Minuten später.* Der MSV kommt über links. Nach dem Pass von Scepanik steht Engin dann auf einmal mit dem Ball völlig frei im Strafraum. Mit dem Rücken zum Tor schießt er aus der Drehung. *Und der Ball schlägt unten links ein.* Yo, das nenne ich dann mal einen Fall von: *Das hat der Trainer mit der Nichtauswechslung richtig gemacht. Aber geht das überhaupt? Kann man etwas richtig machen, indem man etwas nicht macht?* Offensichtlich.

Aber noch sind über zwanzig Minuten zu spielen. Nach einem Lauterer Freistoß von rechts kommt der Ball hoch in die Mitte. Per Hacke wird der Ball dann ins Tor befördert. *Kacke.* Aber dann folgt ein Pfiff, der eine vorherige Abseitsstellung signalisiert. *Haben wir heute echt das Glück des Tüchtigen?* Das wäre auch bitter nötig, denn nur ein Sieg hilft uns weiter. *Also wie immer.* Allerdings wird der Druck der Gastgeber nicht weniger. Wie so oft bedeutet es, den Anschlusstreffer solange wie möglich hinauszuzögen, wenn nicht gar gänzlich zu unterbinden. In der 73. Minute geht Engin dann doch und Tomic kommt. *Wann hat der zuletzt für uns gespielt?* Nur Sekunden später kommt ein Lauterer in unserem Strafraum zu Fall. Und der Schiedsrichter gibt ... *die Gelbe Karte gegen den Lauterer.* Durchatmen! Jansen regt sich zwar berechtigterweise auf, bekommt dafür aber auch die berechtigte Gelbe Karte. *Egal!*

Noch zehn Minuten. Für ein paar Minuten hat der Dauerdruck der Lauterer nachgelassen. Leider können wir diesen Sachverhalt nicht für kontrollierte Angriffe nutzen. Der Versuch eines Seitenwechsels endet mit einem Einwurf für Lautern. Trotzdem, heute gibt es einstellungstechnisch nichts zu bemängeln. Da wird jedem Ball nachgegangen und kein Zweikampf gescheut. Und wenn uns gnadenlose Effektivität vor dem Tor den Sieg bringt, dann ziehe ich heute meinen Hut. *Noch sechs Minuten.* Die Zebras bekommen den Ball nicht weg, aber der Weitschuss landet bei Weinkauf. *Noch fünf Minuten.* Vermeij geht runter und Ademi kommt. Dem Vincent ist anzusehen, wie platt der ist. Auch wenn es nur noch drei Minuten sind, ist da dieser Respekt vor dem Anschlusstreffer. Nach einer Ecke sind wir unorganisiert und es kommt die nächste Ecke. Letztendlich landet der Ball bei Weinkauf. Aber wir machen in der Folge zu wenig aus dem Ballbesitz. Auch Stoppelkamp verhält sich da wenig clever. Der nächste Schuss der Lauterer schlägt dann auch unten links ein. *Bitte nicht.* Dass dem

Schuss ein Foul des Angreifers vorausging ... *geschenkt.* Da hätte mir als Schiedsrichter auch der Mut gefehlt. *Die neunzig Minuten sind um.* Es gibt noch eine Ecke. Der Ball kommt, Kopfball, Tor, Hirnfraß. *Was müssen wir denn noch alles ertragen? Was haben wir verbrochen?* Wenigstens bleibt es beim 2:2. Aber das ist ganz klar eine gefühlte Niederlage. Mehr kann und will ich nicht mehr dazu kommunizieren.

Endstand: 1. FC Kaiserslautern - MSV Duisburg 2:2 (0:1)
Kaiserslautern: Raab, Kleinsorge, Kraus, Bachmann, Hlousek, Rieder, Ciftci, Hanslik (56. Zuck), Ritter (56. E. Huth), Redondo, Pourié
MSV: Weinkauf, Sauer, Gembalies, Volkmer, Sicker, Jansen, Kamavuaka, Stoppelkamp, Karweina (62. Scepanik), Engin (74. Tomic), Vermeij (87. Ademi)
Tore: 0:1 Karweina (14.), 0:2 Engin (64.), 1:2 Pourié (89.), 2:2 Pourié (90.)
Gelbe Karten: Pourié, Bachmann - Gembalies, Jansen
Schiedsrichter: Tobias Fritsch (Bruchsal)
Zuschauer: Keine

12. Dezember 2020 - 15. Spieltag
MSV Duisburg - Wehen Wiesbaden

Heute Vormittag haben wir den Weihnachtsbaum geholt, wobei ich darauf gedrängt habe, bis zum Anstoß wieder Zuhause zu sein. Aber wenn ich ehrlich bin, habe ich weder eine weihnachtliche Stimmung noch kann ich mich auf das Spiel der Zebras freuen. Irgendwie zehren die Auswirkungen von Covid-19 immer mehr an den Nerven. Aber egal, *jetzt soll es um das heutige Spiel des MSV gehen*. Die ersten zehn Minuten lassen sich getrost als gegenseitiges Abtasten bezeichnen. Ich habe auch erst zum Anstoß die Übertragung an, weshalb ich mir erstmal einen Überblick verschaffen muss, wer bei uns überhaupt auf dem Platz steht. Unter der Woche wurden mit Scepanik und Krempicki zwei neue Verletzungsfälle gemeldet. Dafür kehren weder Mickels noch Bitter zurück. *Es ist so deprimierend und frustrierend.* Dabei ist klar, dass es heute einen Sieg für die Zebras geben muss. Das wäre in der Tat ein guter Zeitpunkt für den ersten Heimsieg der Saison. In der Folge sind die Zebras auch wesentlich aktiver und haben mehr Ballbesitz. Aber bis auf Engins Flanke direkt in die Arme des Keepers passiert nicht wirklich was. *Soll mir das Mut machen?* Vermutlich nicht. Denn nur Tore zählen. Aber da tun sich die Zebras in dieser Saison extrem schwer. Und wenn sie welche erzielen, dann nicht mehr als der Gegner.

Zwanzig Minuten sind gespielt. Der Reporter spricht davon, dass er gerne die erste Torchance des Spiels sehen würde. Derweil bringt Stoppelkamp von halbrechts den Ball in den Strafraum. Der Wehener steht zwischen Ball und Vermeij. Aber er lässt den Ball passieren, sodass in seinem Rücken Vermeij an der Fünfmeterlinie den Fuß hinhalten und die Führung erzielen kann. *Ich spüre förmlich, wie meine Mundwinkel zucken.*

75

Und der Reporter ist völlig aus dem Häuschen, dass er sich eine Chance gewünscht und ein Tor bekommen hat. *Aber was sagt uns diese Saison?* Abwarten! Das mache ich dann die nächsten zehn Minuten. Es passiert zwar nicht viel, aber ich erlange zumindest die Erkenntnis, dass wir dieses Spiel nicht verlieren müssen. *Oder sogar gewinnen können.* Denn Wiesbaden macht jetzt nicht den Eindruck eines übermächtigen Spitzengegners. *Aber was heißt das schon?* Und prompt stehen Engin und Schmidt falsch, sodass Wehen aus spitzem Winkel zum Schuss kommt. Aber Weinkauf wehrt ab und der Wehener stolpert den Ball ins Toraus. *Ich sollte einfach mal die Fresse halten.*

Aber die Zebras bleiben dran. Sicker spielt mit Engin den Doppelpass und kommt im Strafraum zum Abschluss. *Er trifft aber nur den Torwart.* Da hätte mehr bei rausspringen können, aber Sicker wurde vor dem Schuss auch behindert und kam ins Straucheln. *Reicht das für einen Strafstoß?* Vermutlich nicht, obwohl einige Schiedsrichter dieser Republik diesen vermutlich gegeben hätten. *Aber nur gegen uns.* Heute aber nicht, weil quasi im Gegenzug Sicker selbst im eigenen Strafstoß den Fuß am Gegner hat, der Pfiff aber auch hier ausbleibt. Ich glaube, dann wären die Zebras aber auch dezent erzürnt gewesen. So nähern wir uns mit der Führung im Rücken so langsam der Halbzeitpause. *Möge sich daran nichts mehr ändern.* Die Zebras versuchen zumindest alles zu tun, damit es so bleibt. Jetzt mit dem Angriff über links und dem Pass in den Rückraum zu Stoppelkamp. Mit einer Körpertäuschung kommt er an seinem Gegenspieler vorbei und zieht mit links ab. *Der Ball geht rechts vorbei.* Es ist aber wohl noch jemand dran gewesen, denn es gibt eine Ecke. *Leider ohne zählbaren Erfolg.* So sind es jetzt nur noch drei Minuten bis zur Halbzeit. Oder auch nicht, denn es passiert nichts mehr. Und ja, die spielen sehr ordentlich.

Der Ball rollt wieder. Und sogleich spielt Stoppelkamp in den Lauf von Engin, der halblinks in den Strafraum kommt. Er steht frei vor dem Keeper. *Mach ihn.* Er zieht mit rechts ab … *und der Keeper kommt dran und klärt zur Ecke.* Leider kann ich meinen Seufzer akustisch nicht rüberbringen. Die Ecke bringt Stoppelkamp von der rechten Seite. Der Ball kommt hoch, Kopfball Vermeij und … *TOOOR!* Jawoll, ja. Aber die Wiesbadener reklamieren wegen eines vorherigen Foulspiels. Es kommt die Zeitlupe. *Foul von Vermeij?* Nein. *Foul von Jansen in einem anderen Zweikampf?* Nicht wirklich. Der Treffer zählt und das ist auch richtig so. Und was mir heute Mut macht: *Der MSV bleibt dran.* Die wollen erst gar nicht in die Bedrängnis kommen, doch wieder mit leeren oder halbleeren Händen dazustehen. *Möglicherweise mit dem 3:0?* Ok, der Distanzschuss der Gäste in der 54. Minute geht dann knapper vorbei, als es Weinkauf vermutlich gedacht hat. Und Schmidts Querschläger kurz danach bringt Wehen den nächsten Distanzschuss. Auch der geht am Tor vorbei. *Pfeif ab.* Aber das ist nur

Wunschdenken. Und innerhalb von drei Minuten kommt der nächste Distanzschuss, den Weinkauf jetzt schon mit mehr Aufwand abwehren muss. Jungs, *nicht nachlassen*.

Vermeij jubelt nach seinem zweiten Treffer

Nach einer Stunde muss ich jetzt doch darüber berichten, dass Wiesbaden bissiger wird und dass unsere offensiven Aktionen weniger werden. Andererseits ist es verständlich, dass der MSV auch mal Durchatmen muss. Der Platz ist echt ein Acker und wir haben physisch bisher mehr in das Spiel investiert. Aber wir müssen jetzt auch nicht mehr auf *Teufel-komm-raus* stürmen. Doch eine erfolgreiche Vollendung eines Konters, *auch mit Blick zurück auf den Ausgang des letzten Spiels*, sollte immer im Bereich des Möglichen sein. So wie nach dem Spurt von Engin über das halbe Spielfeld, an dessen Ende Ghindovean knapp im Strafraum zum Schuss kommt, aber drüber zielt. Und solche Szenen sind auch notwendig, weil Wiesbaden immer mehr Zugriff auf das Spiel bekommt. *Mit gefällt diese Entwicklung nicht wirklich.* Und dass der Reporter von den Auswirkungen eines Anschlusstreffers spricht, auch nicht. Das hat in Kaiserslautern schon gewirkt. *Also für den Gegner.* Und der kommt unserem Tor immer näher. Erst treffen sie den Ball nicht und dann grätschen sie an der flachen Hereingabe vorbei. Die Zeit zum Luftholen wird immer knapper. Im Moment werden die Bälle nur rausgeschlagen, ohne dass ein Abnehmer da ist.

Noch zwanzig Minuten. Irgendwie nehme ich emotional jetzt dann doch am Spiel teil. *Aber es fehlt einfach das Stadion-Feeling.* Vielleicht habe ich auch deshalb das Gefühl, dass ich mich als Fan nicht mehr wirklich als Teil der Spiele betrachte. Wiesbaden kommt über rechts, aber Ghindovean fängt den Ball ab. Sicker kommt dran und spurtet ein paar Meter nach vorne. Dann spielt er nach rechts in den Lauf von Engin, der zum

77

Sprint ansetzt. In der Mitte läuft Vermeij mit und dazwischen ist eigentlich nur noch ein Wiesbadener. Er hebt den Kopf, spielt quer und Vermeij vollendet zum 3:0. Ich glaube nicht, was ich sehe und kann nicht fassen, was ich schreibe. *Die Zebras führen 3:0 und ich bekomme eine Gänsehaut.* Ich blicke auf die Uhr: *Noch fünfzehn Minuten.* Das muss doch reichen. Aber schon wieder sind die Wiesbadener auf dem Weg in unsere Hälfte. *Und auch in unserem Strafraum.* Schmidt grätscht dazwischen und klärt mit Mann und Ball. *Kein Elfmeter.* Stattdessen kontert der MSV. Stoppelkamp spurtet über halblinks bis in den Strafraum und spielt unter doppelter Bedrängnis rüber nach rechts. Da nimmt Engin direkt ab und ... *trifft zum 4:0.* Da ist sie wieder, die Gänsehaut. *Steht es echt 4:0 für uns?* Dass ich mit dem Schreiben vor lauter Zebra-Tore nicht nachkomme, *was für ein geiles Feeling.* So reiche ich die Wechsel Ademi für Vermeij und Karweina für Stoppelkamp lediglich nach. Und sieben Minuten vor dem Ende denke auch ich, dass das heute ein dreifacher Punkteerfolg wird. In dem Moment steht Wiesbaden vor Weinkauf und macht das 1:4. *Pfeif ab.* Ich will endlich wieder einen Sieg mit der Hoffnung, in den nächsten drei Spielen gegen die direkte Konkurrenz weiter Boden gutmachen zu können.

Noch fünf Minuten. Ghindovean geht und Mickels kommt. *Mickels?* Oha, da ist wohl echt was an mir vorbeigegangen. *Cool.* Da bekommt meine Hoffnung noch weiteren Auftrieb. Und vor allem: *Die haben heute echt gut gespielt und der Sieg ist hochverdient.* Aber halt: *Es sind noch drei Minuten.* Aber in denen passiert nichts. *Was sagt die Nachspielzeit?* Vier Minuten. Herrje, *warum?* Es gab kaum Unterbrechungen und das Spiel ist entschieden. Dafür gibt es aber noch drei Gelbe Karten gegen den MSV. Aber auch diese Minuten vergehen und der Sieg ist in trockenen Tüchern. Vielleicht schaue ich mir aufgrund der unerwartet guten Stimmung gleich noch einen Weihnachtsfilm an. *Stirb langsam* oder so.

Endstand: MSV Duisburg - Wehen Wiesbaden 4:1 (1:0)

MSV: Weinkauf, Sauer, Schmidt, Gembalies, Sicker, Kamavuaka, Jansen, Engin, Ghindovean (86. Mickels), Stoppelkamp (84. Karweina), Vermeij (80. Ademi)

Wiesbaden: Boss, Ajani, Mockenhaupt, Carstens (83. Gürleyen), M. Niemeyer, Lais (55. P. Tietz), Medic, Chato, Hollerbach (55. Guthörl), Malone, Korte

Tore: 1:0 Vermeij (19.), 2:0 Vermeij (47.), 3:0 Vermeij (74.), 4:0 Engin (77.), 4:1 Guthörl (84.)

Gelbe Karten: Kamavuaka, Karweina, Engin - Boss, Ajani, Gürleyen

Schiedsrichter: Patrick Kessel (Nordheim)

Zuschauer: Keine

Wieviel der Sieg gegen Wiesbaden wert ist, wird sich heute zeigen. Es geht gegen Bayern München II, wo wir noch im letzten Frühjahr in der Nachspielzeit den Aufstieg vergeigt haben. *Ist es Zufall, dass die in dieser Saison ebenfalls mit uns im Sumpf des Tabellenkellers stecken? Und dass auch sie am letzten Spieltag mit einem Sieg die Erfolgsspur wiederentdeckt haben?* Letztendlich muss es uns egal sein, denn nur ein Sieg hilft uns weiter. Vermutlich wird es da letzte Spiel vor der Winterpause sein, da die Partie gegen Magdeburg coronabedingt bereits auf der Kippe steht. Den letzten Auswärtssieg gab es übrigens bei 1860 München. Und eben in diesem Stadion spielen wir auch heute. Der einzigen Wechsel in der Startelf gegenüber zum letzten Spiel ist Fleckstein für den gesperrten Kamavuaka.

Die ersten fünf Minuten gehören ganz klar den Bayern und enden mit einem Distanzschuss, der für Weinkauf aber keine Gefahr darstellt. Was aber auffällt, sind bereits zwei Fehlpässe unsererseits. *Die sollen sich des Selbstvertrauens nach dem Kantersieg gegen Wiesbaden bloß berauben lassen.* Aber es sieht so fast schon aus. Nach einer Ecke liegen zwei Münchener und ein Duisburger im Strafraum am Boden. Aber es darf weitergewuselt werden. Der erste Schuss wird abgewehrt und der zweite geht drüber. Ich hoffe, dass ist jetzt nur die fehlende Ordnung während der Anfangsphase. Kaum sage ich es, ist der MSV im gegnerischen Strafraum. Aber Stoppelkamp bringt den Ball weder aufs Tor noch zu einem Mitspieler.

Nach fünfzehn Minuten bleibt es dabei, dass die Münchener mehr vom Spiel haben. Sauer haut den Ball aus der eigenen Hälfte dann einfach mal nach vorne und der landet punktgenau bei Stoppelkamp im Strafraum. Er stoppt zwar an, kann aber nicht abschließen. Vermutlich ist er davon ausgegangen, dass er mehr Zeit hat. Aber ein Münchener kann den Ball zur Ecke wegspielen. Ich denke, dass nicht nur ich die Führung vor Augen gehabt habe. Immerhin zeigt diese Szene, dass Optimismus bezüglich eines Sieges nicht völlig unberechtigt ist. Andererseits muss Weinkauf nach einer Ecke per Flugeinlage klären, um die Münchener Führung zu unterbinden. Objektiv betrachtet könnte behauptet werden, dass es ein Spiel auf Augenhöhe ist. Vielleicht mit kleinen Vorteilen für München.

Mitte der ersten Halbzeit nähern sich die Zebras bevorzugt über rechts dem Münchener Tor. Während die erste Hereingabe noch direkt beim Münchener Keeper landet, findet die zweite den Kopf von Vermeij. Weil ein Münchener mit am Ball ist, senkt sich der Ball quasi senkrecht Richtung Tor und der Keeper muss ihn mit den Fingerspitzen über die Latte lenken. Die Ecke bringt dann nichts ein. In Summe bin ich schon froh, dass es nicht gänzlich ein Spiel auf unser Tor ist. Bayern steht zwar auch mit unten drin, aber vermutlich nur aufgrund einer Schwächephase. Auch letzte Saison sind sie ähnlich schlecht gestartet und letztendlich Meister geworden. *Ich bin dafür, dass deren Schwächephase heute nicht endet.* Auch wenn zuletzt in Saarbrücken gewonnen wurde. Nach jetzt dreißig gespielten Minuten kann ich auf jeden Fall festhalten, dass der Einsatz stimmt. Ghindovean versucht es aus zwanzig Metern. Das sieht vielversprechend aus, stünde mit Vermeij nicht der eigene Mann im Weg. Auf der Gegenseite macht Schmidt alles richtig, als er im letzten Moment den Ball vor einem einschussbereiten Münchener klären kann. Es sieht so aus, als ob auch defensiv mehr Stabilität einkehrt. Aber für ein finales Statement fehlen noch fünfundfünfzig Minuten.

Nach einem Freistoß für München kommt der Ball in den Strafraum. Ein Duisburger fällt hin und der Schiedsrichter pfeift. *Und zwar Elfmeter.* Es dauert bis nach dem Treffer, bis es endlich zu einer Wiederholung kommt. Und die zeigt: *Lächerlich. Unfassbar lächerlich.* Statt Freistoß für uns, weil unser Spieler umgestoßen wird, sieht er nur Stoppelkamp, der gar nichts gemacht hat. Und dazu gibt es noch die Gelbe Karte. Also, wenn ein Schiedsrichter einen Strafstoß geben *will*, dann kann man nichts dagegen machen. Zumal er dafür bekannt ist, derartige Entscheidungen zu treffen. Ich hoffe, dass er auf der anderen Seite auch so entscheidet. Trotzdem bleibt es übel, durch so einen Scheiß in Rückstand zu geraten. Gut, dass kurz danach nicht sofort schon das 0:2 fällt, als Weinkauf überlupft wird, der Ball dann aber neben das Tor

geht. Quasi in der letzten Minute kommt der MSV nochmal über rechts. Der Flachpass geht dann an allen vorbei, bis München zur Ecke klärt. Die bringt aber nichts ein
und das ist es dann auch mit der ersten Hälfte. *Danke, Herr Schiedsrichter.* Offensichtlich
fehlt es ihm jenseits des Platzes an Aufmerksamkeit.

In der zweiten Halbzeit dauert es zwei Minuten, bis die Zebras zum ersten Mal im
Ballbesitz sind. Und zwar in Form von Weinkauf, der eine Hereingabe abfangen kann.
Wie schön wäre es, wenn wir wie zuletzt an dieser Stelle gegen Bayern aus dem 0:1 ein
2:1 machen könnten. Allerdings ohne den dann noch erzielten Ausgleich, der noch
immer schmerzt, wenn ich daran denke. Na ja, *primär sollten wir erstmal den Ausgleich
erzielen.* Zunächst muss aber Engin im eigenen Fünfmeterraum das 0:2 unterbinden.
Seinen defensiven Einsatz in allen Ehren, aber ich wünschte mir, er würde so auch im
gegnerischen Strafraum auftauchen. Immerhin findet Sauer an der eigenen Eckfahne
dann heraus, was er machen muss, um einen Freistoß zu bekommen: *Hinfallen nach
Handauflegen.*

Wer mir so langsam auf die Nüsse geht, ist der Kommentator. Es scheint egal zu sein,
ob Bayern I oder Bayern II spielt; *Bayern bleibt halt Bayern.* Und manchmal würde ich
mir die eine oder andere Wiederholung wünschen, um die Abseitsentscheidungen
nachvollziehen zu können. Nach dem Pass in den Lauf von Vermeij ist es jedenfalls
kein Abseits. Aber er kommt zu weit nach außen, sodass er es selbst versuchen muss.
Wenig überraschend geht der Ball am langen Pfosten vorbei. *Und schon sind fünfzehn
Minuten um.* Leider passt sich das Duisburger Spiel dem Kommentator an. Zwar
versucht der MSV wieder mehr am Spiel teilzunehmen, aber es bleibt übersichtlich.
Die in der ersten Halbzeit noch vorhandenen Torszenen bleiben bisher aus. Jetzt aber
Vermeij schön über links. Parallel zur Torauslinie geht er in den Strafraum. Doch der
Pass in die Mitte landet beim Gegner und es gibt Ecke. *Kann der nicht auch mal gefoult
werden?* Der Pfiff käme bestimmt. Na ja, da muss ich schon selbst lachen. Leider
werden auch die leichten Ballverluste wieder mehr. Besonders ärgerlich, wenn wir uns
am Strafraum des Gegners befinden.

Es läuft die 65. Minute und plötzlich sind es die Bayern, die im Aufbau einen Fehlpass
spielen. Stoppelkamp schickt sofort Vermeij in den Strafraum Er wirkt zu langsam,
kann aber abschließen. Und zwar so, dass der Ball flach unten links zum Ausgleich in
Tor geht. *Na also.* Und die Parallelen zum letzten Spiel hier gegen München mehren
sich. Die nächsten zehn Minuten passiert nicht viel und in der 73. Minute kommt
Karweina für Ghindovean. *Geht es echt schon in die Schlussphase?* Vermutlich ist die Zeit
reif darüber nachzudenken, ob ein Unentschieden nicht auch ausreicht. Doch der
MSV versucht es über links. Sicker steckt durch zu Engin, der in den Strafraum

kommt. Mit links versucht er rechts am Keeper vorbeizukommen. Es bleibt aber bei einem Versuch. Auch hier wäre die Parallele zum letzten Spiel, weil Daschner quasi aus dem Nichts die Führung erzielt hatte. Der nächste Wechsel lässt aber vermuten, dass wir nicht zwingend auf den Sieg drängen werden. Denn Engin geht runter und Bitter kommt. Ja, *Bitter is back*. Das wurde auch Zeit und da auch Mickels wieder im Kader ist, lichtet sich zwangsläufig das Lazarett von potenziellem Stammpersonal. Und endlich können wir sagen: *Der MSV spielt mit Bitter und Sauer*. Kurz danach der MSV über Karweina. Stoppelkamp kommt von der Strafraumgrenze zum Schuss. Der ist scheint ungefährlich, wird es dann aber doch. Ein Verteidiger geht auf Nummer

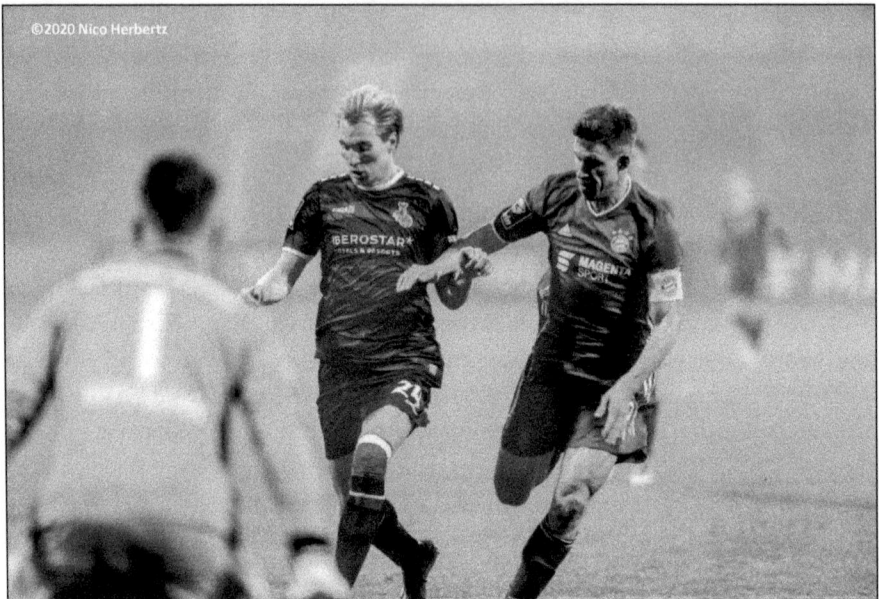

©2020 Nico Herbertz

Vermeij auf dem Weg zum Ausgleich

sicher und klärt zu Ecke, weil sein Keeper den Ball wohl ins Tor hätte rollen lassen.

Noch zehn Minuten. Der MSV dreht tatsächlich nochmal auf. Stoppelkamp zieht per Drehschuss aus sechzehn Metern ab. *Der Ball geht in den Winkel.* Zumindest wäre er es, wenn der Keeper mit seinen Fingern nicht noch drankäme. *Shit.* Wie geil wäre das gewesen. *Noch fünf Minuten.* Jetzt sind es wieder die Bayern, die sich mehr des Balles bemächtigen können. *Aber wir können kontern.* Schade nur, dass der MSV immer wieder Probleme mit der Abseitsregelung hat. *Zu spät gespielt? Zu früh gestartet?* Wer weiß das schon. Lettieri wechselt nochmal und bringt Ademi für Vermeij. So ein Joker-Tor, das wäre doch noch was. Seinen bisher einzigen Treffer hat Ademi immerhin auch in

München erzielt. Zwar in Unterhaching, aber ich sehe das nicht so eng. Allerdings kommen wir kaum mehr nach vorne. Sicker klärt völlig unbedrängt zur Ecke. Zum Glück bringt diese nichts ein. So vergehen die neunzig Minuten und es gibt drei zusätzliche Minuten. Bayern zieht aus der Distanz ab, aber Weinkauf ist zur Stelle. Es sieht so aus, als wären die Zebras platt, denn kontrolliertes Aufbauspiel sieht anders aus. Zumeist wird der Ball einfach weggepöhlt. Letztendlich bleibt es beim Unentschieden, was ich persönlich eher positiv als negativ betrachte.

Endstand: FC Bayern München II - MSV Duisburg 1:1 (1:0)
Bayern: Hoffmann, Stanisic, Lawrence, Feldhahn, Arrey-Mbi, Vita, Zaiser (73. Dajaku), Stiller, Kern, Jastremski (83. Arp), Scott (46. Kühn)
MSV: Weinkauf, Sauer, Schmidt, Gembalies, Sicker, Fleckstein, Jansen, Engin (77. Bitter), Ghindovean (73. Karweina), Stoppelkamp, Vermeij (88. Ademi)
Tore: 1:0 Kern, (39./FE), 1:1 Vermeij (65.)
Gelbe Karten: Stoppelkamp, Jansen, Schmidt
Schiedsrichter: Florian Exner (Münster)
Zuschauer: Keine

Eigentlich bin ich auf die heutige Fortsetzung der Saison mental noch gar nicht vorbereitet. Aber aufgrund der verschobenen Europameisterschaft wurde die Winterpause auf ein erforderliches Minimum reduziert. Wobei ich im Moment ernste Zweifel habe, ob die denn in *diesem* Jahr stattfindet. Aber das ist eine andere Geschichte. Viel zu berichten gibt es auch nicht, weil beim MSV in der kurzen Pause nicht viel passiert ist. *Erwähnenswert ist höchstens, dass auch Scepanik das Pfeiffersche Drüsenfieber hat. Ist das ansteckend?* Die Pause der Zebras war auch eine Woche länger als bei anderen Teams, weil unser letztes Spiel gegen Magdeburg ausfallen musste. *Natürlich coronabedingt.*

Heute muss der MSV in Ingolstadt antreten, die mit einem Sieg wieder auf die Aufstiegsränge springen können. Aber das darf uns einfach nicht interessieren, weil wir schlichtweg punkten müssen. Das Spiel ist zwei Minuten alt und Vermeij holt sich in der eigenen Hälfte den Ball. Er geht über die Mittellinie und legt zurück zu Stoppelkamp. Von halbrechts spielt er Sauer nahe der Strafraumgrenze an. Ihm verspringt der Ball, aber ein Ingolstädter hat offensichtlich Orientierungsprobleme und spielt seinerseits Engin in den Lauf. Der steht elf Meter vor dem Tor frei vor dem Keeper und legt den Ball rechts an ihm vorbei ins Tor. Oha, das nenne ich mal einen gelungenen Start. Doof, dass noch achtundachtzig Minuten zu spielen sind. Das bewahrheitet sich fast eine Minute später, als ein Ingolstädter Schuss vom Fünfmetereck am linken Pfosten knapp neben das Tor geht.

Nach zehn Minuten ziehe ich das positive Zwischenfazit, dass die Duisburger Führung noch Gültigkeit hat und wir nach wie vor offensive Szenen haben. Leider übersieht Stoppelkamp den links freistehenden Engin. So macht es unser Kapitän selbst, aber die Entfernung ist einfach zu groß und der Schuss stellt keine Gefahr dar. *Fünfzehn Minuten sind um.* Ingolstadt spielt aus dem Mittelfeld den langen Pass nach vorne. Volkmer unterläuft den Ball, Bitter steht falsch zum Mann und Weinkauf kommt zu unentschlossen aus dem Kasten. In Summe bedeutet das den Ausgleich, weil der Ingolstädter mit einem kurzen Kopfball an allen vorbeikommt und ins leere Tor einschieben kann. *Wie gewonnen, so zerronnen.* Ich vermute, dass primär jetzt der zu erwartende Sturmlauf der Schanzer abgewehrt werden muss.

Die Hälfte der ersten Halbzeit ist um. Sicker holt hinten den Ball und spurtet los. Er schickt Engin über links, der frei in den Strafraum bis zur Grundlinie gehen kann. Aber die Hereingabe findet nicht den erforderlichen Adressaten. Das ist extrem ärgerlich, weil die Situation zum einen sehr gut herausgespielt und zum anderen leichtfertig vergeben worden ist. Allerdings zeigt es auch, dass wir durchaus in der Lage wären, weitere Treffer zu erzielen. Aber wir sollten es unterlassen, selbst die Konter für den Gegner einzuleiten. Wir machen es aber, weil wir vorne unnützerweise vorne den Ball verlieren. So spurtet Ingolstadt die rechte Außenbahn entlang und schließt per Flachschuss Richtung des langen Ecks ab. Weinkauf muss sich schon enorm strecken, um abzuwehren und den Ball anschließend aufzunehmen zu können. Kurz danach bekommen wir nach einer Ecke den Ball nicht aus der Gefahrenzone. Letztendlich landet der Ball nach einer Flanke von halbrechts am zweiten Pfosten. Dort steht ein Ingolstädter völlig frei und kann aus einem Meter vollenden. Die Zebras reklamieren Abseits. Aber keine Kameraeinstellung kann es aufklären. Mir wäre auch lieber gewesen, der Duisburger Verteidiger hätte da vorher eingegriffen, als nachher den Arm zu heben. So nimmt das Spiel den von mir erwarteten Verlauf. *Kann ich mich nicht mal irren?* Gerne würde ich bezüglich meiner Befürchtungen öfters daneben liegen.

Eine halbe Stunde ist um. Die Zebras versuchen es schnell durch die Mitte. Stoppelkamp steckt durch zu Engin, der aus spitzem Winkel den Keeper anschießt. *Es wird aber auch Abseits signalisiert.* Eine Aufklärung erfolgt auch hier nicht. Vermutlich, weil für die dritte Liga nur zwei Kameras pro Spiel vorgesehen sind. *Noch zehn Minuten bis zur Pause.* Die Ingolstädter kommen in unseren Strafraum und Fleckstein kann die Hereingabe nicht verhindern. Zum Glück kommt dessen Mitspieler in der Mitte nicht dran. So ein 1:3 wäre schon ein mehr als deutliches Zeichen. So bleibt die Hoffnung, dass wir mit nur einem weiteren Treffer wieder im Spiel wären. *Er muss allerdings auch fallen.* Ehrlicherweise muss schon festgehalten werden, dass die Führung der Gastgeber nicht unverdient ist. Auch wenn es mir im Grunde völlig egal wäre, wenn wir unverdient führen würden. Aber danach sieht es fünf Minuten vor der Pause eher nicht aus. Die Zahl der Fehlpässe und Ballverluste steigt wieder an und sorgt entsprechend dafür, dass wir uns selbst vom Tor der Gastgeber fernhalten. Und durch unnötige Fouls aufgrund falschen Stellungsspiels. *Hatte ich das schon erwähnt?* Aber in der einminütigen Nachspielzeit kommt der MSV nochmal. Vermeijs Versuch bringt eine Ecke. *Bitte!* Aber nein. Noch bevor der Ball in den Strafraum kommt, unterbricht der Schiedsrichter. *Aber warum?* Es gibt einen Freistoß für Ingolstadt, obwohl ein Foulspiel nicht ersichtlich ist. Es gibt auch hier keine Wiederholung, die den Pfiff erklären könnte. So werden wir auch *das* nie erfahren.

Die zweite Halbzeit beginnt ohne Wechsel. Auch Caiuby ist noch nicht auf dem Platz, der vor kurzem nach Ingolstadt zurückgekehrt ist. *Warum kehrt eigentlich niemand zum MSV zurück?* Ok, Lettieri ist zurückgekehrt. Aber das möchte ich einfach nicht werten. Auf dem Feld ist das Spiel kurz nach Wiederbeginn den Temperaturen von fünf Grad unter null angepasst. Es dauert fünf Minuten, bis der Ball zum ersten Mal in den Strafraum der Schanzer kommt. Leider zu hoch, um einen Kopfball ansetzen zu können. Kurz danach gibt es auf der linken Seite einen Freistoß für uns. Eine unserer Schwächen bleibt, dass unsere Standards zu wenig Gefahr bringen, wie auch diese Szene wieder belegt. Der Ball von Stoppelkamp kommt zu kurz und zu flach, sodass ein Verteidiger klären kann. *Und schon sind zehn Minuten wieder um.* Die enden mit dem langen Pass der Ingolstädter und schon wieder sind sich mit Gembalies und Weinkauf Verteidiger und Keeper uneinig. Per Grätsche kommt der Ingolstädter dran, aber der Ball geht neben das Tor. Wie gesagt, wir haben nicht nur *eine* Schwäche. *Was muss passieren, damit wir hier zum Ausgleich kommen?* Ich bin mir nicht sicher, ob das Problem überhaupt gelöst werden *kann.* Spontantransfers während des Spiels gibt es nicht. *Vielleicht ein Wechsel?* Mit Mickels und Karweina gibt es noch Alternativen. Ghindovean wäre ein möglicher Kandidat zum Verlassen des Spielfelds.

Was ich nicht verstehe ist, warum die langen Bälle der Ingolstädter beim eigenen Mitspieler ankommen und bei uns nicht. Leider entwickelt sich auch das feinmotorische Spiel weiter zurück und versuchte Doppelpässe landen mal zwei Meter neben dem Mitspieler im Seitenaus. Andererseits ist es jetzt nicht so, dass das Spiel ein einziger Sturmlauf der Gastgeber ist. Aber sie haben es auch nicht nötig, weil wir zumeist im Mittelfeld agieren, ohne gefährlich vor das Tor zu kommen. So ist auch die Hälfte der zweiten Halbzeit schon wieder um. *Es ist nicht alles schlecht.* Aber Vieles ist leider auch nicht gut. Und das überwiegt, um bis jetzt nicht den Ausgleich erzielen zu können. In der 68. Minute kommt dann Budimbu für Bitter. *Nun gut.*

Noch zwanzig Minuten. Nichts deutet darauf hin, dass wir hier noch etwas bewegen könnten. Wir kommen einfach nicht vor das gegnerische Tor, geschweige denn in den Strafraum. Und wenn, dann wird der Ball abgewehrt oder es gibt Freistöße für den Gegner. Auf der anderen Seite ist ein Ingolstädter nach einem üblen Foul gegen Ghindovean mit der Gelben Karte mehr als gut bedient. Es bleibt in Summe aber ermüdend ständig darüber zu Scheiben, dass wir zwar mehr Ballbesitz haben, doch nichts Zählbares auf die Kette bekommen. Die Ingolstädter zwar auch nicht, aber die müssen auch nicht. *Warum wartet Lettieri mit dem nächsten Wechsel? Was ist mit Mickels?* Kaum ausgesprochen, kommt der Wechsel. Es geht Engin und es kommt Hettwer. *Warum Engin?*

Es laufen die letzten zehn Minuten. Ingolstadt bewegt sich auch nur am maximalen Minimum. Obwohl die könnten, wenn sie wollten. Das zeigt sich sofort, als es schnell wird und Fleckstein nur per Foul knapp an der Strafraumgrenze den Angriff unterbinden kann. Zumindest kommt jetzt Mickels ins Spiel. Für ihn muss Fleckstein weichen. Schade, dass Hettwer kurz danach den Ball an der Strafraumgrenze nicht unter Kontrolle bringen kann. So langsam sollte das klappen, wenn es mit dem Ausgleich noch was werden soll. *Fünf Minuten sind es noch.* Und da kommt der Ball in den Strafraum zu Hettwer. Er kommt an den Ball, aber der springt zu weit nach vorne, sodass der Keeper sich dazwischenwerfen kann. *Das war sie, die Chance zum Ausgleich.* Ich denke nicht, dass sich uns noch eine weitere bieten wird. Im Moment ist alles nur deprimierend. Ich darf nicht mit meiner Band proben, ich darf nicht ins Stadion, die Zebras dümpeln im Tabellenkeller rum und die Aussicht, Ostern nach Island zu dürfen, tendiert auch schon wieder gegen Null. Dazu verbreiten Regierung und Medien nur Angst und Panik. *Lustig ist derzeit anders.* Zwar versuchen die Zebras irgendwie das Unmögliche wahr zu machen, dann aber doch zu statisch und plump. Auch die drei Minuten Nachspielzeit werden vermutlich verpuffen. Vor allem, wenn Ghindovean im Mittelfeld den Zweikampf verliert, statt den freien Mann anzuspielen. Ein letzter Versuch von Vermeij geht deutlich neben das Tor. *Was soll ich sagen?* Wir verlieren mal wieder ein Spiel, das aus vielerlei Gründen nicht hätte verloren werden müssen. Vor allem, weil Ingolstadt vielleicht mit achtzig Prozent agiert hat. Und wenn das bei uns hundert Prozent waren, dann macht das nicht viel Mut.

Endstand: FC Ingolstadt - MSV Duisburg 2:1 (2:1)
Ingolstadt: Buntic, Heinloth, Paulsen, Keller, Gaus, Krauße, Stendera (90.+2 Kotzke), Elva (78. Niska-nen), Bilbija, Kutschke, Eckert (84. Kaya)
MSV: Weinkauf, Bitter (68. Budimbu), Gembalies, Schmidt, Sicker, Ghindovean, Fleckstein (83. Mickels), Sauer, Stoppelkamp, Engin (78. Hettwer), Vermeij
Tore: 0:1 Engin (4.), 1:1 D. Eckert (16.), 2:1 Keller (29.)
Gelbe Karten: Krauße, Eckert, Kutschke, Bilbija - Ghindovean, Fleckstein, Vermeij
Schiedsrichter: Wolfgang Haslberger (Freising)
Zuschauer: Keine

Letzte Woche haben wir uns mit unserer Biker-Gruppe testweise per Videokonferenz verbunden, um heute zumindest visuell das Spiel gemeinsam verfolgen zu können. *Ich bin um 13h52 startbereit.* Allerdings bin ich bis jetzt der einzige Teilnehmer unserer Konferenz. Ich hoffe, die anderen haben es nicht vergessen. Zunächst kommt die Info, dass Hettwer und Kamavuaka für Bitter und Fleckstein in der Startelf stehen. Dazu noch die Geschichte, dass es zwischen Stoppelkamp, Compper und Lettieri zu verbalen Disputen gekommen sein soll. Ich gehe jetzt aber nicht näher darauf ein, weil ich darauf keinen Bock habe. Über die Spiele zu berichten und das Ertragen des übrigen Weltgeschehens ist schon anstrengend genug.

Nach drei Minuten stelle ich fest: Es ist anstrengend, sich auf drei Bildschirme zu konzentrieren und vor allem, dass ich zehn Sekunden hinter den anderen zurückhänge. So wissen die schon, dass der Treffer der Meppener wegen Abseits nicht zählt. Einerseits gut, andererseits total doof, weil die mit dem Spielgeschehen immer voraus sein werden. Nun gut, viel gibt es nicht zu berichten. Bevorzugt sind es die Gäste, die was machen. *Aber zum Glück auch nicht viel.* Zwölf Minuten sind um und der MSV setzt sich vorne etwas fest. Stoppelkamp flankt von links und Engin kommt zum Kopfball. Allerdings kommt er nicht hinter den Ball, sodass er über das Tor geht. So kann ich das vorherige *„Schade"* der anderen jetzt auch entsprechend einordnen. Solange die also nicht aufschreien oder rumstöhnen, kann ich entspannt sein. So ist es nach zwanzig Minuten noch extrem ruhig. Auch die in McDonalds-Farben auflaufenden Meppener wollen nicht ins offene Messer rennen. *Ein Distanzschuss von Ghindovean wird* *zur Ecke abgewehrt.* Ich lobe gerade, dass sich Björn unter Kontrolle hat und visuell nichts verrät. Aber während Björn dann stur in die Kamera schaut, reißt Thomas die Arme hoch. *Bei mir fliegt der Ball gerade erst in den Strafraum.* Schmidt kommt frei zum Kopfball, doch bringt den Ball nicht aufs Tor. Der kommt aber zu Kamavuaka, der den Ball aus zwei Metern mit dem Bauchnabel am Torwart vorbei über die Linie drückt. Jetzt darf ich auch jubeln. *Aber was ist mit Peter? Freut der sich nicht?* Dreißig Sekunden nach mir ist auch er mit dabei. *Wahnsinn.* Der ist mit seiner Übertragung noch weiter hinten. *„Du musst schneller kucken"*, schlägt Simon aus dem Background vor. *„Oder vorspulen"*, interveniert Björn. Ich kann gar nicht verstehen, warum ich bei einer hunderttausender Leitung derart hinterherhinke. *„Gleich kommt was"*, kündigt Björn dann nach knappen dreißig Minuten an. Er meint Ghindoveans Schuss, der knapp den Winkel des Meppener Gehäuses verpasst. Ich frage in die Runde, ob ich den Stream nicht auch aktueller bekommen könnte. Björn meint, ein Neustart des Streams könnte helfen. *„Jetzt aber nicht"*, ruft er sofort hinterher. Da holt sich Vermeij im Mittelfeld den Ball und die Zebras spurten mit drei Mann alleine dem Keeper entgegen. Und zwar mit Stoppelkamp über links. Er geht in den Strafraum und kann abspielen. *Warum spielt er nicht ab?* Er will den Ball im kurzen Eck unterbringen, scheitert aber am Keeper. *Das hat er nicht gut gemacht.*

Noch zehn Minuten bis zur Pause. Meppen greift an und ich höre ein *„Oha"* aus dem Fan-Stream. Der erste Schuss der Meppener wird abgewehrt und der Nachschuss geht knapp drüber. *„Oha"*, kommentiere auch ich diese Szene entsprechend. Das wäre fast der Ausgleich gewesen, wobei wir mit 2:0 hätten führen müssen. Und alles andere als ein Sieg ist ohnehin nicht diskutabel. Wie auch nicht in den beiden nächsten Spielen, die ebenfalls Zuhause ausgetragen werden. *Nur noch drei Minuten bis zur Pause.* Es wäre schön, wenn wir mit der Führung in die Pause gehen würden. Zunächst gibt es aber die Gelbe Karte gegen Sicker. Es ist die Vierhundertste von Schiedsrichter Alt in der dritten Liga. Jetzt mal ehrlich: *Wer zählt das mit? Und wen interessiert es?* Als ein Befreiungsschlag des MSV fast zu einem Konter führt, dann aber doch vom herausgelaufenen Torwart weggeschlagen wird, ist Halbzeit. *Auch gut.*

Nachdem ich den Stream in der Pause neu gestartet habe, bin ich bis auf drei Sekunden an die anderen herangekommen. *Immerhin.* So dauert es nicht mehr ganz so lange, bis ich visuell den Ton unserer Konferenz erreiche. Das ändert nichts daran, dass zwei gute Angriffe der Zebras zu leichtfertig abgeschlossen werden. Knappe zehn Minuten sind um und die Zebras haben das Spiel unter Kontrolle. Sie holen sich im Mittelfeld den Ball und Hettwer spielt zu Engin. Der hat mittig an der Strafraumgrenze Platz und zieht ab. *Leider direkt auf den Keeper.* Das ist auch wieder so eine Szene, in der viel mehr möglich gewesen wäre. Im Gegenzug muss Weinkauf dann eine abgefälschte Hereingabe im letzten Moment zur Ecke klären. *Noch fünfunddreißig Minuten.* Nach einer guten Stunde erfolgt der erste Wechsel beim MSV. *Tomic kommt für Hettwer.* Nach einem Zweikampf bleibt Vermeij am Boden liegen. *Der Schiedsrichter lässt aber weiterspielen.* Nach der nächsten Unterbrechung folgt die Wiederholung und es ist eine Frechheit, dass es weder Freistoß für uns noch die Gelbe Karte gegen den Meppener gegeben hat. Vermeij muss auch außerhalb des Spielfeldes behandelt werden, kommt aber humpelnd wieder zurück. *Hoffentlich ist das keine ernsthafte Verletzung.* Doch. Er testet und deutet sofort an, dass es nicht mehr geht. *Na toll.* Er setzt sich auf den Boden und muss vom Platz begleitet werden. Darüber regen sich die Meppener auf. *Besonders Stinkstiefel Frings.* Dabei soll er froh sein, dass sein Team erfolgreich einen unserer Stammspieler aus dem Spiel genommen hat, ohne dafür eine persönliche Strafe kassiert zu haben. Für Vermeij kommt Fleckstein ins Spiel. *Jetzt echt? Verteidiger für Stürmer?* Es ist ja nicht so, dass wir jetzt in Unterzahl spielen würden. *Und es sind noch zwanzig Minuten.* Ich hoffe nicht, dass Lettieri jetzt auf Halten spielen will. Eine Hereingabe der Meppener klatscht derweil an den Außenpfosten. Dabei könnten wir vermutlich schon locker mit einer mehrtorigen Führung auf der Couch hocken, wenn die im Training an ihren Laufwegen gearbeitet hätten. So ziemlich jeder Pass in den Strafraum des Gegners kommt nicht an, weil er entweder schlecht gespielt ist oder der vermeintliche Adressat nicht auf das Anspiel eingeht. *Aber alles ist gut, solange wir führen.*

Dann muss auch noch Sauer verletzt raus. *Wer soll denn dann Mittwoch überhaupt noch spielen? Beziehungsweise auf der Bank sitzen?* Auf dem Platz steht jetzt jedenfalls Bitter. Das heißt, wir können nicht mehr einwechseln. *Keinen Mickels und auch keinen Karweina.* Lettieri war ohnehin gegen die Wiedereinführung der Fünferregel. Heute hätte er sie gebrauchen können. *Allerdings ist diese erst ab der Rückrunde wieder gültig.* Meppen greift an und bringt den Ball in die Mitte. Der folgende Kopfball geht knapp neben das Tor und zwei Minuten später der Schuss direkt in die Arme von Weinkauf. So langsam entwickelt sich das zu einem finalen Meppener Sturmlauf ohne Entlastung. *Das kotzt mich schon wieder so an.* Und es sind noch sechs Minuten plus Nachspielzeit. Zum Glück bekommen die Meppener den Ball auch nicht wirklich auf unser Tor. Aber wir wissen nur zu gut, dass so ein Spiel erst nach dem Abpfiff entschieden ist. *Oder auch nicht.* Ein Blick auf die Uhr: *Noch zwei Minuten.* Es bleibt dabei, dass wir maximal damit beschäftigt sind, den Ball nicht auf das eigene Tor kommen zu lassen. Und wenn wir doch mal offensiv ansetzen, ist der Schiedsrichter nicht unser Freund. So bekommt Stoppelkamp keinen Freistoß, dann aber die Gelbe Karte, als er selbst den Gegner zu Fall bringt. Nach dem folgenden Freistoß befördert Meppen den Ball aber selbst ins

Toraus. Dann werden unglaubliche fünf Minuten Nachspielzeit angezeigt. *Was soll denn der Scheiss?* Zwei der fünf Minuten sind um. Endlich mal wieder ein offensives Direktspiel, was Meppen zu einem Foulspiel mit Gelber Karte nötigt. Und das Zebra macht alles richtig. *Es bleibt liegen.* Aber vermutlich wird auch diese Zeit angefügt. Streiche *vermutlich*. Ersetze es durch *sicher.* Auch die fünf Minuten sind um und Meppen spielt den Ball selbst ins Aus. Das muss es doch sein. *Ist es.* Durchatmen und einfach nur froh sein. Und hoffen, dass die Verletzungen nicht ganz so schlimm sind. *Aber ich bin skeptisch.* Ein Zebra eben.

Endstand: MSV Duisburg - SV Meppen 1:0 (1:0)
MSV: Weinkauf, Sauer (77. Bitter), Schmidt, Gembalies, Sicker, Kamavuaka, Ghindovean, Engin, Stoppelkamp, Hettwer (62. Tomic), Vermeij (69. Fleckstein)
Meppen: Domaschke, Ballmert (82. El-Helwe), Osée, Bünning, Amin, Egerer, Piossek, Hemlein (75. Krüger), Tankulic, Evseev (60. Bozic), Boere
Tor: 1:0 Kamavuaka (22.)
Gelbe Karten: Sicker, Sauer, Schmidt, Stoppelkamp - Piossonek, Boere, Amin
Schiedsrichter: Patrick Alt (Heusweiler)
Zuschauer: Keine

20. Januar 2021- 17. Spieltag (Nachholspiel)
MSV Duisburg - 1. FC Magdeburg

Die schlechte Nachricht zuerst: *Vermeij fällt mit Innenbandriss im Knie für mehrere Wochen aus.* Es bleibt zum Kotzen. Dafür gibt es heute die positive Nachricht, dass die Finanzlücke zum Erhalt der Lizenz für die Restsaison geschlossen werden konnte. Und mit Frederico Palacios gibt es einen Neuzugang zu vermelden. Er kommt Leihweise von Jahn Regensburg, ist aber kein Stürmer. Nun gut, alles auf einmal und in der Kürze der Zeit wäre wohl zu viel verlangt. Heute bin ich bei Andrea, um zusammen mit ihrem Cousin Rainer aus Magdeburg das Spiel zu verfolgen. Eigentlich wollte ich auch wieder die Konferenz mit Björn, Thomas und Peter laufen lassen. Allerdings habe ich mein Handy vergessen.

Mickels steht in der Startelf. *Endlich*, bin ich geneigt zu sagen. Irgendwie aber auch erwartungsgemäß, weil uns die Stürmer ausgegangen sind, da Ademi auch verletzt ist. Wie gesagt: *Es bleibt zum Kotzen.* Und der Reporter soll es lassen, über unseren Rasen zu meckern. Wir können es uns eben nicht leisten, den jeden Monat auszutauschen. Da Sauer seine Gelbsperre absitzt, spielt Bitter auf seiner Position. Auf der anderen Seite spielt Volkmer. Ich hoffe, dass er schnell genug ist, um diese Aufgabe bewältigen zu können. Den ersten Angriff startet auch Magdeburg, die leicht bis an die Strafraumgrenze laufen und schießen können. Allerdings nicht gefährlich genug, um Weinkauf in Bedrängnis zu bringen. Und auch nach fünf Minuten sind die Magdeburger besser im Spiel. Irgendwie ist unsere Defensive auch noch nicht so wirklich organisiert. Nach einer Flanke kommen die Gäste frei zum Kopfball. Aber auch hier kommt der Ball wieder direkt auf Weinkauf. *Aufwachen, bitte.* Aber auch nach zehn

Minuten ist das Bild unverändert. Durch schnelles Spiel kommt Magdeburg wieder in den Strafraum und an Weinkauf vorbei. Aber der Winkel ist zu spitz und der Ball geht ins Außennetz.

Die erste Ecke für uns bringt Sicker von links in den Strafraum. Da steht Volkmer und nimmt den Ball halb im Flug mit dem Kopf. *Knapp vorbei.* Sollte es heute einen Sieger geben, verlässt dieser auf jeden Fall die Abstiegsplätze. Ok, die Tabelle hat aufgrund der vielen Nachholspiele noch ein sehr schiefes Bild. Aber egal, es wäre eine schöne Momentaufnahme. Also wenn wir gewinnen. *Aber was ist?* Magdeburg greift an und schießt … *knapp vorbei.* Lettieri ist nicht umsonst auf Meckerkurs. Wir kommen überhaupt nicht ins Spiel, geschweige denn nach vorne. Auch ohne Vermeij habe ich mir da etwas mehr erhofft. Da spielt Volkmer aus der eigenen Hälfte den langen Ball nach vorne. *Und er erreicht Stoppelkamp.* Ich denke, er will den Ball von der Strafraumgrenze direkt nehmen, was aber nicht wirklich klappt. *Die Hälfte der ersten Halbzeit ist um.* Der Kommentator lamentiert, wie schön der Tag aufgrund der heutigen Geschehnisse für die Zebras doch sein könnte, wenn die nicht so schlecht spielen würden. *Sicker spielt den Pass nach vorne.* Im Mittelkreis ist Engin vor zwei Magdeburgern am Ball und spurtet plötzlich alleine aufs Tor zu. Rechts läuft Stoppelkamp mit. *Was macht denn der mitgelaufene Verteidiger?* Statt anzugreifen, läuft er Richtung Tor. Somit steht Engin vor dem Keeper und hat jetzt genug Platz, um den Ball rechts am Keeper vorbei ins Tor zu schieben. Also, das kommt jetzt zwar unerwartet, beeinträchtigt Andreas und meine Freude aber nicht. Und ich hoffe, dass wir jetzt etwas mehr Ruhe ins Spiel bringen. In Summe bleibt es aber dabei, dass wir primär im eigenen Stadion kontern. Letztendlich soll es mir egal sein, wenn am Ende die drei Punkte auf der Habenseite stehen. So plätschern die nächsten Minuten dahin, bis bereits die letzten zehn Minuten laufen. Das Bild ist immer noch so, dass Magdeburg wesentlich mehr Ballbesitz hat, aber nicht mehr so gefährlich vor unser Tor kommen. *Und was sagt uns das?* Nichts. Denn kaum habe ich es ausgesprochen, kommt sofort der Magdeburger Distanzschuss. Aber das Zielwasser haben die auch nicht getrunken, denn der Ball kommt wieder direkt auf Weinkauf. Im Gegenzug spurtet dann Gembalies über das halbe Spielfeld, verpasst aber den Punkt des Abspiels. Trotzdem kommt Engin dran, der zum richtigen Zeitpunkt abspielt, allerdings zum Gegner. *Viel Zeit zum Hadern bleibt aber nicht.* Wieder der MSV mit dem Pass auf Stoppelkamp. Der steht zwar im Abseits, kommt aber nicht an den Ball. Dafür spielt ein Magdeburger zu Mickels, der Richtung Keeper läuft. Dann kommt doch der Abseitspfiff. Ich denke, da regt sich Stoppelkamp nicht zu Unrecht auf.

Noch zwei Minuten bis zur Pause. Ich denke, der Halbzeitpfiff käme jetzt richtig. Magdeburg zieht nochmal an und wir müssen höllisch aufpassen. Zum Glück bleibt es bis zur Pause bei der Führung. Zugegeben, in Summe recht glücklich. Aber wie gesagt: *Shit the dog on.*

In der Pause gibt es ein Interview mit Vermeij. Der wirkt total sympathisch. Nur die Krücken sind eben Mist. Er bringt es aber auf den Punkt, dass wir im Moment keine andere Wahl haben, als aus der kompakten Abwehr heraus auf Konter zu setzen. Es ist aber eben nicht gut für meine Nerven. So beginnt die zweite Halbzeit. *Stoppelkamp bekommt im Mittelfeld den Ball.* Er muss warten, bis ihm jemand zu Hilfe kommt. Sicker spurtet heran und bekommt den maßgenauen Pass in den Lauf. Er schießt und scheitert am Keeper. Ich kann aber Engin verstehen, der sich am zweiten Pfosten aufregt und gegen selbigen tritt, weil er den Querpass nicht bekommen hat. Zwei Minuten später ist es Stoppelkamp, der von rechts den Ball flach in die Mitte bringt. Engin versucht irgendwie, dem Ball die entscheidende Richtungsänderung zu geben. *Er schafft es leider nicht.* Im Gegenzug kann Weinkauf eine Hereingabe abfangen, bevor Magdeburg zum Kopfball kommt. Also, langweilig ist das Spiel nicht. *Was macht denn Volkmer da im Mittelfeld?* Er steht falsch, bekommt den Ball nicht weg und Magdeburg greift an. Und das mit dem Ergebnis, dass die den Angriff sauber zu Ende spielen und den Ausgleich erzielen. Nd mal wieder ein Gegentreffer ohne Not und der erste der Magdeburger in Duisburg überhaupt. Ich sag mal so. *SCHEISSE!*

Nach einer Stunde geht Mickels vom Platz und für ihn kommt Neuzugang Palacios. Ich träume von der Schlagzeile, dass er bei uns als Neuzugang einschlägt wie eine Bombe. Aber realistisch gesehen ist das bei uns eher unwahrscheinlich. Zumal er noch nicht so viele Trainingseinheiten mitgemacht hat. So erreichen wir die Hälfte der zweiten Halbzeit und so langsam stellt sich die Frage: *Spiel auf Sieg oder eher das Unentschieden nicht gefährden?* Auf jeden Fall nicht verlieren. *Noch zwanzig Minuten.* Wie schon gegen Meppen, werden unsere offensiven Aktionen weniger und auch weniger gut koordiniert. Dass in der 73. Minute Stoppelkamp den Platz verlässt, war abzusehen. *Für ihn kommt Hettwer.* Etwas beruhigt es mich, dass sich Stoppelkamp und Lettieri noch die Hand geben. Die nächste Szene zeigt dann die Magdeburger, die es schaffen, sich im Strafraum den Ball so zuzuspielen, dass der einerseits reingeht und es kein Abseits ist. So steht es 1:2 und auf einmal ist alles ein riesiger Haufen Kot. *Was habe ich soeben gesagt? Nur nicht verlieren?* Das Spiel läuft wieder und Hettwer nimmt dem Magdeburger den Ball ab. Er geht Richtung Tor und legt ihn aus zwanzig Metern am Keeper vorbei und … *neben das Tor.* Zur fickenden Hölle. Die Wiederholung zeigt, dass es ein Hügel auf dem Rasen zu viel gewesen ist, der den direkten Ausgleich verhindert hat.

Noch zehn Minuten. Scepanik kommt für Volkmer. *Was ist denn mit Karweina?* Scheisse, *ich will nicht verlieren.* Und ich will nicht absteigen. *Noch fünf Minuten.* Die Versuche des MSV sind eher halbgar. Mehr als ein Ausgleich durch Glück, Magdeburger Unvermögen oder beides in Kombination ist wohl nicht möglich. Dazu kommen Pässe aus dem Halbfeld ist Seitenaus. Ich habe keinen Bock mehr. Es nervt. *Ich will das nicht mehr.* Und heute muss ich auch nicht mehr, denn das Spiel geht verloren. Artig gratuliere ich Rainer zum Sieg, bevor ich mich fluchtartig auf den Heimweg mache.

Endstand: MSV Duisburg - 1. FC Magdeburg 1:2 (1:0)
MSV: Weinkauf, Bitter, Schmidt, Gembalies, Volkmer (81. Scepanik), Engin, Kamavuaka, Ghindovean, Sicker, Mickels (60. Palacios), Stoppelkamp (74. Hettwer)
Magdeburg: Behrens, Ernst, Bittroff, Tob. Müller, Burger, Jacobsen, Granatowski (79. Bertram), Jakubiak (65. Müller), Obermair, Steininger (65. Bell Bell), Sané
Tore: 1:0 Engin (22.), 1:1 Granatowski (55.), 1:2 Bell Bell (76.)
Gelbe Karten: Stoppelkamp, Kamavuaka, Schmidt - Bell Bell, Jacobsen
Schiedsricher: Robert Kampka (Mainz)
Zuschauer: Keine

Ich habe heute echt keinen Bock auf das Spiel. Aber als Fan bleibt einem eben keine andere Wahl, auch wenn mir in zwei Stunden mit großer Wahrscheinlichkeit wieder das Herz bluten wird. Durchhalteparolen und verzweifelt akquirierte Neuzugänge haben nur selten das Blatt gewendet. *Bis auf Niklas Skoog vielleicht.* Aber das ist auch schon ein halbes Leben her. Dennoch stehen mit Welkov (Uerdingen), Palacios (Regensburg) und Frey (Sandhausen) alle drei Neuzugänge in der Startelf. Und Stoppelkamp sitzt auf der Bank. Ich interpretiere da jetzt nichts rein, weil ich des Diskutierens und Nachdenkens, *auch jenseits des MSV*, müde bin. Also schaue ich einfach mal, was passiert. Ich erwarte nichts und befürchte, dass ich trotzdem enttäuscht werde. *Spielt bei Hansa Verhoek eigentlich mit?*

„Ich weiß nicht, wie fit die Spieler sind, ich schaue sie mir im Spiel an", so Coach Lettieri zur heutigen Aufstellung. *Jetzt echt?* Von den ersten fünf Minuten bekomme ich nicht viel mit, weil ich mit der Videokonferenz beschäftig bin. Als ich zum ersten Mal zielgerichtet auf den Bildschirm blicke, bekommt der MSV den Ball auf der linken Seite nicht weg. So kommt der flach in die Mitte, wird abgelegt und den Schuss lenkt Sauer denn selbst in den Winkel. Ich glaube, ich sollte jetzt schon von Kaffee auf Bier umsteigen. Die sofort zur Verfügung stehende Statistik sagt dann aus, dass Hansa nach sieben Führungen mit 1:0 noch nie verloren hat. Auch hier ist der Kommentar so motivierend wie der zur Lage der Nation. Auf der Gegenseite bringt der MSV einen Freistoß von halbrechts in den Strafraum. Und tatsächlich kommt Neuzugang Volkov an den Ball. *Falsch.* Ich muss den konjunktiv verwenden. Er hätte an den Ball

kommen können, wenn er ihn denn getroffen hätte. *„Den kann man mal machen"*, so mein Kommentar. *„Auch als Innenverteidiger"*, fügt Björn hinzu.

Zehn Minuten sind um. Nichts deutet darauf hin, dass sich etwas zu unseren Gunsten ändert. Auch Rostock hat bis auf den einen Angriff, der zum Tor führte, nichts zu bieten. Gestern habe ich mit der Familie den obligatorischen Schlefaz (=schlechteste Filme aller Zeiten) am Freitagabend angeschaut. Vielleicht sollten wir Fans des MSV uns so langsam Gedanken über Schlespaz (=schlechteste Spiele aller Zeiten) machen. *Und auf dem Spielfeld?* Nach einem hohen Ball in den Strafraum kommt Kamavuaka zu Fall und reklamiert Elfmeter. Da es keine Wiederholung gibt, bleibt es unaufgelöst. *Die Zebras bleiben aber dran.* Frey steckt in den Strafraum zu Kamavuaka durch. Der legt quer und flach in die Mitte. Alles super, nur dass das avisierte Zebra einen Schritt zu spät kommt. Unverdient wäre ein Ausgleich nicht. Zumindest, wenn es um die Anzahl der Chancen geht. Da müssten wir 2:1 führen. *Ich hasse den Konjunktiv.*

Knappe dreißig Minuten sind um. Der MSV ist mittlerweile ganz gut unterwegs. Aber Sicker spielt fehl und Rostock kontert sofort. Und zwar so schnell, dass die Defensive nicht nachkommt. Und auch nicht angreift. *Warum greifen die nicht an?* So kann Rostock aus achtzehn Metern zum Schuss kommen und der Ball landet erneut im Winkel. *Zwei Schüsse, zwei Treffer.* Das Leben ist im Moment schon scheisse genug. *Kann nicht zumindest der MSV etwas zur mentalen Genesung beitragen? Aber warum sollte er das tun?* Das hat er auch früher schon eher selten gemacht. Derweil ist der MSV in Form von Krempicki im Strafraum. Er will den Ball in die Mitte bringen und … Hand. Und es gibt den Elfmeter. Sicker legt sich in Vertretung für Stoppelkamp den Ball hin … *und verwandelt sicher.* Grenzenloser Jubel unter uns sieht sicher anders aus. Ich weigere mich auch, die ganz große Hoffnung auszupacken. Vielleicht beim 4:2 in der letzten Minute der Nachspielzeit. Unter der Woche fragte Radio Duisburg übrigens, welches der schönste Moment mit dem MSV gewesen sei. So viele gibt es da jetzt nicht, aber ich habe mich für das 1:0 im Pokalfinale 1998 durch Salou entschieden. Das Ende des Spiels war zwar hochgradig frustrierend, aber der Torjubel bei der Führung führte mich an den Rand der Ohnmacht. *Denn in diesem Moment hatten wir einen Titel.*

Hier und heute sind es noch fünf Minuten bis zur Pause und ein Spiel weniger zum Abstieg in die vierte Liga. Aber die Zebras geben nicht auf, das muss ihnen zugutegehalten werden. Ein hoher Ball wird abgewehrt, wobei der folgende Distanzschuss aber deutlich neben das Tor geht. Ich sag mal so: *Ein Ausgleich noch vor der Pause brächte vielleicht doch wieder Hoffnung.* Aber auch das passiert auch nur wieder im Konjunktiv. Irgendwie sind wir nah dran, aber entweder bleibt der entschlossene Schuss aus oder der Pass kommt nicht an. Da tröstet es auch nicht, dass der Rückstand nicht das

Resultat spielerischer Unterlegenheit ist. *Eher von übermäßiger Blödheit.* Aber wem erzähle ich das. Ihr habt es schließlich miterlebt. Es ist zwar noch nichts verloren, aber hoffnungslos. So bleibt der herbeikonjugierte Ausgleich vor der Pause aus.

Mit Beginn der zweiten Halbzeit ist Engin für Fleckstein im Spiel. Ich habe gar nicht bemerkt, dass er mitgespielt hat. Aber ich dachte auch, dass Mickels auf dem Platz steht. Das passiert, wenn sich die Startelf auf sieben Positionen zum letzten Spiel verändert. Unverändert hingegen ist der Spielstand nach fünf Minuten in der zweiten Halbzeit. Und ja, *der MSV ist bemüht.* Aber liegt das jetzt an uns oder daran, dass Rostock eher verhalten agiert. Dabei ist das auch keine Frage, sondern aufgrund des zweiten Halbsatzes eher eine Feststellung. Aber auch die Zebras versuchen es offensiv. Kamavuaka bringt den Ball in die Mitte, aber der Kopfball von Hettwer geht drüber. Auf der anderen Seite setzt sich Rostock im Strafraum fest, bis Weinkauf im dritten Angriffsversuch in Folge den Ball abfangen kann. So sind die ersten zehn Minuten der zweiten Halbzeit auch schon wieder Geschichte. *Wie sieht die Taktik denn jetzt aus?* Im Grunde steht alles andere als ein Sieg nicht zur Diskussion. Drei Minuten später kommt Ghindovean für Frey.

Noch dreißig Minuten. Nach wie vor bleibt der erforderliche Sturmlauf des MSV aus. Im Grunde gibt es überhaupt keine nennenswerten Szenen, die einen erhöhten Puls generieren könnten. Just in diesem Moment kommt Sauers Flanke von erhöhten rechts. Hettwer ist da, berührt den Ball aber nur mit der äußersten Haarspitze. *Auch hier dürfte durchaus ein Tor erzielt werden.* So vergehen zehn weitere ereignislose Minuten. Einzig erwähnenswert sind wieder diese Ballverluste ohne Not. Die rauben mir echt den letzten Nerv, obwohl der schon lange gezogen wurde. *Und so geht es weiter.* Mittlerweile kommt weder ein Ball an noch kann ein solcher unter Kontrolle gebracht werden. Da wieder fünffach gewechselt werden darf, kommen Stoppelkamp und Mickels für Hettwer und Krempicki. Aber zunächst bringt ein erneuter Ballverlust von Ghindovean einen Freistoß für Rostock. Zumindest geht der folgende Kopfball drüber. „*Eigentlich sollten wir fürs Zuschauen Geld bekommen*", so Björn. Der Meinung bin ich schon seit langem, dass das *Fan-Profitum* eingeführt werden sollte. Nun gut, da wären wir im derzeitigen Lockdown auch im Home-Office. *Also so wie jetzt.*

Ghindovean spielt in die Gasse in den Lauf von Engin. Der kann mangels Alternativen gar nicht anders, als es aus spitzem selbst zu versuchen. Der Ball kommt auch aufs Tor und der Keeper muss abklatschen lassen. Da steht nur niemand, der den Ball über die Linie drücken kann. Der letzte Wechsel bei uns heißt dann Bitter für Sauer. *Da hat der Kommentator Spaß in den Backen.* Dann haben wir Glück, dass Rostock keinen Bock darauf hat, das Spiel zu entscheiden. Vielleicht ziehen wir deshalb endlich etwas an. Aber mehr als zwei Ecken bringen wir nicht zustande. *Noch fünf Minuten*. Stoppel-kamp versucht es mit dem Lauf über die linke Seite. Er zieht nach innen, spielt den Doppelpass und schießt ... *den eigenen Mitspieler an*. Die offizielle Spielzeit ist um. Sicker bringt von rechts einen Freistoß. *Aber zu wem?* Der Ball kommt nicht mal aufs Tor. Eine weitere Ecke bringt auch keine Gefahr. Das wird es wohl gewesen sein. Wir verlieren Spiele gegen Teams, die nicht besser sind. *Wie können Mitspieler wir trotzdem verlieren?* Zum Glück habe ich nichts erwartet. Weniger frustrierend ist es trotzdem nicht.

Endstand: MSV Duisburg - Hansa Rostock 1:2 (1:2)

MSV: Weinkauf, Sauer (81. Bitter), Gembalies, Welkow, Sicker, Kamavuaka, Fleckstein (46. Engin), Frey (60. Ghindovean), Krempicki (72. Stoppelkamp), Palacios Martínez, Hettwer (72. Mickels)

Rostock: Kolke, Neidhart, Riedel, Sonnenberg, Scherff (65. Breier), Löhmannsröben, Rhein (90.+2 Herzog), Farrona Pulido (65. Roßbach), B.B. Bahn (90.+2 Rother), Lauberbach (82. Schulz), Verhoek

Tore: 0:1 Farrona Pulido (6.), 0:2 Farrona Pulido (29.), 1:2 Sicker (34., Handelfmeter)

Gelbe Karten: Sauer, Welkov, Sicker, Fleckstein - Bahn, Lähmannsröben

Schiedsrichter: Konrad Oldhafer (Hamburg)

Zuschauer: Keine

Heute vor vier Jahren ist völlig unerwartet der Dicke gestorben. Ich hoffe, er drückt da oben für unsere Zebras die Daumen. *Wir haben es bitter nötig.* Als er von uns ging, standen die Zebras oben in der Tabelle und holten mit Meisterschaft und Nieder-rheinpokal das kleine Double. *Und heute?* Schlechter haben die Zebras noch nie dagestanden. Soll es mit dem Klassenerhalt noch was werden, müssen heute und am Wochenende gegen Lübeck erstmal zwei Siege her. Dass unsere Startelf aber wieder fünf Veränderungen zum letzten Spiel aufweist, zeugt nicht gerade von einem Plan. *Wir werden sehen.* Nach einer Minute gibt es den ersten Freistoß für Zwickau. Der kommt von rechts in den Strafraum, wo ein Zwickauer völlig frei zum Kopfball kommt. *Aber genau auf Weinkauf.* Keine dreißig Sekunden später kommt der Ball von der anderen Seite in unseren Strafraum und wieder steht da ein Zwickauer völlig frei. Wie Weinkauf den Kopfball aus dieser kurzen Distanz noch neben das Tor bringt, keine Ahnung. *Und der MSV?* Die sind mit Hinterherlaufen beschäftigt. So läuft die dritte Minute und die nächste Ecke kommt in unseren Strafraum. Der Ball wird abgewehrt, aber die zweite Hereingabe kommt. Wieder kommen die Zwickauer zum Kopfball und jetzt landet der Ball im langen Eck. *Jetzt echt?* Das kann in Worten doch gar nicht mehr ausgedrückt werden. Da muss doch irgendwo gegengetreten oder was gegen die Wand geworfen werden.

So. Nach zehn Minuten kommt auch Björn mit in unsere Videokonferenz. Ich erkläre ihm, dass wir vor dem Gegentreffer schon mit 0:2 hätten zurückliegen müssen. Ich denke, das beschreibt unser Spiel am besten. Nach mittlerweile fünfzehn Minuten sieht es nicht besser aus. Ok, die Gastgeber überlassen uns jetzt weitestgehend das Mittelfeld, was aber absolut nichts zu bedeuten hat. Es scheint auch heute so, dass der Gegner nicht mehr als das Nötigste machen muss. *Und das ist nicht viel.* Möglicherweise jetzt, denn Stoppelkamp kann einen Querpass der Zwickauer abfangen. Er geht bis zur Strafraumgrenze und schießt. *Aber vorbei.* Und ich denke, der Keeper wäre auch zur Stelle gewesen. Im direkten Gegenzug lassen sich zwei Duisburger kurz vor dem Strafraum verarschen, sodass der Zwickauer relativ frei in den Strafraum kommt. Sein Schuss wehrt Weinkauf nach vorne ab und der Nachschuss geht knapp neben das Tor. *Und danach?* Gähn. Gefühlt können sich die Zebras einen Wolf spielen, ohne dass die auch nur ansatzweise in den Strafraum kommen. Das ist die kollektive Ungefähr-lichkeit und Zwickau muss sich denken: *Wir dürfen einfach nur keinen Fehler machen.* So sieht es auch nach dreißig Minuten aus. Es gibt einfach nichts zu berichten. Darum sprechen wir, *Thomas ist mittlerweile auch mit im Stream*, über das sehr wahrscheinliche Regionalliga-Desaster und ob wir dann noch in der Arena spielen würden. Alternativ könnten wir uns als Spielort Homberg vorstellen, was unsere Anreise extrem minimie-ren würde. Allerdings wäre das Fassungsvermögen mit dreitausend Zuschauern wohl nicht ausreichend. *Was ist das?* Stoppelkamp schießt aus zwanzig Metern und der Keeper klärt zur Ecke. *Das ist schon fast ein Aufreger.* Die folgende Ecke dann aber nicht. *Noch zehn Minuten bis zur Pause.* Engins Versuch in den Strafraum zu kommen landet beim Zwickauer Keeper. Der haut den Ball nach vorne, wo halbrechts kurz vor der Mittellinie auch der Mitspieler drankommt. Sauer stört, kann aber den beginnenden Sturmlauf nicht unterbinden. Er kommt bis in den Strafraum und trifft auf Kamavua-ka. Auch der lässt sich ausspielen und aus spitzem Winkel trifft er an Weinkauf vorbei ins kurze Eck. Derzeit darf man als Fan nicht denken, dass es nicht mehr schlechter werden kann. *Denn die Zebras belehren uns eines Besseren.* Es ist so armselig und deprimie-rend. „*Mein Kater macht es richtig*", so Björn. „*Der schaut einfach weg.*"

Noch fünf Minuten bis zur Pause. Wieder kommt Zwickau über rechts. Der Schütze zum 2:0 zieht nach innen und haut den Ball aus achtzehn Metern zum 3:0 unter die Latte. Der Blick von Weinkauf drückt das aus, was ich denke: *Ich will hier weg.* Dass Stoppel-kamps Schuss nach einem kurz ausgeführten Freistoß vom Keeper über die Latte gelenkt wird, überrascht nicht wirklich. Ich ziehe ernsthaft in Erwägung, die Übertra-gung der zweiten Halbzeit zu boykottieren. Und wenn ich sie mir doch anschaue, werde ich mich auf die Beschreibung der Zwickauer Tore reduzieren. Der Vollstän-digkeit halber erwähne ich, dass Hettwer und Scepanik im Spiel sind. Wer raus ist, interessiert mich nicht. *Es könnte Jeder sein.* Nach zehn Minuten bringt Scepanik den Ball flach in die Mitte. Der erste Zwickauer versucht zu stoppen, lässt den Ball aber durch. Der zweite Zwickauer ist dadurch so überrascht, dass er den Ball durch die

Beine rutschen lässt. Uns so steht Hettwer vier Meter frei vor dem Tor und kann zum 1:3 eindrücken. Ich erinnere mich da spontan an ein 3:3 in Jena 2007 nach einem 0:3 zur Pause. Aber *das* waren definitiv andere Zeiten. Zumal Zwickau in den ersten fünf Minuten nach dem Anschlusstreffer schon wieder an Weinkauf scheitert. In der 60. Minute kommen Krempicki und Karweina.

Kurzes Fazit in der 75. Minute: *Zwickau macht kaum Fehler.* Und wenn doch, gleichen wir diese selbst wieder aus. Nach einem Freistoß kommt im Strafraum Volkov an den Ball. Er bringt ihn aufs Tor, der vom Pfosten aber wieder zurück ins Spielfeld prallt. *Ja, so ist das eben.* Zwischen Unvermögen und Hilflosigkeit ist auch immer noch Platz für Pech und kein Glück. Es wäre ohnehin auch nur der Strohhalm zur unerfüllten Hoffnung. Was bin ich froh, dass der Schuss von Hettwer aus acht Metern sieben Minuten vor dem Ende abgewehrt werden kann. Gembalies kommt dann noch ins Spiel. *Ist das wichtig?* Ich motiviere mich mit dem Blick auf die Uhr: *Noch fünf Minuten.* Gleich ist es geschafft. Dazu kommt, dass der Schiedsrichter jetzt jeden Zweikampf zugunsten der Gastgeber auslegt. *Nicht, dass es wichtig wäre.* Nach einer Ecke kommt Welkov nochmal zum Kopfball, den der Keeper aber halten kann. Wie gesagt: *Nicht, dass es wichtig wäre.* Letztendlich ist es geschafft. Und es gibt jetzt auch nichts mehr, was mir Hoffnung mit Blick auf den Klassenerhalt macht.

Endstand: FSV Zwickau - MSV Duisburg 3:1 (3:0)

Zwickau: Brinkies, Stanic, Nkansah, Frick, Schikora, Schröter (69. Wolfram), Möker (63. Hehne), Könnecke (88. Strietzel), Miatke, König (88. Reinhardt), Willms (69. Starke)

MSV: Weinkauf, Sauer, Schmidt, Welkow, Bitter (46. Hettwer), Kamavuaka, Ghindovean (60. Krempicki), Stoppelkamp, Frey (46. Scepanik), Palacios (60. Karweina), Engin (84. Gembalies)

Tore: 1:0 Nkansah (4.), 2:0 Schröter (35.), 3:0 Schröter (41.), 3:1 Hettwer (56.)

Gelbe Karten: Möker, Schröter - Bitter

Schiedsrichter: Tobias Schultes (Betzigau)

Zuschauer: Keine

31. Januar 2021- 22. Spieltag
MSV Duisburg - VfB Lübeck

Oha, da war letzte Woche beim MSV aber ziemlich viel los. Ich fasse es mal kurz zusammen: Lettieri muss gehen, Grlic darf bleiben und Capelli rettet durch finanzielle Unterstützung quasi den Verein und bekommt dafür vierzig Prozent Anteile an der KGaA. Ich hoffe, ich habe es richtig transportiert. Hierzu ein kleiner Spruch, den ich bei Facebook entdeckt habe: *Der schlechteste Trainer seit Gino Lettieri war ... Gino Lettieri.* Irgendwie symptomatisch für die derzeit mehr als chaotische Entwicklung bei den Zebras. *Und das auf allen Ebenen.* Bisher ist noch kein neuer Trainer gefunden, weshalb Jugendtrainer Uwe Schubert heute auf der Bank sitzt. Letztendlich müsste die Mannschaft heute aber auch ohne Trainer eine Reaktion zeigen. *Und die Fans?* Die tun, was sie können. Die fahren zum Stadion und Hupen halb Wedau wach, als der Mannschaftsbus an der Arena eintrifft. Erstaunlich, dass die Polizei diese Aktion nicht als illegale Versammlung auflöst. Aber vielleicht kommt das noch, wenn die Anhänger auch während des Spiels bleiben, um die Mannschaft auf diesem Weg akustisch zu unterstützen. *Warum bin ich eigentlich nicht da?* Ich weiß es nicht. Kurz vor Spielbeginn öffnet sich unsere Videokonferenz und ich stelle fest, dass ich heute zwei Sekunden hinter Björn zurück bin. *Wieso ist er schneller?* Die erste Chance hat dann Lübeck, die wie schon die Zwickauer eine Woche zuvor frei zum Kopfball kommen. *Heute geht der Ball aber über das Tor.* Obwohl, dort hat es auch bis zur dritten Chance in der dritten Minute gedauert, bis deren Treffer erzielt wurde. Sogleich hat dann auch Lübeck die zweite Chance, die Weinkauf per Fuß abwehren kann. Nach fünf Minuten sind es eher die Lübecker, die das Spiel bestimmen. Da helfen bisher auch die hupenden Fans vor dem Stadion nichts. Und mich nervt, dass ich streamtechnisch zurückliege. Also starte ich den Stream neu und siehe da, plötzlich bin ich drei Sekunden vor. *Verstehen muss ich das nicht.* Ich kann so nebenbei schreiben und mit den anderen quatschen, weil sich auf dem Feld nicht wirklich viel tut. Zwischen dem Wunsch zur Aufbruchstimmung und der Realität liegen doch irgendwie Welten, wenn nicht gar Paralleluniversen. *Hupen reicht eben nicht.* So sind fünfzehn Minuten um und der einzige Unterschied zu den letzten Spielen ist, dass wir nicht schon zurückliegen. Andererseits könnten wir das auch als ein positives Zeichen werten. Jetzt kommt der MSV aber über links und Engin den Ball in der Folge im Strafraum. Aber er legt ihn sich zu weit vor. Ich sage mal, dass es am holprigen Platz liegt.

Die Hälfte der ersten Halbzeit ist um. Mittlerweile hat der MSV das Spiel besser im Griff, insofern mehr Ballbesitz ein Zeichen für diese Wahrnehmung ist. Und wir versuchen es auch öfters mit dem direkten Passspiel in die Spitze, was mangels Präzision aber zumeist, wenn nicht gar immer mit einem Fehlpass endet. *Aber die Zebras bleiben dran.* Engin versucht es per Flachpass, aber der Ball wird abgewehrt. Lübeck ist jetzt aber auch nicht hochgradig gut, sodass Stoppelkamp den Ball holen und wieder nach außen zu Engin spielen kann. Jetzt kommt dessen Flanke hoch, wird aber per Kopf Richtung Strafraumeck verlängert. Sicker rausch ran, nimmt den Ball direkt ab, *der flach im langen Eck einschlägt.* Ich verschwende keinen Gedanken daran, auf die Zeitversetzung Rücksicht zu nehmen und schreie meinen Jubel heraus. Zwei Sekunden später steigen auch Thomas und Björn mit ein. Nur Peter nicht, dessen Stream offensichtlich überhaupt nicht laufen will. Ich hoffe, dass uns diese Führung endlich mal die nötige Sicherheit bringt.

Zehn Minuten vor der Pause hat die Führung noch Gültigkeit. Auch wenn es nichts zu bedeuten hat, aber die Zebras sind jetzt spielbestimmend und lassen den Gästen offensiv keinen Raum. Aber ich weiß, wie gefährlich es ist, derartiges zu Schreiben. *Doch die Zebras greifen ab.* Engin treibt den Ball mittig Richtung Tor. Jetzt ein kleiner Haken nach innen und Schuss. Aber er legt nach links zu Stoppelkamp. Dessen Schuss aus spitzem Winkel geht ins Außennetz. *Noch fünf Minuten.* Lübeck nähert sich unserem Tor und versucht es per Kopfball und Direktabnahme. Letztere geht dann deutlich neben das Tor. Aber diese Aktion hat eine neuerliche Drangphase der Gäste zur Folge. Zum Glück gehen der nächste und auch die Versuche in der Folge neben das Tor. In der zweiminütigen Nachspielzeit gibt es wegen taktischer Fouls Gelbe Karten gegen uns und gegen Lübeck. Quasi mit dem Ende der Nachspielzeit bringt Stoppelkamp noch einen Freistoß in den Strafraum. Der wird aber abgewehrt und Stoppelkamp bekommt eine zweite Chance, die zur Ecke abgewehrt wird. „*Die dürfte eigentlich nicht mehr ausgeführt werden"*, so meine Einschätzung. Denn die Nachspielzeit ist schon seit einer Minute abgelaufen. So bringt Stoppelkamp die Ecke von links rein. Am ersten Pfosten läuft Schmidt rein, kommt zum Kopfball und … *trifft*. Ok, gut, dass er noch *nicht* zur Halbzeit gepfiffen hat. So geht es mit der recht deutlichen Führung in die Halbzeitpause. Primär ist es erfreulich, aber man merkt schon, dass hier die beiden Tabellenletzten gegeneinander spielen. In der Pause steht Dietmar Schacht als verbaler Sparringspartner zur Verfügung. Und er bringt sich auch gleich als potenzieller Trainer ins Gespräch, verweist aber auf Grlic, der ihn und auch sonst keinen ehemaligen Spieler des MSV als Trainer haben möchte. Ich vermute, dieses Interview wird noch halbwegs viral gehen.

Schmidt trifft zum 2:0

Die ersten fünf Minuten der zweiten Halbzeit gehören wieder den Gästen. Und der Ball landet auch im Duisburger Tor, wird wegen vorherigen Foulspiels aber nicht gegeben. Ich hoffe, dass es nicht mehr als ein Strohfeuer ist und wir uns damit beschäftigen, den dritten Treffer nachzulegen. Von mir aus durch einen weiteren Verteidiger. Zunächst haben wir aber Glück, dass nach einem Foul von Schmidt im eigenen Strafraum der Elfmeterpfiff ausbleibt. Für meinen Geschmack agieren die Zebras jetzt auch zu destruktiv. So schön die Führung aussieht, sie ist nicht in Stein gemeißelt. Wir wissen nur zu gut, was ein Anschlusstreffer bewirken kann. Und kaum habe ich es ausgesprochen, kommt Lübeck nach einem Freistoß zum Drehschuss. Aber Weinkauf ist zur Stelle. Demnach wäre es wünschenswert, wenn wir das Spiel wieder besser in den Griff bekommen würden. *Bevorzugt mit dem dritten Treffer*. Ich schaue auf die Uhr.

Es sind noch dreißig Minuten. Jetzt gibt es die Möglichkeit zum Konter. Stoppelkamp spielt zu Palacios in die Gasse, aber ein Lübecker ist schneller am Ball. Vier Minuten später die nächste Möglichkeit zum Angriff. Jetzt ist es Palacios, der den Ball treibt und vor dem Strafraum nach links zu Stoppelkamp legt. Der zieht direkt ab, trifft das Tor aber nicht. Die Möglichkeiten zum Ausbau der Führung sind da. Und mit dem dritten Treffer würden wir den Lübeckern vielleicht auch den Nerv ziehen, nicht aufgeben zu wollen. Aber so kommt der nächste Angriff der Gäste, deren Schuss direkt auf Weinkauf letztendlich keine Gefahr darstellt.

Aus Sauer wird Bitter. Das ist nicht das erste Mal, dass Strassburger dieses mittlerweile zum Kalauer degenerierte Wortspiel anbringt. Es bedeutet nicht mehr, als dass in der 69. Minute Bitter kommt und Sauer geht. Vermutlich die richtige Entscheidung, weil Sauer bereits die Gelbe Karte bekommen hat. Die nächsten Minuten bleibt es dabei, dass Lübeck einfach nicht aufgeben will. Gleichzeitig kommt aber auch kaum einer unserer Pässe an. Jetzt hat Engin auf der linken Seite den Ball und auch Platz nach vorne. Er nimmt Fahrt auf und treibt den Ball über halbrechts. Das sieht gut aus, zumal in der Mitte Palacios mitläuft. Jetzt muss der Querpass nur noch ankommen. *Und er kommt an.* Palacios hält den Fuß hin und schiebt den Ball durch die Beine des Keepers zum 3:0 ins Tor. Wieder springe ich auf und lasse meiner Freude freien Lauf. *So muss das gehen.* Natürlich ist das noch nicht der Klassenerhalt. Aber zumindest ist es eine Reaktion und ein Schritt in die richtige Richtung. Denn ich denke schon, dass wir das jetzt irgendwie als Sieg ins Ziel bringen. Schubert reagiert auch sofort und bringt Karweina und Ghindovean für Stoppelkamp und Palacios.

Noch zehn Minuten. So richtig aufgegeben hat sich Lübeck immer noch nicht. *Oder schalten wir einen Gang zurück?* Ich denke nicht. Nach einer Ecke steht ein Lübecker im Strafraum völlig blank und hämmert den Ball aus sechs Metern humorlos ins Netz. *Wie ich das hasse.* Und ich bleibe dabei, dass wir daran nicht schuldlos sind. In der 85. Minute kommen Krempicki und Fleckstein für Engin und Frey. Ich denke, dass die Marschrichtung klar ist. Es muss *nicht* das 4:1 sein. Es reicht, wenn es beim 3:1 bleibt. *Aber wieder kommt Lübeck.* Über rechts kommt der Ball in den Strafraum, aber Fleckstein wehrt zur Ecke ab. Die bringt zwar nichts ein, aber wir bekommen den Ball einfach nicht unter Kontrolle. Da fasst sich Sicker ein Herz und marschiert über links die Linie entlang. Er bringt den Ball auch in die Mitte, wo sich Hettwer, bei dem Versuch an den Ball zu kommen, verletzt. Es sieht so aus, als müsse der MSV trotz fünffacher Wechselmöglichkeit zu zehnt bis zum Ende spielen. Immerhin sind die offiziellen neunzig Minuten um. Der Lübecker Schuss geht daneben und Hettwer kommt zurück. *Es gibt vier Minuten Nachspielzeit.* Der eine Gegentreffer hat uns wohl den 18. Tabellenplatz gekostet. Egal, sollte der Sieg herausspringen. Und es ist nur noch ein einziges Gehacke und die Anstrengung, den Abpfiff zu erreichen. Hettwer geht quasi auf dem Zahnfleisch. *Aber so muss das sein.* Nur so kommst du da unten wieder raus. Und dann ist es vollbracht. *Der erhoffte Arbeitssieg ist da.* Natürlich darf der nicht überbewertet werden. Aber er ist da und jetzt gilt es einfach, in jedem Spiel die erforderlichen drei Punkte zu holen. Egal, wer Trainer wird oder ob es Schubert bleibt. Die Mannschaft hat keine Entschuldigungen mehr.

©2021 Nico Herbertz

Palacios zum 3:0

Endstand: MSV Duisburg - VfB Lübeck 3:1 (2:0)

MSV: Weinkauf, Sauer (69. Bitter), Schmidt, Welkow, Sicker, Kamavuaka, Frey (86. Krempicki), Palacios (76. Karweina), Stoppelkamp (76. Ghindovean), Engin (86. Fleckstein), Hettwer

Lübeck: Raeder, Riedel, Okungbowa, Grupe, Rieble (46. Zehir), Mende (46. Hertner), Boland, Thiel (41. Steinwender), Deters, Deichmann (62. Röser), Akono (62. Hebisch)

Tore: 1:0 Sicker (26.), 2:0 Schmidt (45.+3), 3:0 Palacios Martínez (74.), 3:1 Okungbowa (83.)

Gelbe Karten: Frey, Sauer, Karweina - Rieble, Deters

Schiedsrichter: Mitja Stegemann (Bonn)

Zuschauer: Keine

Nach zwei Absagen ist das letzte Spiel der Zebras drei Wochen her. *Was ist seitdem passiert?* Mit Pavel Dotchev und Aziz Bouhaddouz haben wir einen neuen Trainer und einen neuen Spieler. Bemerkenswert dabei ist, dass wir ohne zu Spielen zwei Plätze nach oben gerutscht sind. Damit hat Dotchev ohne aktiven Einsatz an der Seitenlinie schon jetzt das geschafft, was Lettieri in zwölf Spielen nicht gelungen ist. *Aber Spaß beiseite.* Heute geht es gegen Unterhaching und alles andere als ein Sieg ist schlichtweg nicht verhandelbar. Das würde bedeuten, dass wir mit einer großen Wahrscheinlichkeit die Abstiegsränge verlassen würden. Und über etwas Anderes möchte ich auch gar nicht nachdenken. Vor dem Stadion haben sich wieder viele Fans mit dem Auto eingefunden, um das Team hupend zu unterstützen. Ich verweile derweil Zuhause vor PC, Notebook und Tablet. *Warum drei Geräte?* Den PC, um das Spiel zu schauen. Das Notebook, um zu Schreiben und das Tablet zur Videokonferenz mit den üblichen Verdächtigen.

Die ersten Minuten vergehen ereignislos. Ich denke, beide Teams vollen erstmal keine Fehler machen. Aber als ob sie mich gehört hätten, kommt der MSV mit Bouhaddouz über rechts. Schon im Strafraum lässt er seinen Gegenspieler ins Leere rutschen und will zu Engin ablegen. Der erste Versuch scheitert, aber der zweite klappt. Allerdings zu hoch, sodass Engin den Ball nicht unter Kontrolle bringen kann. Aber das hat schon sehr ordentlich ausgesehen. *Weiter so!* Und sie bleiben dran. Stoppelkamp hat halblinks den Ball und lupft diesen in den Lauf von Bouhaddouz. Der geht zehn

Meter, steht alleine vor dem Keeper und legt den Ball links an ihm vorbei rechts neben den Pfosten ins Tor. *Ich will aufspringen und schreien.* Aber die anderen sind acht Sekunden hinter mir. Also zähle ich laut die Sekunden mit, um dann kollektiv mit den anderen zu Jubeln. *Das nenne ich mal einen Traumstart.* Sowohl für uns als auch für Bouhaddouz. Die Gäste reklamieren derweil Abseits. War es aber nicht, weil ein Hachinger gepennt hat. Gut für uns und: *Weiter so!*

Bouhaddouz hat soeben das 1:0 erzielt

Und die Zebras bleiben dran. Nach einem langen Pass kommt Stoppelkamp halbrechts im Strafraum an den Ball. Ich will schon aufspringen, aber die Perspektive täuscht. Statt ins Tor geht der Ball deutlich ins Toraus. Aber die nunmehr ersten fünfzehn Minuten machen mir Mut. Sowohl für heute, als auch für die Zukunft. Aber als hätte ich das nicht sagen dürfen, liegt Bouhaddouz sogleich verletzt am Boden. Ob es ein Tritt des Gegenspielers oder ein Umknicken gewesen ist, lässt sich nicht feststellen. Jedenfalls läuft er etwas unrund. Ich hoffe, dass es nichts Ernstes ist. *Und das Denken vermutlich alle Zebras.* Dann aus dem Nichts der Pass der Hachinger in unsere Spitze. Zwei Zebras orientieren sich falsch und der Hachinger kann den Ball völlig freistehend an Weinkauf vorbei zum Ausgleich einschieben. Das ist jetzt aber wieder ein Rückfall in alte Zeiten, die noch gar nicht so lange her sind. *Scheisse.*

Und die Hachinger nutzen die Gunst des Augenblicks, um sich in der Duisburger Hälfte festzusetzen. *Ärgerlich, weil alles so gut angefangen hat.* Der Versuch Engin zu schicken scheitert, weil der Pass zu lang ist. Wenn ich hier eine Hupe hätte, würde ich diese zwecks Anfeuerung jetzt drücken. Und es wäre auch notwendig, weil der Schwung der Anfangsphase weg ist. Die Hälfte der ersten Halbzeit ist schon deutlich um und wir agieren jetzt extrem destruktiv. Zum Glück für uns macht Haching aus der vermeintlichen Überlegenheit auch nicht viel. *Aber ich beschreie es besser nicht.* Warum Kamavuaka jetzt die Gelbe Karte bekommt, obwohl der Hachinger ihm auf den Fuß tritt, verstehen weder er noch ich noch die anderen in unserer Konferenz.

Noch zehn Minuten bis zur Pause. Es sieht so aus, als ob sich die Zebras wieder etwas offensiver Ausrichten würden. Torchancen springen dabei allerdings nicht heraus. Und wenn es doch nach vorne geht, entledigen wir uns selbst des Balles. Äquivalent dazu gesellen sich hierzu Fehler in der Defensive. Haching kommt zum Schuss … *Pfosten.* Nachschuss … *Tor.* Aber es zählt nicht, weil es Abseits gewesen sein soll. *Ich hege da Skepsis.* In Summe sinkt meine Hoffnung auch wieder, dass es heute zum Sieg reicht und in der Folge zum Klassenerhalt. *Da ist zu viel im Argen.* Und unser Glück ist für heute eigentlich schon aufgebraucht. *Noch fünf Minuten.* Es sieht nach einem Powerplay der Zebras aus. Dafür muss der Ball aber irgendwann auch mal vor das Tor. Aber entweder, wir spielen hinten rum oder die Hereingaben landen beim Gegner. Ich vermute, deren Nerven flattern nicht weniger als meine. Das zeigt sich auch wieder in der Defensive. Ein harmloser langer Ball sorgt dann doch wieder für Gefahr und Weinkauf muss im letzten Moment dazwischengehen. Duisburg versucht es im Gegenzug nochmal aus der Distanz, aber direkt in die Arme des Keepers. Das ist es mit der ersten Halbzeit gewesen.

Die gute Nachricht nach Wiederbeginn: *Bouhaddouz spielt weiter.* Und wir haben auch die erste Strafraumszene, aber der Schuss wird abgewehrt. Hoffentlich hat der Dotchev in der Pause die richtigen Worte gefunden, denn es muss was kommen. *Bevorzugt die Duisburger Führung.* Aber mitunter machen wir uns das Spiel auch selbst wieder schwer, sei es durch Fehlpässe oder unnötige Fouls. Dazu die Gelbe Karte gegen Palacios wegen Meckerns. *Vermutlich.* Jedenfalls total überflüssig. Und Stoppelkamp steht seit seiner Torvorlage völlig neben den Schuhen. Da ist kaum eine Aktion, die nicht dem Gegner einen Vorteil bringt. Und wieder ebbt die anfängliche Drangphase ab und Haching kommt besser auf. Einen Schuss vom Strafraum muss Weinkauf mit den Fingerspitzen zur Ecke lenken. Mittlerweile haben die Gäste mehr Möglichkeiten, um in Führung zu gehen. Zumal sie auch führen müssten, weil der Treffer der Hachinger regulär gewesen ist. Nach einer Stunde haben wir mal wieder die Möglichkeit, per Freistoß aus dem linken Halbfeld den Ball in den Strafraum zu kommen. Der kommt auch dorthin, aber wie erwartet zu einem Hachinger. Auch die zweite Hereingabe wird abgewehrt und die dritte bringt Abstoß. Es ist so anstrengend. Und es bleibt dabei, dass wir uns zu oft selbst in Bedrängnis bringen. Stoppelkamp will mit viel Optimismus direkt spielen, was aber nicht klappt. Und Schmidt muss dann ein taktisches Foul mit Gelber Karte begehen, um den weiteren Angriff zu unterbinden. Vermutlich hilft uns nur ein Geistesblitz, um uns irgendwie auf die Siegerstraße zu bringen. *Oder ein Fehler der Gäste.* Ich bin mir nicht sicher, was wahrscheinlicher ist. *Vermutlich keins von beiden.* In den Moment kommt Bouhaddouz im Strafraum zum Schuss. Aber auch hier ist wieder ein Bein dazwischen. Die folgende Ecke bringt nichts ein.

Noch zwanzig Minuten. Es sieht so aus, als ob Unterhaching nicht mehr will und Duisburg nicht mehr kann. *Oder umgekehrt.* Es folgt der erste Wechsel bei den Zebras, der Tomic bringt und Engin aus dem Spiel nimmt. Und ja, *der Platz ist ein Acker.* Aber sämtliche Unzulänglichkeiten im technischen Bereich damit zu entschuldigen wäre zu einfach. Da haut Frey aus achtzehn Meter einen raus. Der Keeper fliegt … *und hält.* Shit. *Noch fünfzehn Minuten.* Bouhaddouz bekommt an der Strafraumgrenze den Flachpass. Er lupft ihn an und schießt aus der Drehung. *Aber weit drüber.* Mit Krempicki und Pepic für Kamavuaka und Palacios folgt der Doppelwechsel. „*Der Highlander macht das jetzt*", so Björn. Damit meint er *natürlich* Connor Krempicki. Das Spiel wird fortgesetzt und nach einem Pass von Bouhaddouz steht Krempicki im Strafraum vor dem Keeper. Er geht vorbei und … *wartet.* Er lässt den heranspurtenden Verteidiger ins Leere rutschen und schiebt den Ball an einem weiteren Hachinger vorbei ins Tor. *Ich halte mich zurück.* Ich zähle heimlich mit und schreie dann: „*Merket auf!*" Kollektiv bejubeln wir die Führung, mit der ich in der Tat nicht gerechnet habe. Und Björn geht ganz nah an die Kamera und fragt lautstark: „*Was habe ich gesagt? Was habe ich gesagt?*" Angesichts seiner hellseherischen Fähigkeiten leisten wie unsere Ehrdarbietung. Leider sind es noch zehn Minuten.

Zunächst passiert aber nichts Nennenswertes. *So laufen bereits die letzten drei Minuten.* Stoppelkamp will es wieder zu schön machen und verliert den Ball. Mittlerweile ist es die erwartete Abwehrschlacht. An sich gibt es Platz zum Konter, aber wir nutzen ihn nicht. Stoppelkamp geht zur Eckfahne, was an sich nicht verkehrt ist. *Es gibt dann aber Abstoß.* Dotchev wechselt nochmal und bringt Fleckstein für Frey. Es gibt vier Minuten Nachspielzeit. *Warum?* Das mit dem Zeitspiel haben wir auch nicht so wirklich gut drauf, weshalb wir den Gästen immer wieder die Chance bieten, den Ball nochmal nach vorne zu bringen. Und wir pölen einfach immer wieder hinten raus. *Noch neunzig*

Sekunden. Wir haben einen Einwurf und versuchen, diesen erst in einer Minute auszuführen. *Immerhin bleiben wir in Ballbesitz.* Krempicki holt an der linken Eckfahne einen Freistoß raus. *Noch eine Minute.* Wir bekommen einen Einwurf. *Noch fünfzehn Sekunden.* Es gibt noch eine Ecke. *Nein.* Der Schiedsrichter pfeift ab. Kein schönes Spiel, aber dafür ist das Ergebnis so extrem wichtig. Und wir haben zumindest zeitweilig die Abstiegsränge verlassen. Ein schönes Gefühl, dass ich eigentlich nicht mehr hergeben möchte.

Endstand: MSV Duisburg - SpVgg Unterhaching 2:1 (1:1)

MSV: Weinkauf, Bitter, Schmidt, Gembalies, Sicker, Kamavuaka (78. M. Pepic), Frey (90. Fleckstein), Engin (71. Tomic), Palacios (78. Krempicki), Stoppelkamp, Bouhaddouz

Unterhaching: Coppens, Schwabl, Göttlicher, Müller, Turtschan (78. Dombrowka), Fuchs (83. Hufnagel), Stierlin (83. Schröter), Marseiler (56. Mensah), Anspach (83. Grauschopf), Heinrich, Stroh-Engel

Tore: 1:0 Bouhaddouz (9.), 1:1 Anspach (19.), 2:1 Krempicki (79.)

Gelbe Karten: Kamavuaka, Palacios, Schmidt - Müller, Anspach, Stirlin, Heinrich

Schiedsrichter: Steven Greif (Gotha)

Zuschauer: Keine

Heute spielen wir in Lotte gegen Uerdingen. *Klingt komisch, ist aber so.* Den genauen Grund kenne ich eigentlich nicht. Aber ich denke, Uerdingen hat die Stadionmiete an Düsseldorf nicht gezahlt. Es klingt schon lächerlich. *Ist es vermutlich auch.* Nachdem gestern alle Vereine für uns gespielt haben, könnten wir uns heute mit einem Sieg von den Abstiegsplätzen hieven. *Aber wir wissen, was das bedeutet.* So vergehen die ersten fünf Minuten ereignislos. Der erste Angriff der Uerdinger bringt eine Ecke. In dem Moment bringt Thomas zur Sprache, dass wir bei einem Sieg Vierzehnter wären. Der Eckball kommt, Kopfball und Tor. *Muss das sein?* Thomas Entschuldigung folgt prompt. Und Uerdingen setzt nach und mit etwas Glück überstehen wir diese chaotische Phase. Björn weist mich darauf hin, dass ich gar kein Trikot trage. *Ups*, denke ich. *Vergessen.* Ich ändere diesen Zustand sofort und ob Zufall oder nicht, aber die Zebras kommen besser ins Spiel. Erst wird Stoppelkamps Schuss abgewehrt und Bouhaddouz Drehschuss landet beim Keeper. *Jetzt sind es die Zebras, die dranbleiben.* Der nächste Schuss kommt aufs Uerdinger Tor und der Keeper muss sich schon ordentlich strecken, um den Ball abzuwehren.

Zwanzig Minuten sind um das Spiel ist jetzt weitestgehend ausgeglichen. Mit etwas Glück hätte es auch schon 1:1 stehen können. Derweil spricht der Reporter von optimalen Bedingungen. Damit kann er aber nicht den Platz meinen, der auch nicht besser als unser eigener ist. Und prompt hat selbiger Einfluss auf das Spiel, da ein vielversprechender Angriff des MSV durch einen Fehlpass beendet wird. *Vielleicht sollte ich das Trikot wieder ausziehen.* Mittlerweile ist die Hälfte der ersten Halbzeit um. Nach einem Pass in unserem Strafraum herrscht kurzfristige Orientierungslosigkeit in unserer Defensive. Letztendlich gibt es wieder eine Ecke. Auch die kommt gefährlich an den kurzen Pfosten. *Der jetzige Kopfball geht aber drüber.* Auf der Gegenseite will sich der MSV in den Krefelder Strafraum kombinieren. Der letzte Pass ist aber eher ein Schuss Richtung Eckfahne, wie überhaupt die Pässe Richtung Bouhaddouz noch stark nachjustiert werden müssen. In Summe ist es aber kein langweiliges Spiel, da beide Mannschaften schnell nach vorne wollen.

Noch fünfzehn Minuten. Die Zebras schaffen es in den Krefelder Strafraum, kommen aber nicht zum Abschluss. Der Ausgleich wäre alles andere als unverdient. Letztendlich führt Uerdingen nur, weil wir bei der Ecke gepennt haben. Na gut, das ist im Fußball nicht selten der Grund zur Entscheidung eines Spiels. Nach einer Ecke versuchen wir erneut den Ball aufs Tor zu bringen. *Vergeblich.* Immerhin gibt es halbrechts einen Freistoß für uns. Stoppelkamp schickt sich an, den Ball in die Mitte zu bringen. Er bringt ihn aber nicht in den Strafraum, sondern zieht den Ball an der Zweimannmauer vorbei direkt aufs Tor. Und nicht nur das. *Der Ball geht rein.* Ich bin derart überrascht, dass ich mir beim Hochreißen der Arme eine Muskelverletzung im Schulterbereich hole. *Hätte ich mich echt warmmachen müssen?* Jedenfalls ist der Ausgleich da und die Zebras sind mittlerweile das Spiel bestimmende Team. Dennoch wäre ich zufrieden, wenn es mit dem Unentschieden in die Pause geht. Es laufen bereits die letzten zwei Minuten. *Sicker setzt zum Sprint an.* Der Ball kommt zu Stoppelkamp, der auf Palacios ablegt. Der geht ein paar Schritte und zieht kurz vor dem Strafraum ab. Der Ball geht an den linken Innenpfosten und ... *ins Tor.* Ich schreie es heraus. *JAAAA!* So ist es natürlich *noch* besser, auch wenn ich nach den ersten Minuten nicht mit einer Führung zur Pause gerechnet hätte. Aber ich lasse mich natürlich auch gerne positiv überraschen. *Und noch ist nicht Pause.* Der MSV bekommt noch eine Ecke zugesprochen. Stoppelkamp bringt den Ball in die Mitte. Bitter verlängert und ein Uerdinger will per Kopf klären. Er avisiert aber das kurze Eck an und sein eigener Keeper muss eingreifen und lenkt den Ball gegen den Pfosten. *Schade.* 3:1 zur Pause wäre natürlich der Oberknaller gewesen. So geht es aber dennoch mit einer Führung in die Pause. *Haben wir diese Saison eigentlich schon mal eine Partie gedreht?*

In der Halbzeitpause ist Ivo Grlic Gesprächspartner bei Magentasport. Und er macht keinen Hehl daraus, was er davon hält, dass ein Spiel zweier Mannschaften, deren Stadien fünfzehn Kilometer voneinander entfernt liegen, in Lotte stattfindet. Mit dieser Meinung steht er sicher nicht alleine da. Und wenn es nach mir ginge, müsste der Schiedsrichter erst gar nicht wieder anpfeifen. Mittlerweile ist auf diesem Globus zwar viel möglich, aber ein Fußballspiel ohne zweite Halbzeit gibt es nicht. *So rollt der*

Ball wieder. Den ersten Schuss gibt Krempicki ab, der aber über die Tribüne geht. *Was in Lotte aber auch nicht schwer ist.* Auch der zweite Angriff kommt von den Zebras und die Idee von Stoppelkamp mit dem Querpass ist auch gut. Aber Engin kommt nicht dran oder er hat nicht aufgepasst. Egal. *Weitermachen.* Überhaupt sieht die Spielanlage jetzt echt nach Fußball aus. Da wird sowohl schnell als auch direkt gespielt. Leider bleibt der letzte Pass aus. *Zehn Minuten sind schon wieder um.* Natürlich bin ich froh, dass die Ursache meiner Nervosität in unserer Führung liegt. Andererseits hoffe ich auch, dass die Angst vor dem möglichen Ausgleich durch einen Ausbau der Führung minimiert werden kann. Dafür müsste aber eine der vielen Möglichkeiten zum Kontern genutzt werden. Die Zebras ziehen sich so nach einer Stunde wieder eine Spur zu weit zurück.

Und als hätten sie mich gehört, legt Engin den Ball nach links. Von der Grundlinie kommt der Ball in die Mitte und fliegt einen Meter von der Torlinie entfernt parallel zur selbigen an allen vorbei auf die andere Seite. So bleibt es spannend. *Schade.* Ich muss sicher nicht explizit darauf hinweisen, dass so ein dritter Sieg in Folge und das Verlassen der Abstiegsränge extrem wichtig und geil wäre. Aber noch sind es fünfundzwanzig Minuten. Uerdingen spielt in Verbindung mit Eckbällen jetzt Powerplay. Mehrfach kommt der Ball in den Strafraum und mehrfach muss der Ball mit vereinten Kräften vom Tor ferngehalten werden. Zum Glück spielt ein Uerdinger den Ball dann selbst ins Toraus. Eine kleine Schreckminute folgt, als Weinkauf behandelt werden muss. Die Zebras nutzen das zum ersten Wechsel, durch den Tomic Engin ersetzt. *Und Weinkauf kann weiterspielen.* Es bleibt zunächst aber dabei, dass Uerdingen sich in unserer Hälfte festsetzt und wir es nicht schaffen, kontrolliert anzugreifen.

Noch fünfzehn Minuten. Zwischenzeitlich haben wir uns auch mal wieder vor dem Uerdinger Tor blicken lassen. Allerdings ohne den gewünschten Treffer. Auf der Gegenseite jetzt wieder Uerdingen. Die schießen von der Strafraumgrenze und ich halte die Luft an. Weinkauf streckt sich und kann sich ganz langmachend den Einschlag verhindern. *Meine Nerven.* Die sollen einfach das 3:1 machen und gut ist. Zum Glück haben wir den besten Keeper der dritten Liga. Irgendwie schaffen es die Zebras dann aber das Tempo aus dem Spiel zu nehmen. Sowohl aus dem des Gegners als auch aus dem eigenen. Völlig überrascht stelle ich fest, dass es nur noch acht Minuten sind. *Für Palacios kommt Pepic.* Und wir haben Glück, dass der Abpraller nach dem Duisburger Versuch eines Befreiungsschlages im Abseits Uerdingens endet. Der stand nämlich frei vor Weinkauf. Aber das scheint das Signal für die Krefelder zu sein. Die hauen jetzt nochmal alles nach vorne und wieder brennt es lichterloh in unserem Strafraum. Irgendwie bekommen wir den Ball aber raus und können sogar einen

Konter starten. An dessen Ende steht Bouhaddouz halblinks vor dem Keeper, an dem er dann auch scheitert. Die Ecke bringt nicht mal Zeitspiel ein. *Noch drei Minuten.* Bitter setzt sich rechts durch und zieht in den Strafraum. *Mach es!* Es will aus spitzem Winkel den Ball am Keeper vorbeilegen, scheitert aber an dessen Fuß. Für Frey kommt Fleckstein ins Spiel und die neunzig Minuten sind um. *Uerdingen zieht aus der Distanz ab.* Der Schuss wird abgefälscht und es gibt Ecke. *Vier Minuten gibt es oben drauf.* Und es gibt nach gefährlichem Spiel von Sicker an der Strafraumgrenze nochmal einen Freistoß für Uerdingen. Der kommt flach und Weinkauf wehrt zur Seite ab. Der Ball kommt zurück in die Mitte und der nächste Versuch der Uerdinger geht drüber. *Ich schmelze.* Die letzte Minute läuft. *Warum steht der Uerdinger da plötzlich frei vor Weinkauf?* Er wird bedrängt, bringt den Ball aber aufs Tor. *Das ist der Ausgleich.* Nein. *Warum nicht?* Weil Weinkauf sein Bein ausfährt und den flach hoppelnden Ball an der Überquerung der Torlinie hindert. *Der Typ ist einfach nur geil.* Schade, dass er nächste Saison nicht mehr für uns spielen wird. *Aber noch ist das Spiel nicht beendet.* Wieder kommt der Ball hoch in den Strafraum und wieder ist Weinkauf da und hält den Ball sicher fest. Und damit auch den Sieg, denn der Schiedsrichter beendet das Spiel. *Wir haben es tatsächlich geschafft.* Drei Siege in Folge und runter von den Abstiegsplätzen. Schön für heute, aber am Mittwoch geht es mit dem Nachholspiel in Saarbrücken sogleich weiter. Da wäre ein Punkt vermutlich schon ein Erfolgserlebnis.

Endstand: KFC Uerdingen - MSV Duisburg 1:2 (1:2)

Uerdingen: Jurjus, Traoré, Lukimya, Fechner, Dorda, Wagner (75. Kobiljar), Gnaase (55. Grimaldi), Kinsombi (60. Anapak), van Ooijen, Marcussen (60. Pusch), Kiprit (60. Feigenspan)
MSV: Weinkauf, Bitter, Schmidt, Gembalies, Sicker, Krempicki, Frey (90. Fleckstein), Engin (69. Tomic), Palacios (83. M. Pepic), Stoppelkamp (90. Scepanik), Bouhaddouz
Tore: 1:0 Lukimya (6.), 1:1 Stoppelkamp (38.), 1:2 Palacios Martínez (44.)
Gelbe Karten: Keine
Schiedsrichter: Christian Dingert (Lebecksmühle)
Zuschauer: Keine

3. März 2021 - 23. Spieltag (Nachholspiel)
1. FC Saarbrücken - MSV Duisburg

Weil heute auch Viertelfinalspiele des DFB-Pokals stattfinden, beginnt unser Spiel in Saarbrücken bereits um 17h. Normalerweise muss ich mittwochs immer bis 18h arbeiten, weshalb ich meinen Dienst extra getauscht habe. Ich hoffe, die Zebras wissen das zu schätzen und belohnen mich mit einem Punktgewinn. *Mindestens.* Aber auch *das* dürfte bereits schwer genug werden, auch wenn unsere Brust nach drei Siegen in Folge schon sehr breit sein dürfte. Allerdings sind Saarbrücker auch ganz gut drauf, was uns im Grunde aber nicht interessieren darf. Heute schaue ich mir das Spiel zusammen mit Andrea an, derweil die üblichen Verdächtigen per Videokonferenz zugeschaltet sind. Kurz vor dem Spiel etwas Statistik: *Betrachten wir nur die drei letzten Spieltage, dann sind wir Tabellenführer.* Und das vor dem heutigen Gegner. Und wir spielen sowohl mit der gleichen Aufstellung als auch wieder in den gleichen gelben Trikots. Also neben *Never Change a winning team* auch *Never change a winning shirt.*

Der erste Verbindungscheck ergibt, dass wir ca. dreißig Sekunden vor den anderen sind. Und dass unsere Videokonferenz auch gute zehn Sekunden zeitverzögert ist. Nun gut, vielleicht müssen wir uns beim Torjubel etwas gedulden. *Verbreiten wir mal sowas wie Optimismus.* Die ersten fünf Minuten sind dann ereignislos. Vielleicht schauen beide Teams erstmal, was der Gegner denn so vorhat. Oder sie versuchen sich an den Rasen zu gewöhnen, der auch nicht besser als unser eigener ist. Ich bin dann auch überrascht, als Bouhaddouz plötzlich auf den Keeper zurennt, den Ball vorbeilegt, selbigen dann aber nicht auf das Tor bringt. *Aber wir setzen nach.* Engin ist im Strafraum und hat aus halbrechter Position die Möglichkeit zum Schuss. Unserer Empfehlung, den Ball unten links flach zu setzen ignoriert er leider und er schießt mittig genau auf den Keeper. Wenn ich es positiv ausdrücke, dann sind wir bisher das überlegene Team. Kaum spreche ich es aus, läuft ein Saarbrücker auf Weinkauf zu. Der steht schon fast am Sechzehner und lässt sich quasi auf die Brust schießen. Ich denke erneut jetzt schon mit Wehmut an seinen Abgang. Und dazu führt diese Szene noch zu einem direkten Konter über Engin. Der geht über rechts und legt rüber zu Bouhaddouz und der weiter zu Stoppelkamp. Dessen Schuss kann der Keeper abwehren und Engin den Abpraller nicht verwerten. *Schade.* Und die Szene beweist, dass wir zwischenzeitlich wieder in der Lage sind, auch vorne Gefahr zu verbreiten. Da haben wir in dieser Saison schon ganz andere Spiele gesehen.

Zwanzig Minuten sind um. Mittlerweile hat sich das Spiel wieder beruhigt, wobei es vorher jetzt nicht wirklich temporeich gewesen ist. Und wieder habe ich kaum diesen Satz notiert, geht Bouhaddouz über rechts in den Strafraum. In der Mitte steht Palacios, aber er macht es selbst. *Und er scheitert am Keeper.* Wieder eine Möglichkeit, die mehr Ertrag hätte bringen können. Aber ich bleibe dabei, dass wir als Gast bisher ein ganz gutes Spiel abliefern. Auch die nächste Szene gehört den Zebras. Stoppelkamp hält den Ball locker zweimal hoch, bevor er zum Schuss ansetzt. Das ist dann aber doch nur eine Rückgabe. Hier wäre der Pass per Hacke weiter nach links vielleicht die bessere Option gewesen. *Eine halbe Stunde ist um.* Die Zebras machen das echt gut und setzten sich wieder im Saarbrücker Strafraum fest. Sie gehen auf den Mann und erkämpfen sich verlorengegangene Bälle wieder. Einziges Manko: *Es reicht nicht für eine Torchance.* So vergehen weitere Minuten, in denen jetzt Saarbrücken etwas mehr von Spiel hat. Mittlerweile sind es nur noch fünf Minuten bis zur Pause. Ich denke, ein torloses Unentschieden zur Halbzeit wäre ok, wenn nicht gar etwas glücklicher für die Gäste. Da kommt der Flachpass der Saarbrücker in den Strafraum, der Ableger mit der Hacke und der Flachschuss unten links ins Tor. *Hätte ich doch einfach mal die Fresse gehalten.* Im Gegenzug geht dann tatsächlich Bouhaddouz über links nochmal in den Strafraum. Aus spitzem Winkel trifft er aber nur den Keeper. Es folgt der Halbzeitpfiff und die Erkenntnis, dass Fußball noch immer ein Ergebnissport ist.

Ich habe die ersten fünf Minuten der zweiten Halbzeit unkommentiert verstreichen lassen. Es sieht jetzt nicht so aus, als wären die Zebras großartig geschockt und als ob sie das bisherige Konzept über den Haufen werfen würden. *Im Gegenteil.* Jetzt kommen die Zebras über links und der Querpass in die Mitte. Da steht Stoppelkamp völlig frei und er macht ihn rein. Geistesgegenwärtig tun Andrea und ich so, als ob wir eine Riesenchance vertan hätten. Um dann mit den anderen kollektiv den Torjubel zu begehen. *Ist das geil.* Und nur Sekunden danach schludert die Saarbrücker Abwehr.

Palacios kommt an den Ball, scheitert mit dem schwächeren linken Fuß aber am Keeper. Das wäre auch zu viel des Guten gewesen, wenn wir binnen weniger Tage innerhalb von Minuten zwei Spiele drehen könnten. *Schlecht wäre es trotzdem nicht.* Aber so ein 1:1 kurz nach der Pause, nachdem wir kurz vor der Pause in Rückstand gegangen sind. *Bitte so weitermachen.* Zumal das Hinspiel nach wie vor in keiner guten Erinnerung ist.

Eine Stunde ist um. Irgendwie scheinen mir die Duisburger zu sorglos und zu weit weg vom Gegner. So kommt Saarbrücken zum Schuss. Schmidt steht zu weit weg und Weinkauf ist machtlos, als der Ball unten rechts einschlägt. *Jetzt echt?* Das ist wieder diese unnötige Motivierung des Gegners. Fünf Minuten danach wechselt Dotchev zum ersten Mal, dafür aber dreifach. Für Bouhaddouz, Krepmicki und Palacios kommen Ademi, Pepic und Mickels. Aber zunächst greifen die Saarbrücker an. *Warum rennen denn vier Mann auf den Ballführenden?* Der spielt entsprechend ab, wodurch im Sturmzentrum ein anderer freisteht. Der bekommt auch den Ball und netzt zum 3:1 ein. *Och, nö!* Die führen so deutlich und wissen selbst nicht, warum. *Doch.* Weil wir uns nach einem eigentlich guten Spiel jetzt plötzlich wieder zu viele Fehler leisten. Dann bietet sich Ademi die Chance, weil der Saarbrücker Keeper einen langen Ball nicht festhalten kann. Er kann ablegen, macht es aus der Drehung dann aber selbst und verfehlt das Tor weit. Und im Gegenzug sind die Saarbrücker mental fitter, stehen mit zwei Pässen vor Weinkauf und machen das 4:1. Ok, das ist jetzt heftig. *Wie ist das möglich, dass die binnen Minuten derart auseinanderfallen?* Wir machen den Ausgleich, waren kurz vor der Führung und dann das. Also, *der* Stachel sitzt jetzt tief. Und gleichzeitig hat das auf einen Schlag auch wieder sehr negative Auswirkungen auf das Torverhältnis.

Noch sind es fünfzehn Minuten. Stellt sich die Frage, wie die über die Zeit gebracht werden sollen. Dotchev wechselt nochmal doppelt und bringt Tomic und Fleckstein für Frey und Stoppelkamp. Ich denke, die Intention ist klar. Keiner von beiden muss sich jetzt noch auspowern oder verletzen, damit sie am Samstag gegen 1860 fit sind. An sich geht es jetzt nur noch darum, den Schaden nicht noch größer werden zu lassen. Zum Glück macht Saarbrücken mit und vergibt die nächste klare Chance zum 5:1. Das wäre auch viel zu hoch. Das 4:1 ist schon zwei Tore zu hoch. Aber, und ich werfe bildlich den Euro ins Phrasenschwein, so ist der Fußball. Das 1:2 hat uns letztendlich das Genick gebrochen. Aber: *Mund abwischen und weitermachen.*

Endstand: 1. FC Saarbrücken - MSV Duisburg 4:1 (1:0)

Saarbrücken: Batz, Barylla, Zellner, Zeitz, Breitenbach, Jänicke (72. Perdedaj), Kerber, Sverko (72. Uaferro), Günther-Schmidt (77. Schleimer), Shipnoski (57. Froese), Gouras (72. Mendler)

MSV: Weinkauf, Bitter, Schmidt, Gembalies, Sicker, Krempicki (66. Mickels), Frey (75. Fleckstein), Engin, Palacios (66. Ademi), Stoppelkamp (75. Tomic), Bouhaddouz (66. Pepic)

Tore: 1:0 Günther-Schmidt (44.), 1:1 Stoppelkamp (52.), 2:1 Froese (60.), 3:1 Gouras (67.), 4:1 Gouras (71.)

Gelbe Karte: Sicker

Schiedsrichter: Tobias Reichel (Stuttgart)

Zuschauer: Keine

Vor dem Spiel gegen Saarbrücken habe ich gesagt, dass ich mich mit zwei Punkten aus den nächsten zwei Spielen anfreunden könnte. Jetzt, da das nicht mehr möglich ist, müssen es eben drei Punkte werden. Leicht wird das aber nicht, weil der heutige Gegner deutliche Ambitionen in Richtung Aufstieg hat. Aber das darf nicht in den Köpfen unserer Spieler sitzen. Auch nicht, dass wir in Saarbrücken eine Stunde lang ein hervorragendes Auswärtsspiel gemacht haben und dann aus unerklärlichen Gründen komplett in unsere Einzelteile zerfallen sind. Es wäre von Vorteil, *wenn nicht gar essenziell,* wenn das heute ausbleiben würde. Da das Spiel im dritten Programm des Bayerischen Rundfunks übertragen wird, sind wir in unserer Konferenz heute zeittechnisch auf der gleichen Welle. Aufstellungstechnisch gibt es mit Sauer und Kamavuaka zwei Rückkehrer, weshalb Krempicki und Bitter aus der Startelf weichen müssen. Bitter ist nicht mal im Kader.

Auch heute vergehen die ersten fünf Minuten ereignislos. Am beeindruckendsten sind da wieder die hupenden Fans vor dem Stadion. Immerhin habe ich nicht den Eindruck, dass München uns von Anfang an überrennen will. *Und später hoffentlich auch nicht.* Nach zehn Minuten muss sich Weinkauf nach einem Schuss von der Strafraumgrenze aber strecken, um den Einschlag zu unterbinden. Unterbinden muss dann auch der Schiedsrichter das Spiel, weil Sauer den Ball im Nachschuss voll vor die Rübe bekommt. Glück für uns, denn Mölders stand nicht im Abseits. Und in der Folge ist es jetzt *doch* so, dass München mehr Ballbesitz hat. Warum der fallende Spieler der Löwen dann aber den Freistoß zwanzig Meter mittig vor dem Tor bekommt, weiß nur der Schiedsrichter. Da kann ich Kamavuakas Unmut verstehen. Der Freistoß geht aber klar über das Tor. Zwischenzeitlich habe ich es auch geschafft, Zebra-fm zu aktivieren und zu meiner Überraschung ist der Ton nahezu zeitgleich mit dem TV-Bild. So muss ich das Gesülze des bayerischen Reporters nicht ertragen. *Dann lieber den Kommentar von Marc Zeller durch die Zebrabrille.* Mittlerweile sind zwanzig Minuten um. Auch der nächste Angriff gehört den Sechzigern, an dessen Ende die Direktabnahme eines Löwen steht, die neben das Tor geht. Die Zebras tun sich derzeit schwer, weil die Gäste echt früh angreifen. Und wenn sie mal nach vorne kommen, können sie den Ball nicht festmachen. Ob Bouhaddouz nach seinem ersten Foul auch sogleich die Gelbe Karte bekommen muss, sei mal dahingestellt.

Es dauert bis zur 27. Minute, bis Bouhaddouz den ersten Schuss auf das gegnerische Tor absetzt. Ich bleibe aber ruhig, weil der Ball direkt auf den Keeper kommt. Immerhin nehmen wir wieder etwas mehr am Spiel teil. Jetzt mit dem langen Pass in Richtung Bouhaddouz. Der geht in den Strafraum, kommt aber den berühmten Schritt zu spät, um den Ball am Keeper vorbeispitzeln zu können. In Summe wird das Spiel des MSV besser und die sich anbiedernde Überlegenheit der Gäste kann wieder unterbunden werden. Aber die Löwen stehen hinten auch sehr gut organisiert, weshalb wir nicht wirklich zum Abschluss kommen. Und kaum spreche ich es aus, greifen die Löwen an. Engin muss knapp vor dem Strafraum Foul spielen, um größeres Unglück zu unterbinden. Komisch, dass es hier keine Gelbe Karte gibt und gut, dass der Freistoß vorbei geht. Im Gegenzug kann sich Engin auf der rechten Seite gut durchsetzen, es reicht aber nur für eine Ecke. Die kann nicht genutzt werden und der Gegenangriff läuft. Letztendlich kommen sie Sechziger zum Abschluss, aber der Ball geht neben das Tor. Und das ist der Unterschied zwischen beiden Teams. Die Löwen haben Abschlüsse, derweil wir nur die guten Ansätze haben. Zumindest steht es noch 0:0, um meine Einschätzung der Sachlage auf das Wesentliche zu reduzieren.

Noch fünf Minuten bis zur Pause, auch wenn es laut Zebra-fm nur noch drei Minuten sein sollen. Mittlerweile haben die Zebras das Spiel weitestgehend im Griff. Sicker geht über links in den Strafraum und will in die Mitte flanken. Er trifft den Ball aber nicht richtig und es gibt Abstoß. Es bleibt dabei, dass die Zebras sich gut in den Strafraum bringen, aber keine Chancen kreieren können. Auch Stoppelkamps Schuss nach Ableger von Palacios geht drüber. So geht das Unentschieden irgendwie in Ordnung. Wir haben zwar mehr vom Spiel, München aber die klareren Möglichkeiten. Mit diesem Fazit geht es dann auch in die Pause.

Den ersten Freistoß nach Wiederbeginn gibt es für München. Wir fangen den Ball aber ab und starten den Konter, der eine Ecke einbringt. *Die selbst dann aber nichts.* In

Gänze macht der MSV vieles richtig. Leider nicht in den entscheidenden Momenten. Wenn es darum geht, den Ball punktgenau ins Sturmzentrum zu bringen. In dem Moment kommt der lange Ball in Richtung des Münchener Strafraum. Zwar nicht punktgenau, weil der Münchener eigentlich eher am Ball ist. Aber Bouhaddouz setzt sich durch, kommt zwischen Ball und Gegner und wird dann im Strafraum umgerissen. *Es gibt den Elfmeter.* Und dazu noch die Rote Karte gegen den Münchener. Schlagartig steigt der Adrenalinpegel, denn es sieht nach einem großen Vorteil für uns aus. Zum einen Überzahl und zum anderen der Strafstoß. Der ist aber noch nicht drin und vor der Ausführung wechseln die Löwen noch. Derweil wartet Stoppelkamp mit den Händen in den Hüften. Dann wird der Ball freigegeben und Stoppelkamp … *vollendet halbhoch in die rechte Seite, derweil der Keeper nach links fliegt.* Dank der zeitgleichen Übertragung können wir kollektiv den Jubelschrei verbalisieren.

Elfmeter Stoppelkamp? *Formsache!*

In der Folge hat der MSV das Spiel zunächst unter Kontrolle, aber die Löwen schütteln sich. Nach einem langen Pass muss Sicker zusammen mit Gembalies den Münchener Konter unterbinden. Es gibt die Gelbe Karte gegen Sicker und Freistoß für München. *Das ist beides korrekt.* Zwar fordern die Löwen auch die die Rote Karte, was aber auch mit Vereinsbrille unberechtigt wäre. *Der Freistoß wird ausgeführt.* Er kommt hoch an den zweiten Pfosten. Kamavuaka springt hoch und kommt nicht dran. *Oder er bricht ab.* Jedenfalls kommt München zum Kopfball. *Der ist drin.* Aber irgendwie kommt Weinkauf mit dem Arm dran. Der Ball springt nach oben und senkt sich auf das Tornetz. *Meine Fresse.*

Mittlerweile läuft die 65. Minute und es ist wie so oft im Fußball. *Das Team in Unterzahl macht das Spiel.* Die Zebras lassen sich zu oft hinten reindrängen und verlassen sich irgendwie auf gelegentliche Konter. Das wäre nicht verkehrt, wenn diese ordentlich ausgespielt und das 2:0 bringen würde. *Das passiert aber nicht.* Da fasst sich Palacios ein Herz, geht ein paar Meter durchs Mittelfeld und zieht kurz vor dem Strafraum ab. *Aber der Keeper kann abwehren.* Es wäre gut für meine Nerven, wenn wir eine dieser Chancen nutzen würden. So sinke ich bei jedem Angriff der Löwen in meinen Sessel. *Das werden noch lange zwanzig Minuten.* Ich hoffe, dass den Gästen bald die Luft ausgeht. Oder dass wir den zweiten Treffer nachlegen. In der 73. Minute folgt der erste Wechsel bei den Zebras und Tomic kommt für Engin. Kurz danach versucht es Kamavuaka aus der Distanz. Der Ball geht zwar links neben das Tor, aber vermutlich knapper, als es sich der Münchener Keeper gedacht hat. *„Es gibt Überlieferungen, dass solche Dinger vom Keeper auch schon mal falsch eingeschätzt worden sind"*, so Marc Zeller. *Heute allerdings nicht.* Scheisse, dass sich Palacios kurz danach an den hinteren Oberschenkel greift. Das schreit nach einem Muskelfaserriss und vier bis sechs Wochen Pause. Wenn es denn *nur* ein Muskelfaserriss ist. *Bei unserem Glück ist es schlimmer.* Für ihn kommt Krempicki ins Spiel. *Ich muss mir ein zweites Bier holen.* Natürlich aus rein medizinischen Gründen. Das ist nervlich doch sonst nicht zu ertragen.

Noch zehn Minuten. München kommt nochmal nach einem Freistoß. Aber erst klärt Volkmer im letzten Moment und dann kann Weinkauf den zweiten Ball abpflücken. Und Bouhaddouz ist für mich der Knaller, was die Ballkontrolle angeht. Der kann angespielt werden und den Ball so behaupten, bis der einen Freistoß bekommt. Der MSV hat jetzt eigentlich alles im Griff, spielt manchmal aber eine Spur zu lässig. So bleibt die latente Angst vor dem Ausgleich mehr als eine Bedrohung am Horizont. Allerdings steht es zwei Minuten vor dem Ende noch immer 1:0. Im Mittelfeld gibt es nochmal einen Freistoß für München. Eigentlich hat es nur zwei Szenen gegeben, die mir seit der Führung Angst bereitet haben. *Aber dennoch ist der Ausgleich noch immer möglich.* Am Ende der neunzig Minuten kommen Fleckstein und Scepanik für Frey und Stoppelkamp. *„Einzeln wechseln"*, fordert Björn. *Ich stimme ihm zu.* Mittlerweile läuft die Nachspielzeit. Keine Ahnung, wie lange es noch gehen soll. Mittlerweile sind es schon drei Minuten. Und weil es nur drei zusätzliche Minuten gibt, pfeift der Schiedsrichter ab. Da ist doch mal das ganz große Durchatmen angesagt. *„Noch siebzehn Punkte bis Platz Drei"*, so Björn. Ein Scherz, *aber egal.* Wir sind Dreizehnter mit steigender Tendenz. Scheisse ist natürlich die Verletzung von Palacios. Aber vielleicht dauert es bis Vermeijs Rückkehr nicht mehr so lange. Dann hätten wir zusammen mit Bouhaddouz echt zwei Leute, die wissen wo das Tor steht. Am Ende jedenfalls muss der Klassenerhalt stehen. Und wenn es geht, dann nicht erst am letzten Spieltag. Und da fällt mir auf: *Wir haben beide Spiele gegen die Löwen gewonnen.* Und das ohne Gegentreffer. *Wahn-sinn.* Außerdem stelle ich fest: *Drei Punkte sind besser als zwei.*

Endstand: MSV Duisburg - 1860 München 1:0 (0:0)
MSV: Weinkauf, Sauer, Volkmer, Gembalies, Sicker, Frey (90.+1 Fleckstein), Kamavuaka, Engin (74. Tomic), Palacios (76. Krempicki), Stoppelkamp (90. Scepanik), Bouhaddouz
München: Hiller, Willsch, Erdmann, Salger, Steinhart, Dressel, Lex, Tallig (89. Durrans), Greilinger (52. Belkahia), Biankadi (73. Staude), Mölders
Tor: Stoppelkamp (53., FE)
Gelbe Karten: Bouhaddouz, Sicker, Kamavuaka, Tomic - Steinhart
Rote Karte: Erdmann
Schiedsrichter: Patrick Kessel (Norheim)
Zuschauer: Keine

Vor einem Jahr mussten wir Julias Feier zum 18. Geburtstag coronabedingt absagen. Da aber unserer Tochter auch so ziemlich der ganze Spaß um ihr Abitur genommen wird, wollen wir die Feier zum diesjährigen Geburtstag nicht auch schon wieder absagen. Um uns an die Vorgaben halten zu können, begann der heutige Tag bereits um 9h30 mit der Familie der einen Seite. Jetzt ist es kurz vor Spielbeginn und ich habe aufräum- und vorbereitungstechnisch ein Zeitfenster, bevor um 17h die Gäste der anderen Familienseite kommen. Und dieses Zeitfenster nutze ich natürlich, um mir das Spiel der Zebras in Köln anzusehen. Und es ist sogleich das Spiel unseres neuen Trainers gegen seinen Ex-Klub. Dazu kommt, dass die Niederlage in Köln in der letzten Saison auch ausschlaggebend für den Nichtaufstieg war und dass wir im Hinspiel trotz Führung verloren haben. Mit einem weiteren Sieg könnten wir uns heute noch deutlicher aus der Abstiegszone entfernen. Im Grunde könnte ich mich aber durchaus mit einem Punkt anfreunden.

Habe ich letzte Woche nicht gesagt, dass es bei Palacios bestimmt nicht nur ein Muskelfaserriss ist? So ist es tatsächlich ein Bündelriss und es besteht die Gefahr, dass die Saison für ihn beendet ist. Aber nicht nur der Ausfall von Palacios sorgt dafür, dass sich die Startelf grundlegend verändert. So stehen heute auch Pepic, Krempicki, Bitter und Tomic in der Startelf. Dafür sitzen Engin, Kamavuaka und Sauer zunächst auf der Bank. Warum Mickels nicht mal im Kader ist, *keine Ahnung.* Und ich bin auch skeptisch, ob diese umfangreiche Rotation eine weise Entscheidung ist. Dass ich die ersten Minuten des Spiels dann doch verpasse liegt daran, dass ich nochmal zu Netto muss, um ein paar doch noch fehlende Dinge zu kaufen. Ich verpasse aber gar nichts, weil das Spiel schon nach acht Minuten wegen eines Hagelschauers unterbrochen wird. Aber kaum nehme ich vor dem Monitor Platz, wird das Spiel wieder angepfiffen. Ich denke, wir spielen heute auch in den schwarzen Trikots, weil wir in Gelbrot zuletzt in Saarbrücken derbe unter die Räder gekommen sind. Oder der MSV will nicht, dass der Kommentator wieder einen Monolog darüber führt, ob es sich bei den beiden Farben um die der Stadt Duisburg handelt.

Ich schalte mich dann auch in die Videokonferenz zu Björn und Thomas, wobei ich tendenziell immer auf dem Sprung bin, um irgendwelche Dinge zu erledigen. Auf dem mit Graupel bedeckten Rasen passiert jetzt nicht übermäßig viel. Beide Teams wollen ihre Linie finden, wobei die Kölner da den etwas engagierteren Ansatz haben. *Zwanzig Minuten sind um.* Es passiert echt so gut wie nichts, was den objektiven Zuschauer sicher in die Langeweile treibt. Aber da kaum objektive Zuschauer dieses Spiel verfolgen, ist für uns das Ergebnis von primärer Bedeutung. Und das ist mit 0:0 im Bereich der minimalen Akzeptanz. Mehr gibt es zum Spiel der Zebras nicht zu sagen, weil nach vorne fast nichts geht und hinten schon die eine oder andere Sorglosigkeit vorhanden ist. Gerade überschreiten wir die Hälfte der ersten Halbzeit, als die Kölner den Ball von der rechten Seite hoch und weit in unseren Strafraum schlagen. Der Ball ist ewig in der Luft und erreicht am zweiten Pfosten einen völlig freistehenden Kölner. Der kann ohne Gegenspieler direkt abnehmen und den Ball versenken. Und schon stelle ich die nächste Sorglosigkeit in unserer Defensive fest. *Wie kann der da so völlig frei zum Abschluss kommen?* Und auch in der Folge habe ich nicht den Eindruck, dass die Zebras die Schlagzahl erhöhen wollen. *Oder sie können es nicht.*

Eine halbe Stunde ist um. Immerhin versuchen die Zebras jetzt, den Weg nach vorne zu suchen. Aber mehr als zwei flache Hereingaben direkt zum Gegner springen nicht heraus. Dazu habe ich große Sorge, dass wir sehr einfach selbst für einen Konter der Kölner sorgen können. Jetzt kommt der MSV über links in den Kölner Strafraum. Der Pass in die Mitte kommt aber in den Rücken von Bouhaddouz. Sogleich folgt der schnelle Gegenangriff der Kölner und Weinkauf muss klärend eingreifen. *Noch zehn Minuten bis zur Pause.* Keine Ahnung, wen Sicker da anspielen will. Jedenfalls landet der Ball bei den Kölnern. Und das mit dem folgenden Pass direkt steil nach vorne. Der Kölner dringt halbrechts in den Strafraum ein und haut den Ball aus vollem Lauf ins kurze Eck unter die Latte ins Tor. *Leck mich am Arsch.* Das geht jetzt aber echt viel zu einfach. Als ob die Zebras noch im Koma liegen würden. Und auch dieser zweite Treffer sorgt nicht für den erforderlichen *Hallo-Wach*-Effekt. Es sieht eher so aus, als ob Köln uns jetzt einfach mal etwas gewähren lässt, um selbst Durchzuatmen zu können. Und sie können es sich leisten, weil den Zebras einfach nichts einfällt und sich dazu wieder diese unsäglichen Fehlpässe gesellen. Jetzt aber der Pass von Krempicki in den Lauf von Tomic. Trotz dreier Gegenspieler kommt er an den Ball und bringt selbigen im kurzen Eck unter. *Geht doch! Muss ich echt erst immer meckern?* Die Wiederholung zeigt, dass der Schuss noch abgefälscht wurde. *Sei's drum.* Leider steht es nicht 1:1, wie es uns der Kommentator weißmachen möchte. Aber dennoch ist es ein Mutmacher für die zweite Halbzeit, da bis zum Pausenpfiff nichts mehr passiert.

Die erste Szene der zweiten Halbzeit hat Krempicki. Leider kommt sein Hackentrick nicht an, es gibt aber Ecke. Ob die flache Hereingabe so jetzt beabsichtigt ist, können uns nur die Spieler sagen. Pepic Abschluss weit über das Tor ist es sicher nicht. Oder um Björn zu zitieren: *Das kannst Du nicht üben, nur trainieren.* Danach ist aber erstmal wieder Sendepause bei den Zebras. Dafür muss Weinkauf den Distanzschuss der Kölner entschärfen. Irgendwie stellen wir uns auch eine Spur zu naiv an. Kölns Pässe in die Spitze sind gefährlich und unsere kommen bevorzugt zum Gegner. Die Kölner Stürmer behaupten den Ball und wir spielen Foul. Das ist zu simpel, um das Spiel an den Rand des Ausgleichs zu bringen. Vielleicht rede ich das Duisburger Spiel auch einfach nur schlecht, um den Ausgleich zu provozieren. Das hat beim Anschlusstreffer schließlich auch funktioniert. Was aber nervt, das sind die überflüssigen Ballverluste. Insbesondere, nachdem wir den Ball gerade erst erobert haben.

Eine Stunde ist um. Köln macht gerade nicht mehr als erforderlich. Die Zebras haben auch oft den Ball, bringen diesen aber nicht gefährlich ins Sturmzentrum. Wir versuchen es per Ecke und per zweiter Hereingabe, aber der Ball findet keinen Mitspieler. Sicker versucht es mal selbst und geht Richtung Strafraum. Er kommt zu Fall und der Schiedsrichter pfeift. Allerdings nur Freistoß, was auch die richtige Entscheidung ist. Dennoch eine gefährliche Situation, die Stoppelkamp ausnutzen will. Doch statt den Ball über die Mauer ins Tor zu bringen, nimmt er die Torwartecke und der Keeper kann sicher aufnehmen. *Dann verlassen Pepic und Tomic den Platz.* Für sie kommen Ademi und Engin. Letzterer kommt nach Pass von Gembalies über rechts. Er geht in den Strafraum und passt flach in die Mitte. Da steht Ademi, der den Ball per Hacke aufs Tor bringt. Ich reiße schon die Arme hoch, aber der Keeper kommt seinerseits mit der Hand noch dran und verhindert den mittlerweile durchaus verdienten Ausgleich. *Scheisse.*

Noch zwanzig Minuten. Ich verstehe nicht, warum sich die Zebras das Spiel immer selbst schwer machen. Trotz Anspielstation wird der Rückpass gespielt und auf den Pass zum besser positionierten Mitspieler verzichtet. Und leider bleibt es auch dabei, dass unsere Ecken keine Waffen sind. Gefühlt haben wir siebzig Prozent Ballbesitz, bringen offensiv aber kaum etwas auf die Kette. Ich hoffe auf diese eine Szene, die uns irgendwie doch noch den Ausgleich bringt. Köln lässt hinten aber kaum etwas bis gar nichts zu. Und nach defensivem Fehler von Gembalies kommt Köln zum Abschluss. Warum es hier eine Ecke gibt, weiß auch nur wieder der Schiedsrichter. Und die Ecke bringt einen Kopfball, der nur denkbar knapp über das Tor geht. Mittlerweile beginnen die letzten zehn Minuten und Köln hat wohl gemerkt, dass Angriff die beste Verteidigung ist. Jetzt das 3:1 wäre mit Sicherheit die Entscheidung und ich vermute, dass das die Intention der Gastgeber ist. Just in diesem Moment kommt der Kölner Pass in die Mitte und Krempicki steht völlig falsch zum Gegner. Aus halbrechter Position schiebt der Kölner den Ball ins lange Eck und wir können den Deckel auf das Spiel machen. Die Wechsel Scepanik und Kamavuaka für Frey und Krempicki notiere ich nur noch aus statistischen Gründen. Dabei haben wir uns doch alle so erhofft, dass das heute ein weiterer Schritt aus dem Tabellenkeller wird. Den Rest des Spiels nehme ich dann einfach nur noch zur Kenntnis. *Gleich kommen die Gäste.*

Endstand: Viktoria Köln - MSV Duisburg 3:1 (2:1)

Köln: Mielitz, Koronkiewicz, Mi. Schultz, Rossmann, Handle, Klefisch, Fritz, Amyn (46. Holzweiler), Wunderlich, Cueto (73. Holthaus), Thiele (73. Kyere)
MSV: Weinkauf, Bitter, Gembalies, Volkmer, Sicker, Pepic (63. Ademi), Frey (83. Kamavuaka), Tomic (63. Engin), Krempicki (83. Scepanik), Stoppelkamp, Bouhaddouz
Tore: 1:0 Cueto (23.), 2:0 Thiele (41.), 2:1 Tomic (45.+2), 3:1 Wunderlich (81.)
Gelbe Karten: Klefisch, Fritz, Koronkiewicz - Krempicki, Bouhaddouz
Schiedsrichter: Max Burda (Berlin)
Zuschauer: Keine

16. März 2021- 24. Spieltag (Nachholspiel)
Hallescher FC - MSV Duisburg

Im Interview vor dem Spiel gibt Dotchev zu, dass die vielen Wechsel gegen Viktoria Köln nicht den gewünschten Effekt gebracht hat, weshalb wohl auch Engin, Kamavuaka und Sauer wieder in die Startelf zurückkehren. Und nach sehr langer Zeit auch mal wieder Karweina. Zumindest hat der Coach dahingehend recht, dass die Spiele immer weniger werden und Siege benötigt werden. Er selbst spricht da von vier bis fünf Siegen. Wir hoffen dann wohl beide, dass heute sogleich der erste unter Dach und Fach gebracht wird. Zumal Halle derzeit nicht wirklich einen Lauf hat. Aber das hat nichts zu sagen, zumal uns Halle auch nicht wirklich liegt. Ich denke da nur an das Hinspiel, in dem Terence Boyd alleine uns hätte abschießen können. *War das nicht auch das erste Spiel von Gino Lettieri?* Leute, wie die Zeit vergeht. *„Sauer für Bitter"*, kommentiert derweil der Kommentator einen der Duisburger Rotationen. Für dieses Wortspiel ist die Zeit auch wieder reif, weil lange nicht mehr gehört.

Geisterspiele abschaffen fordert ein Transparent am Spielfeldrand. *Ist das erlaubt? Ist das nicht Querdenken?* Spielerisch ist es in den ersten Minuten übersichtlich. Den ersten Torschuss setzt Stoppelkamp aus der Distanz ab. Zwar sehr energisch, aber auch weit drüber. Warum der Schiedsrichter nach sechs Minuten auf die Gelbe Karte gegen Halle verzichtet, weiß auch nur er. Gestrecktes Bein ist zu Spielbeginn ebenso strafbar wie in der Nachspielzeit. Es gibt zwar einen Freistoß, der aber wenig gefährlich in den Strafraum kommt. Oder er wäre gefährlich, wenn der Ball zu einem Duisburger gekommen wäre. Nach zehn Minuten lässt sich zumindest festhalten, dass der MSV etwas mehr vom Spiel hat. Aber ich glaube, das sage ich ziemlich oft und am Ende

131

steht doch wieder der Frust. Nach fünfzehn Minuten ist das Bild unverändert. Und die Hallenser seien sehr auf *„Knöchel fixiert"*, so die Feststellung vom Kommentator Andreas Mann. Tatsächlich gibt es schon das dritte Foul der gleichen Art, aber immer noch keine Verwarnungskarte.

Zwanzig Minuten sind um. Die Zebras machen das im Grunde sehr gut. Sie stehen sehr hoch und lassen Halle kaum Platz zur Entfaltung. Wenn sie es jetzt noch schaffen würden Torchancen herauszuarbeiten, wäre das noch besser. Aber in erster Linie bin ich angesichts der aktuellen Spielanlage sehr zufrieden. Aber wie gesagt: *Mit Führung wäre ich noch zufriedener.* Jetzt spielt Stoppelkamp den Ball nach rechts zu Karweina. Der schaut und schlägt den Ball in die Mitte. Leider eine Spur zu stramm, sodass Bouhaddouz nicht an den Ball kommen kann. Zwei Minuten später versucht es Sauer aus zwanzig Metern. Wäre der Schuss aufs Tor gekommen, hätte er vermutlich für Gefahr gesorgt. Quasi im Gegenzug kommt Boyd im Strafraum zum Kopfball. Die Bogenlampe senkt sich aber erst hinter der Latte aufs Tornetz. Wie gesagt: *Es wäre typisch für die Zebras.* Aber sogleich ziehen die Zebras das Tempo wieder an. Letztendlich ist es Kamavuaka, der es auch der Distanz versucht. Der leicht abgefälschte Ball landet aber beim Keeper. So steht es nach dreißig Minuten nach wie vor 0:0. Jetzt kommt aber mal Halle über links. *Und zwar bis in den Strafraum.* Den Querpass in die Mitte lässt Boyd durch, weshalb ein anderer Hallenser völlig frei zum Schuss kommt und Weinkauf keine Chance lässt. *Unfassbar und dann doch wie immer!* Da kommen die einmal vor unser Tor und schon klingelt es. Was interessiert mich mein Lob von eben. *Das ist doch scheisse.* Aber das ist es wohl, was die schlechteste Defensive der Liga auszeichnet. Schade, dass ich damit einfach nicht klarkomme. Es ist aber auch zum wahnsinnig werden, dass die Mannschaft eigentlich alles richtig macht, dann in einem Augenblick aber auch wieder alles falsch.

Sieben Minuten vor der Halbzeit kehrt Thomas wieder vor die Kamera zurück. *„Was ist das denn für eine kacke"*, stellt er mit Blick auf den Spielstand fest. *„Sei froh, dass du das nicht gesehen hast"*, erkläre ich ihm. *„Sonst hättest du jetzt Pickel auf den Augen."* In der Folge ist meine Laune natürlich im Keller. Eine Ecke von Stoppelkamp kommt an den ersten Pfosten auf einen Hallenser Kopf. Wenn das so einstudiert ist, dann sollten wir uns echte Gedanken machen. *Also noch mehr als sonst.* Und Boyd hat seine erste eigene Torchance, scheitert mit seinem Drehschuss aber an Weinkauf. Wir sind echt Meister darin, angeschlagene Gegner wieder aufzubauen. Denn seit dem Rückstand ist Halle eindeutig besser im Spiel. *Weil wir uns selbst wieder den Stecker gezogen haben.* Ohne Nachspielzeit geht es in die Halbzeitpause.

Eigentlich habe ich gar keinen Bock auf die zweite Halbzeit. Ich kann irgendwie nicht daran glauben, dass wir das Spiel noch drehen. Nach ein paar Sekunden wird Sauer mehr als unsanft von den Beinen geholt. *Aber auch hier gibt es keine Gelbe Karte für die Gastgeber.* Und das war sicher übler als das von Volkmer, der für sein Vergehen in der ersten Halbzeit verwarnt worden ist. *Ich verstehe da einfach nicht.* Aber da ich Vieles nicht verstehe, fällt auch das nicht so in Gewicht. Sicker bringt den Ball in den Strafraum, aber Schmidt soll im Abseits gestanden haben. Mangels Kameras sind das alles Szenen, die weder bestätigt noch widerlegt werden können. So auch, als Engin nach fünf Minuten auf der rechten Seite unendlich viel Platz hat, aber der Linienrichter die Fahne hebt. Aber die Zebras bleiben dran und kommen über links. *„Von Bouhaddouz war bisher noch nicht viel zu sehen"*, so der Kommentator, als er auf der linken Seite den Ball hat. Er legt zurück zu Stoppelkamp, weil im Sturmzentrum keine Anspielstation vorzufinden ist. Stoppelkamp geht Richtung Torauslinie und legt seinerseits in die Mitte, wo sich zwischenzeitlich Bouhaddouz positioniert hat. Er steht mit dem Rücken zum Tor, dreht sich zum Tor nach innen und zieht mit rechts ab. Der Ball geht flach unten links rein. *JAAA!* Geht doch, verdammt scheisse. *GEHT DOCH!* Auch die anderen Konferenzteilnehmer verbalisieren ihre Freude angesichts des Ausgleichs, der alles andere als unverdient ist. Wenn auch überraschend, was mir aber am Arm vorbeigeht. Dann stockt mir aber der Atem, als sich Sauer von Boyd austanzen lässt und Weinkauf in letztem Augenblick zur Ecke klären muss. Zwei Minuten später ist es wieder Boyd, der per Kopfball zum Abschluss kommt. Doch der Ball kommt genau auf Weinkauf. Ich hoffe, dass sich das jetzt nicht wie bereits im Hinspiel zum Duell zwischen ihm und unserem Keeper entwickelt. Denn dass es jetzt unentschieden steht ist zwar schön, doch ein Dreier wäre fast schon erforderlich. *Noch dreißig Minuten.*

Nach einem Foul von Engin nimmt Kamavuaka den Ball in die Hand. Er verschwindet aus dem Bild, aber ich denke mir noch, dass er den hoffentlich sofort abgibt. Macht er aber nicht, weshalb er die Gelbe Karte bekommt. *Wie bescheuert muss man sein, um eine solch dämliche Karte zu kassieren?* In der 65. Minute kommt mit dem ersten Wechsel beim MSV Krempicki für Karweina. *Noch zwanzig Minuten.* Jetzt kommt so langsam die Phase des Spiels, in der die Frage gestellt werden kann, wieviel Risiko gegangen werden soll. *Oder muss.* Und warum gegen Halle nach einem neuerlichen Foulspiel mit gestrecktem Bein noch immer nicht Gelbe Karte gezückt wird, ich mir echt ein Rätsel. Nachdem Stoppelkamps Flanke fast im Toraus landet und Halle erneut eine Chance nicht zum Abschluss bringt, kommen Ademi und Mickels für Bouhaddouz und Stoppelkamp. Wenn ich das so richtig sehe, ist Stoppelkamp angesichts seiner Auswechslung nicht begeistert. Aber bis auf seinen Assist beim Ausgleich war da in der Tat nicht viel. Und dann, *oh Wunder in der 76. Minute,* gibt es endlich die Gelbe Karte gegen Halle. *Ich gebe respektvollen Applaus.* Und reiße fast die Arme hoch, als Engin im Strafraum zum Kopfball kommt. *Der geht leider über das Tor.* Kopfballtreffer macht Engin vermutlich eher einen Meter vor dem Tor, wenn der Ball auf Brusthöhe kommt.

Gestreifter Jubel nach Bouhaddouz Ausgleichstreffer

Noch zehn Minuten. Kamavuaka erkämpft sich den Ball und geht dann sehr rustikal in den nächsten Zweikampf. *Und was macht der Schiedsrichter?* Er zeigt Gelbrot gegen Kamavuaka. Mal abgesehen davon, dass die Gelbe Karte absolut unnötig gewesen ist, so ist diese Gelbe Karte ihrerseits total übertrieben. Da waren wesentlich mehr Fouls der Gastgeber, die eine Gelbe Karte hätten zur Folge haben müssen. Und unser bekommt sofort die Ampelkarte. Ich meine in der Tat eine Träne der Freude in den Augen des Unparteiischen zu sehen. *Was für ein Arsch.* Leider entschuldigt das nicht die Dämlichkeit Kamavuakas, wobei es dennoch eine strenge Ermahnung auch getan hätte. *Die gibt es heute aber nur für die Spieler in Rot.* Die Karten bekommen bevorzugt wir. Damit dürfte sich aber die Frage nach dem Ziel des Spiels beantwortet haben. Dotchev sieht es auch so und bringt Bitter für Engin. *Noch vier Minuten.* Mickels steht mittig vor dem Tor und passt nach halbrechts zu Ademi. Der hat freie Schussbahn, lässt den Ball aber etwas durchrutschen. Er kommt zwar noch zum Abschluss, doch ein klärendes Bein von Halle kann zur Ecke klären. *Ich bekomme Puls.* Das sind wieder diese vergebenen Möglichkeiten, die dafür sorgen, dass wir da unten drinstehen. *Das wären so wichtige drei Punkte gewesen.* So müssen wir weiterhin darauf hoffen, dass es wenigstens dieser eine Punkt wird. *Noch eine Minute.* Halle fängt einen Ball der Duisburger ab und zweimal werden die Duisburger weggedrückt. *Aber der Pfiff bleibt aus.* So muss Frey zum taktischen Foul ansetzen und bekommt prompt die Gelbe Karte. *Ich stöhne vor mich hin.* Und auch Dotchev sieht die Verwarnungskarte, weil er sich mit der Gesamteinschätzung der Situation durch den Unparteiischen nicht einverstanden zeigt. *Mittlerweile sind zwei der vier Minuten Nachspielzeit um.* Der MSV kommt nochmal über links und Mickels bringt den Ball in die Mitte. Bitter nimmt den abgewehrten Ball direkt ab, doch er schießt einen Hallenser ab. *Es laufen die letzten Sekunden.* Der Punkt ist hochverdient und es wäre mehr möglich gewesen. Aber bei einer Gelben Karte gegen Halle und deren sechs plus Ampelkarte gegen uns, da muss das Ergebnis kopfschüttelnd auch mal hingenommen werden.

Endstand: Hallescher FC - MSV Duisburg 1:1 (1:0)

Halle: Müller, Boeder, Vucur, Reddemann, Sternberg, Syhre, Nietfeld (82. Titsch-Rivero), Scherbakowski (46. Eberwein), Mast (62. Guttau), Landgraf (62. Derstroff) - Boyd
MSV: Weinkauf, Sauer, Schmidt, Volkmer, Sicker, Frey, Kamavuaka, Stoppelkamp (74. Mickels), Karweina (65. Krempicki), Engin (82. Bitter) - Bouhaddouz (74. Ademi)
Tore: 1:0 Scherbakowski (33.), 1:1 Bouhaddouz (52.)
Gelbe Karte: Sternberg - Volkmer, Kamavuaka, Frey, Schmidt, Dotchev
Gelbrote Karte: Kamavuaka
Schiedsrichter: Lukas Benen (Nordhorn)
Zuschauer: Keine

20. März 2021- 29. Spieltag
MSV Duisburg - Türkgücü München

Wären Kamavuaka und Volkmer nicht gesperrt, würden wir tatsächlich mit der gleichen Startelf wie in Halle beginnen. So rücken Krempicki und Gembalies wieder nach. Pünktlich zum Spielbeginn öffnen wir dann auch die Videokonferenz, sodass wir die ersten drei Minuten irgendwie verpassen. Vielleicht auch deshalb, weil Peter mal wieder mit am Start ist und erst etwas jenseits des Fußballs bequatschen müssen. Und weil das Spiel im Bayerischen Rundfunk übertragen wird, sind wir auch zeittechnisch simultan unterwegs. *„Den Rasen hat Jogi Löw bezahlt"*, fällt mir der erste Kommentar des Reporters auf. In der Tat haben wir ein neues Grün, welches der DFB gesponsort hat, weil in Kürze zwei Länderspiele in unserer Arena stattfinden werden. Allerdings auch wie in der Liga ohne Zuschauer, was sehr schade ist. Denn gegen Island wäre ich sehr gerne hingefahren. *Wenn ich nächste Woche schon nicht dorthin fliegen darf.* Auf dem Platz hat nach guten fünf Minuten der MSV Oberwasser. Doch Stoppelkamps Schuss aus der Distanz stellt kein Problem für den Münchener Keeper dar. Im Gegenzug dann die Gäste über links mit dem Pass in die Spitze. Gembalies läuft mit, greift aber nicht ein. *Warum hält der den Fuß nicht dazwischen?* So kommt der Ball in die Mitte, Sicker ist zu weit weg vom Gegenspieler und der kann dann locker den Ball in den Winkel jagen. *Ich kotz gleich im Strahl.* Und schon wieder sind wir im Rückstand. Dass Stoppelkamp nur wenige Sekunden nach Wiederanpfiff denkbar knapp im Abseits steht, passt ebenso wie die Tatsache, dass Engin den Ball in der Mitte per Hacke ins Tor befördert. *Leider zählt es nicht.*

Fünfzehn Minuten sind um und München macht nicht mehr als nötig. *Aber es reicht.* Und wenn sie mal Bock haben, dann ziehen sie das Tempo einfach mal an, sodass unsere Leute zu langsam agieren und nicht nachkommen. Das Ergebnis: *Freistoß für München und Gelbe Karten gegen Schmidt.* Im Gegenzug kommen wir dann mal über rechts. Stoppelkamp setzt sich zweimal durch und bringt den Ball auch gefährlich in die Mitte. Aber ein Verteidiger kommt den Schritt eher an den Ball. Es gibt eine Ecke, die aber nach wie vor bei uns humorlos verpuffen. *Jetzt versucht es Karweina per Direktabnahme.* Doch wenn ich auf meinem Platz im Stadion säße, könnte ich den jetzt vermutlich fangen. *Aber die Zebras bleiben dran.* Wir befinden uns mittig der ersten Halbzeit und der MSV kombiniert sich in den Strafraum. Stoppelkamp visiert von halblinks den rechten Winkel an, aber der Ball geht knapp drüber. Und Bouhaddouz' Schuss zwei Minuten später geht knapp neben das Tor. Unverdient wäre der Ausgleich im Moment nicht. Aber der Aufwand ist sehr groß und der Ertrag angesichts des fehlenden Treffers quasi nicht vorhanden. Nach einer Ecke für München geht der Kopfball nur knapp neben das Tor, was mit der zweiten Chance demnach auch fast das 0:2 gebracht hätte. So steht es nach dreißig Minuten nach wie vor 0:1.

Noch zehn Minuten bis zur Pause. Krempicki geht am Torwart vorbei, legt sich den Ball aber zu weit vor. Er erläuft ihn aber vor der Grundlinie und bringt ihn von links in die Mitte. Karweina geht zum Kopfball, aber bringt den Ball nur auf den Keeper. *Vorne schwach und hinten schwach.* Darum stehen wir eben da unten drin. Und ob München jetzt tatsächlich nur das Nötigste macht, wird sich zeigen. Weil Engin den Ball nicht unter Kontrolle bringt, gibt es einen Freistoß für München auf der linken Seite. Der Ball kommt hoch rein und geht per Kopfball zum 0:2 ins Tor. *Damit wäre meine Frage wohl beantwortet.* München spielt gnadenlos effektiv und wir mit gnadenlosen Stellungsfehlern und unterirdischem Zweikampfverhalten. In dieser Szene ist es wieder Sicker, der nicht zwischen Ball und Gegner kommt. Da können die auf dem Parkplatz ins Koma hupen, *so steigen wir ab.* In der Folge bin ich erst mal froh, wenn es ohne weiteren Gegentreffer in die Pause geht. *Vielleicht doch noch der Anschlusstreffer?* Aber Engins Hereingabe wird zur Ecke abgewehrt, die wiederum zur nächsten Ecke abgewehrt wird. *Plötzlich kommen wir zum Kopfball.* Aber gefährlich wird es nicht, weil sich der Keeper nicht mal auf den Boden werfen muss.

Mickels kommt für Engin. Ich frage in die Runde, was mir noch Mut machen soll. „*Nix*", so die erwartete Antwort. Ok, ich gebe es zu. *Es ist eine rhetorische Frage gewesen.* Dennoch stelle ich die Behauptung auf, dass wir noch 3:2 gewinnen werden. *Wunschdenken eben.* Und Mickels sucht sogleich in seiner ersten Szene den direkten Weg zum Tor. Er ist schon im Strafraum und zieht ab. Der Keeper ist da, kann den Ball aber nicht festhalten. Der will noch klären, legt den Ball aber mehr oder weniger Bouhaddouz direkt vor die Füße. Und der wuchtet den Ball zum 1:2 ins Tor. *Hoffnung?* Erst kommt wieder München, aber wir unterbinden den direkten Gegentreffer. Und nur Sekunden später spurtet Bouhaddouz von halbrechts in den Strafraum. Er steht vor dem Keeper und schießt ihn an. *Scheisse.* Das wäre fast der Doppelpack gewesen. *Weiter geht's.* Wieder über Mickels, der Karweina im Strafraum anspielt. Der zieht ab, aber zu ungefährlich für den Keeper. Wieder nur eine Minute später spielt Mickels zu Stoppelkamp. Der zieht aus spitzem Winkel ab, aber dann doch deutlich vorbei. *Mickels, Mickels, Mickels.* Wieder bringt er den Ball von rechts in die Mitte. Aber Bouhaddouz bringt nicht genug Druck hinter den Ball. So schön diese Druckphase zwar ist, aber so wichtig wäre jetzt auch der Ausgleich. *Um das Spiel wieder auf Anfang zu stellen.* Der nächste Schuss von Stoppelkamp hätte vielleicht seinen Weg ins Tor gefunden, aber eine Münchener Rübe ist dazwischen und klärt zur Ecke. Erwartungsgemäß bringt diese nichts ein. Nach einer Stunde ebbt das Powerplay des MSV wieder ab. Aber irgendwie ist es auch verständlich, weil der Grat des Risikos justiert werden muss. Andererseits, *was haben wir für eine Wahl?* Die Gefahr des 1:3 werden wir nicht verbannen können. Der MSV fängt einen Querpass der Münchener ab. Plötzlich stehen drei Duisburger vor einem Münchener. Bouhaddouz hat zwei Anspielstationen. Er will zu Stoppelkamp passen, aber er spielt zu lasch und der eine Verteidiger kann klären. Ich rege mich darüber so auf, dass ich die nächste Szene verpasse. Meine Mitkucker weisen mich nach einem Schiedsrichterpfiff darauf hin, dass es Elfmeter für uns gibt. *Und die Gelbe Karte gegen München.* Nach einem langen Pass sind sich Verteidiger und Torwart uneinig. Bouhaddouz geht dazwischen und wird an der Hüfte getroffen. Das reicht dem Schiedsrichter aus, um auf den Punkt zu zeigen. Stoppelkamp läuft an und … *trifft.* Der Torwart entscheidet sich für seine linke Ecke, derweil der Ball auf der anderen Seite die Linie überquert. Ich muss zugeben, dass ich damit nicht gerechnet hätte. Also, *mit der Ausführung des Elfmeters schon.* Aber nicht, dass wir den Ausgleich erzielen. *Was geht da noch?* München reagiert und Sliskovic kommt ins Spiel. Und kurz danach bei uns Bitter für Sauer. Ich denke, das hat einen gesundheitlichen Aspekt, weil sich Sauer schon mehrfach an den Oberschenkel gefasst hat. Außerdem geht Karweina und Ghindovean kommt.

Noch zwanzig Minuten. Das Unentschieden ist hochverdient, denn seit Wiederanpfiff spielen eigentlich nur die Zebras. Ich hoffe inständig, dass es wenigstens für den Punkt reichen wird. Stoppelkamp versucht es mit einem Freistoß weit vor dem Strafraum direkt, zielt aber direkt auf den Keeper. Im Gegenzug hat Weinkauf Glück, dass nach seinem Fehlgriff Sliskovic Kopfball über das Tor geht. Mittlerweile ist das Spiel auch sehr zerfahren und jedes Team ist primär darauf bedacht, einen weiteren

Gegentreffer zu verhindern. *So beginnen die letzten zehn Minuten.* Mittlerweile ist die Konzentration auch wieder etwas weg, was unnötige Fehlpässe, *insbesondere vor dem gegnerischen Strafraum*, belegen. Dann stockt mir der Atem, als wir hinten den Ball leichtfertig hergeben. Ich weiß nicht, wer es gewesen ist. *Ist auch egal.* Jedenfalls muss Schmidt schon rustikal eingreifen, um den Abschluss zu verhindern. *Noch sieben Minuten.* Mickels scheitert am Keeper und im Gegenzug Sliskovic an Weinkauf. Kurz danach kommen Tomic und Ademi für Stoppelkamp und Bouhaddouz. *Ob das der richtige Wechsel ist?* Das Spiel geht weiter und Tomic wird links lang geschickt. Er geht in den Strafraum, aber ein Verteidiger ist vor ihm dran. Der kommt zu Fall und Tomic an den Ball. *Das sieht nach einem Foulspiel des Duisburgers aus.* Aber der Schiedsrichter lässt weiterspielen. Tomic zieht ab und der Keeper lässt den Ball zur Seite abprallen. *Da steht Ademi.* Er stoppt an und drückt den Ball aus einem Meter über die Linie. Ich bin noch ungläubig. *Zählt der Treffer?* Ja. *Er zählt.* Ich spüre die Gänsehaut, als ich die jubelnden Spieler sehe und auch die Freude in den Augen meiner Konferenzteilnehmer. Ich wage kaum, es aufzuschreiben. *Wir führen mit 3:2.* Und die Beteiligten sind: *Tomic und Ademi.* Ich leiste Abbitte in Richtung Dotchev. *Alles richtig gemacht.* Ein Blick auf die Uhr zeigt, dass der Zeitpunkt kaum besser sein kann. Allerdings ist das Spiel noch nicht beendet und die Länge der Nachspielzeit wird nicht angezeigt. Ich verstehe nicht, warum das in der dritten Liga ein Problem darstellt. *Jetzt geht es hin und her.* Wir versuchen vorne den Ball zu halten und nur halbherzig, den vierten Treffer zu erzielen. München wirft natürlich alles nach vorne und plötzlich steht Sliskovic vor Weinkauf. *Der kommt dran und wehrt zur Seite ab.* Das Tor ist irgendwie leer und Sliskovic versucht es im Nachschuss. Der geht aber daneben. *Mein Herz.* Scherzhaft bemerke ich, dass er den als Ex-Zebra den Ball sicher absichtlich neben das Tor gesetzt hat. *Und noch immer ist das Spiel nicht beendet.* Mittlerweile stehe ich im Raum und sehe, dass die Zebras natürlich den Ball nicht ständig an der Eckfahne festhalten können. So kommt München nochmal mit einem langen Pass und Weinkauf ist die Millisekunde eher am Ball, um diesen festzuhalten. Augenblicke später ist das Spiel beendet und wir stellen fest: *Wir haben gewonnen.* Wir haben zum zweiten Mal in dieser Saison ein Spiel gedreht und diese lebenswichtigen drei Punkte geholt. Oder um Stoppelkamp im folgenden Interview zu zitieren: *Schön, dass es auch in diese Richtung funktioniert. Sonst sind wir das eher andersherum gewohnt.* Verständlich, dass auch Dotchev gute und der Münchener Trainer schlechte Laune hat. Letzterer ist mir schon vor dem Spiel unangenehm aufgefallen, weil er der Reporterin gegenüber sehr arrogant aufgetreten ist. Ich kann auch jetzt verstehen, dass er aufgrund der potenziellen Fehlentscheidung vor dem Duisburger Siegtreffer sauer ist und ich bin heute extrem froh darüber, dass es keinen *Video Assistant Referee* gibt. Aber den Duisburger Spielern mehr oder weniger Unsportlichkeit vorzuwerfen, weil sie sich über den Treffer gefreut haben, ist schon krass. So blicke ich auf die Tabelle und sehe, wie wichtig diese drei Punkte sind. Denn in zwei anderen Kellerduellen gab es Siege für Magdeburg und Krefeld. Dadurch haben Unterhaching und Kaiserslautern verloren, sodass wir uns letztendlich wieder etwas von den Abstiegsrängen entfernen konnten. Aber unterm Strich sind es nur drei Punkte auf den siebzehnten Platz sind. Bis zum Achtzehnten allerdings schon fünf Punkte. Acht, sollte Kaiserslautern das Nachholspiel verlieren. Jetzt hoffe ich, dass sich in der Länderspielpause Vincent Vermeij zum Dienst zurückmeldet und wir das Minimalziel Klassenerhalt so schnell wie möglich realisieren können.

Ademi macht das 3:2

Endstand: MSV Duisburg - Türkgücü München 3:2 (0:2)

MSV: Weinkauf, Sauer (70. Bitter), Schmidt, Gembalies, Sicker, Frey, Krempicki, Engin (Mickels), Karweina (70. Ghindovean), Stoppelkamp (88. Tomic), Bouhaddouz (88. Ademi)
München: Vollath, Park, Sorge, Awoudja, Jakob, Tosun (68. Berzel), Erhardt, Barry (57. Sijaric), Maier (82. Laukart), Niemann (57. Fischer), Röser (68. Sliskovic)
Tore: 0:1 L. Röser (8.), 0:2 Awoudja (41.), 1:2 Bouhaddouz (47.), 2:2 Stoppelkamp (66./FE), 3:2 Ademi (88.)
Gelbe Karten: Schmidt, Krempicki - Rösner, Sorge
Schiedsrichter: Tobias Fritsch (Bruchsal)
Zuschauer: Keine

Die Länderspielpause hat die *Die Mannschaft* dann mehr oder minder erfolgreich gestaltet. Gegen Island und in Rumänien wurde zwar gewonnen, doch zuletzt gab es eine merkwürdige Niederlage gegen Nordmazedonien. *Und das in unserer Arena.* Nun gut, primär ist für mich ohnehin von Bedeutung, dass die Zebras dort die Heimspiele erfolgreich gestalten. Heute allerdings spielen wir auswärts, und zwar in Verl. Und weil derzeit zwei Personen aus zwei Haushalten erlaubt sind, finde ich mich beim Björn ein, um das Spiel aus meiner Perspektive quasi auch als Auswärtsspiel anzugehen. Während meines Eintreffens läuft auf Nitro noch der Pilotfilm vom *Incredible Hulk* mit Bill Bixby als Dr. Baxter und Lou Ferrigno als Hulk. Herrje, *da werden Kindheitserinnerungen wach.*

Vermeij ist zwar wieder im Training, aber noch nicht zurück im Kader. Volkmer wird aufgrund eines Muskelfaserrisses auch noch weiter fehlen. Und Janjic sitzt zunächst auf der Bank. Ach ja, *der spielt ja für Verl.* Da schwelge ich wohl auch in Erinnerungen. Heißt ein Fanclub von Verl echt *Sektion Suff?* Ich will mich ja nicht über den Gegner lustig machen. Aber das Stadion, *sorry,* hat schon was von einer Fabrikhalle. Die Aufstellung des MSV ist dann wenig überraschend und unterscheidet sich, *bis auf die zuvor gesperrten Rückkehrer,* kaum von der der Vorwoche. In den ersten zehn Minuten gibt es auf beiden Seiten weder Torchancen noch sonst irgendwelche nennenswerten Aktionen. Die Gelbe Karte gegen Gembalies nach zwölf Minuten halte ich dann für extrem überzogen. *Ist das überhaupt ein Foul?* Es gibt zwei Zeitlupen, doch beide zu spät, um den Sachverhalt einschätzen zu können. Der Ball nach dem folgenden Freistoß kommt aufs kurze Eck, aber Weinkauf ist zur Stelle.

Nach fünfzehn Minuten ist der MSV dann etwas deutlicher im Angriff. Aber auch Stoppelkamps Schuss aus der Distanz kommt direkt auf den Keeper. Björn möchte das nicht als Torschuss gewertet haben. *Ich mache es dennoch.* Auch nach zwanzig Minuten passiert so gut wie nichts, wobei Verl mehr Ballbesitz hat. Ich denke, ich wäre heute mit einem Unentschieden zufrieden. *So habe ich vor dem Spiel gedacht und so denke ich auch jetzt noch.* Und wenn das ereignistechnisch so weitergeht, wird das heute ein kurzer Bericht. So kann ich zwischendurch einbringen, dass mit Kaiserslautern gegen Zwickau nur noch ein Nachholspiel ansteht. Im Moment sind es noch acht Punkte Vorsprung vor dem drittletzten Platz. *Stimmt nicht.* Durch das aktuelle Unentschieden sind es sogar neun Punkte. *Aber Kaiserslautern spielt auch gerade.* Also bleibe ich dabei, dass ein heutiger Punkt in Ordnung wäre. Dass die Verler nach einem überragenden Tackling von Sauer Elfmeter fordern, ist schon fast unsportlich.

Fünfundzwanzig Minuten sind um und Verl spielt die sichere Variante zurück zum eigenen Keeper. Der spielt direkt zurück in die Mitte, wo Krempicki dazwischengehen kann. Er nimmt den Ball an und spielt dann weiter zu Bouhaddouz mittig an der Strafraumgrenze. Das wirkt irgendwie, als würden die sich wie beim Warmmachen den Ball zuspielen, weil Verler nicht zugegen sind. Bouhaddouz legt auch wieder sofort ab zu Stoppelkamp, der direkt abnimmt. Und der Ball geht unten links rein. *„Out of nowwhere"*, so Björn. *Aber egal.* Es tut unserer Freude keinen Abbruch. Man könnte auch behaupten, wir würden gnadenlos effektiv agieren. *Wie ein Aufsteiger.* Kurz danach kommt wieder der MSV, jetzt über rechts. Sauer spielt flach in die Mitte, aber ein Verteidiger kommt dazwischen. Ich gebe zu, dass ein Sieg natürlich noch geiler als das Mindestziel eines Unentschiedens wäre. *Noch fünfzehn Minuten bis zur Pause.* Verl macht das Spiel schnell und kommt über halblinks in unseren Strafraum. Der Ball geht flach an Weinkauf vorbei. *Wir halten die Luft an.* Bis der Ball am rechten Pfosten vorbeigeht. *Puhh.* Da ist aber mal das ganz tiefe Durchatmen angesagt. *Noch zehn Minuten bis zur Pause.* Kamavuaka läuft und entscheidet sich zum Schuss, als er keine Anspielstation findet. *„Einfach mal rein"*, so Björn. *„Wie van Houdt anno 2004 in Fürth"*, so ich. Aber das ist ein Insider und eine andere Geschichte. Kamavuakas Schuss geht jedenfalls *nicht* rein. *Bei Verl spielt Corboz mit?* Der war doch auch mal bei uns. Und das ist gar nicht so lange her.

Es läuft die letzte Minute der ersten Halbzeit. *Echt schon?* Seit Kamavuakas Versuch ist kaum etwas passiert, was angesichts der Führung auch gut ist. *Dann ist Pause.* Wir haben quasi eine Chance, machen den rein und hinten kaum Fehler. *Punkt!* Es muss nicht immer alles ausdiskutiert werden. In der Halbzeitpause erfahre ich, dass heute die beste Offensive gegen schlechteste Defensive. *Eigentlich möchte ich das gar nicht wissen.* Das Spiel läuft seit zwei Minuten und bei Engin wird locker der Schlappen draufgehalten. Der Pfiff erfolgt dann aber erst nach entsprechenden Protesten. *Gibt es die Gelbe Karte?* Ich kann es nicht sagen. Entweder, die Information ist an mir vorbeigegangen oder es wurde erst gar nicht bereitgestellt. Der Freistoß bringt dann nichts ein, was auch wieder ein Beleg für unsere eklatante Schwäche bei Standardsituationen ist. In unserem Strafraum kommt es dann zu einem Zweikampf zwischen einem Verler und Sauer. Letzterer wird klar gefoult, es gibt aber dennoch Ecke für Verl. Nach einem abgefälschten Schuss geht die folgende Direktabnahme im Fünfmeterraum knapp am linken Pfosten vorbei. *Da ist schon wieder tiefes Durchatmen angesagt.* Und zwei Minuten später muss Weinkauf nach einem Distanzschuss nachfassen. Es ist klar, dass es jetzt vermehrt in Richtung unseres Tores gehen wird. Da kommt die Flanke von links, Kopfball per Aufsetzer und … *Tor.* Nerv! *Wie kann der da nur so freistehen?* Ich hasse es, wenn meine Befürchtung bestätigt werden. Und Gembalies hat da auch nicht wirklich gut verteidigt.

Eine knappe Stunde ist um. Sicher stellt sich Dotchev die Frage, wir die Marschroute für den Rest des Spiels aussieht. Und ich hoffe, er findet die richtige Antwort. Der MSV agiert bei einer Ecke dann mal mit einer Variante. Stoppelkamp spielt kurz und bringt den Ball mit dem zweiten Versuch in die Mitte. Kamavuaka kommt am zweiten Pfosten auch zum Kopfball, aber nicht mehr richtig hinter den Ball, sodass der Ball über das Tor geht. Ich stelle fest, dass der MSV wieder vermehrt versucht Kontrolle in das Spiel zu bringen. Das birgt aber auch die Gefahr von Kontern für Verl. *So wie jetzt.* Aber Sicker kommt nach der Hereingabe mit dem Kopf dran und Sauers Gelbe Karte ist dann trotz des übertrieben lauten Schreis seines Gegenspielers berechtigt. *Das ist zu sehr Bodycheck als legaler Körpereinsatz.* Aber der folgende Freistoß für die Gastgeber bringt nichts ein. In der Folge ist das Spiel chancentechnisch ausgeglichen. Man könnte auch sagen, es passiert nichts. Allerdings habe ich den Eindruck, dass das eher im Verler als in unserem Strafraum der Fall sein könnte.

Die Hälfte der zweiten Halbzeit ist um. Der MSV greift in Form von Sauer schnell über links an. Mit der Fußspitze leitet er weiter zu Stoppelkamp. *Der bringt den Ball flach in die Mitte.* Engin ist da, hält den Fuß hin und wir springen auf. *Tor!* Nein. *Wieso nicht?* Weil der Keeper noch mit dem Fuß dran ist. *Was für eine Chance.* So gibt es nur wieder eine Ecke, die erwartungsgemäß nichts einbringt. *Hoffentlich rächt sich das nicht.* Im Gegenzug will Verl wieder einen Strafstoß erschinden. Zum Glück fällt der Schiedsrichter nicht darauf rein. Trotzdem dürfte er nachträglich noch Gelbe Karte geben. Macht er aber nicht. *Noch fünfzehn Minuten.* Der MSV hat sehr gute Ansätze, schafft es aber nicht den finalen Pass zu spielen. *Bis auf die hundertprozentige Chance von Engin natürlich.* Aber in Gänze kann ich festhalten, dass der MSV ein sehr gutes Spiel macht. Egal, wie das Spiel heute enden wird.

Bei Verl kommt Janjic ins Spiel. *Der soll bitte keinen Scheiß machen.* Das Unentschieden wäre aktuell mehr als verdient. Ein paar Minuten danach bekommt der MSV einen Einwurf zugesprochen. Der Ball kommt halbrechts zu Stoppelkamp. *„Zieh ab"*, vernehme ich Simon per Videokonferenz. Stoppelkamp zieht ab und der Ball schlägt halblinks ein. YES! *„Und das mit links"*, stelle ich nach abklingender Schreiorgie fest. *„Der ist halt beidfüßig"*, so Björn und muss selbst lachen. *Im Grunde ist es auch egal.* Von mir aus hätte er den Treffer auch mit dem Hintern erzielen können. Jetzt geht es

Stoppelkamps Jubel nach dem 2:1

darum, den Sieg über die Ziellinie zu bringen. *Noch acht Minuten.* Engin passt in den Lauf von Bouhaddouz. Der bricht aber ab. *Warum?* Ademi und Mickels kommen für Engin und Krempicki. Ich dachte, der würde Bouhaddouz rausnehmen. Der war gerade ganz schön am Pumpen. *Noch fünf Minuten.* Stoppelkamp wird von hinten übel umgetreten. Dass es nur die Gelbe Karte gibt, ist selbst aus Sicht des Kommentators ein Glücksfall für den Verler Spieler. *Und Stoppelkamp bleibt auch am Boden liegen.* Ich hoffe es ist primär der Versuch, Zeit von der Uhr zu nehmen. *Offensichtlich.* Er steht wieder auf und es sind noch drei Minuten. Ich muss sagen, dass wir seit dem Ausgleich die bessere Mannschaft sind und auch verdient führen. Und seit der Führung ist von Verl nicht mehr viel zu sehen gewesen. *Darf ich das jetzt schon so schreiben? Ja, darf ich.* Denn auch ein Ausgleich würde nichts mehr daran ändern. *Fallen muss er trotzdem nicht.* Bitter kommt für Stoppelkamp.

Die neunzig Minuten sind um und es beginnt die Nachspielzeit. *Wie lange?* Mal wieder keine Ahnung, weil es die dritte Liga irgendwie nicht gebacken bekommt, das zeitnah zu kommunizieren. Sven Beuckert zeigt die Tafel zum Wechsel an, es steht aber nichts drauf. Im zweiten Versuch klappt es aber. *Bouhaddouz geht und Fleckstein kommt.* Mittlerweile kennen wir auch die Nachspielzeit von vier Minuten, von denen zwei bereits um sind. *Es gibt noch eine Ecke für Verl.* Der folgende Kopfball geht aber mehr als deutlich vorbei. Der Sieg würde uns noch weiter aus dem Keller hieven und den positiven Trend bestätigen. *In diesen seltsamen Zeiten muss positiv also nicht immer negativ sein.* Aber noch ist das Spiel nicht beendet. Ademi geht in den Strafraum und dann doch zur Eckfahne. Er kommt zu Fall. *Foul? Einwurf?* Nein. *Abpfiff.* YES! Stück für Stück robben wir uns aus dem Keller raus. Mittlerweile sind wir auf dem zwölften Platz angelangt und würden diesen auch behalten, wenn Meppen morgen nicht in Türkgücü gewinnt. Unsere Nerven entspannen sich und jetzt können wir bei einem gepflegten Bier noch den Rest der Bundesliga-Konferenz anschauen.

Endstand: SC Verl - MSV Duisburg 1:2 (0:1)

Verl: Brüseke, Lannert (84. Haeder), Stöckner, Mikic, Ritzka, Sander (84. Choroba), Köhler (76. Janjic), Corboz, Yildirim (71. Schwermann), Eilers, Rabihic

MSV: Weinkauf, Sauer, Schmidt, Gembalies, Sicker, Frey, Kamavuaka, Engin (83. Mickels), Krempicki (83. Ademi), Stoppelkamp (88. Bitter), Bouhaddouz (90.+2 Fleckstein)

Tore: 0:1 Stoppelkamp (27.), 1:1 Eilers (55.), 1:2 Stoppelkamp (78.)

Gelbe Karten: Corboz, Köhler, Haeder - Gembalies, Frey, Sauer

Schiedsrichter: Konrad Oldhafer (Hamburg)

Zuschauer: Keine

In der vierten Minute der Nachspielzeit hat Zwickau in Kaiserslautern den Ausgleich erzielt. Somit haben wir sieben Punkte Vorsprung auf den Drittletzten und fünf Punkte auf den für uns derzeit relevanten Abstiegsplatz. Ich denke, es ist schon in Ordnung, wenn man bedenkt, dass wir am Ende der Hinrunde Letzter der Tabelle waren. In der Rückrundentabelle stehen wir derzeit auf dem fünften Platz und haben zu diesem Zeitpunkt bereits einen Punkt mehr als in der gesamten Hinrunde. So langsam verbreitet sich gedämpfter Optimismus, dass es zum Klassenerhalt reichen wird. *Auch wenn es noch acht Spiele sind.*

Heute bin ich nochmal beim Björn, weil das einige der wenigen Sachen sind, die ohne Test und Maske gemacht werden dürfen. Vor meiner Abfahrt habe ich bei Facebook noch gesehen, wie die Mannschaft wieder von den hupenden Fans empfangen worden ist. *Das macht schon Gänsehaut.* Weniger schön ist dann, dass Sicker verletzt ausfällt. *Was hat der denn schon wieder?* Hoffentlich nichts Längerfristiges. Erfreulich hingegen, dass Vermeij wieder mit im Kader ist. Aber Dotchev kündigt im Interview zuvor schon an, dass mehr als dreißig Minuten nicht drin sind. *Aber egal.* Für die Moral ist es eine gute Sache. Gut wäre es auch, wenn wir unser *Waldhof-Trauma* ablegen könnten. Ich kann mich nicht an den letzten Sieg gegen die Mannheimer erinnern. *Das Spiel beginnt.* Nach fünfzig Sekunden gibt es gleich den ersten Freistoß für den MSV. Die Entfernung ist nur was für Optimisten, aber Stoppelkamp versucht es trotzdem. *Der Ball geht drüber.* Im direkten Gegenzug muss Scepanik im letzten Moment eingrätschen und zur Ecke klären. Auch die bringen einen Abschluss der Mannheimer, bei dem

Weinkauf der Ball von der Brust springt. Im Gegenzug gibt es schon die erste Gelbe Karte gegen Mannheim. Die sind aber unbeeindruckt und greifen jetzt über links an. Hier muss Schmidt die Hereingabe zur Ecke abwehren. Ich hoffe, dass es nicht mehr als eine Anfangsoffensive ist. *Zehn Minuten sind um.* Stoppelkamp geht über links in den Strafraum und zieht ab. Der Keeper wehrt den Ball per Fuß ab, der dann von einem seiner Mitspieler abprallt. *Und das gemächlich Richtung Tor.* Wir machen uns schon zum Aufsprung bereit, aber der Ball springt gegen den Pfosten und kann dann zur Ecke entsorgt werden. In der Folge hat der MSV das Spiel eher im Griff, aber Engins Hereingaben von links sind eindeutig zu stramm und ungenau. Und der Rückpass von Frey zu Weinkauf, *der irgendwo im Halbfeld der eigenen Hälfte steht,* muss auch nicht sein. Da haben wir angesichts der letzten Saison ganz schlechte Erinnerungen. Während ich noch den Vorgang notiere, führen wir eine Ecke aus. Die findet aber weder einen eigenen noch einen gegnerischen Spieler. Im Grunde sind Ecken für uns wie Abstöße für den Gegner.

Zwanzig Minuten sind um. Mannheim kommt über rechts und Kamavuaka könnte den Angriff unterbinden. Doch aufgrund eines technischen Fehlers legt er den Ball perfekt in den Lauf eines Mannheimers. Der steht dadurch frei vor Weinkauf, legt den Ball links an ihm vorbei und es steht 0:1. *Na toll.* Und gerade haben wir noch gelobt, dass die Duisburger sehr hoch stehen und den Mannheimern kaum Platz zur Entfaltung geben. Dann dürfen solche Fehler allerdings nicht gemacht werden. „*Rückstände sind Scheisse*", kommentiere ich die aktuelle Sachlage. In dem Augenblick spielt Scepanik auf der linken Seite den Pass zu Stoppelkamp. Der hat sehr viel Platz und geht in den Strafraum. Der Gegenspieler kommt näher, aber er setzt mit links zum Lupfer an und … *trifft.* Na also. *Alles wieder auf null.* Offensichtlich haben sich die Zebras vom Gegentreffer nicht wirklich beeindrucken lassen. *Im Gegenteil.* Erst hat Engin die Möglichkeit zur Führung, wartet aber zu lange und Schmidts Direktabnahme geht neben das Tor. So steht es nach einer halben Stunde weiterhin Unentschieden. Schade, dass Bouhaddouz den Ball nach schönem Anspiel nicht korrekt annehmen kann. Im Großen und Ganzen haben die Zebras das Spiel im Griff, müssen aber dennoch höllisch aufpassen. Aber nach vorne habe ich das Gefühl, dass immer was passieren kann. Jetzt schickt Stoppelkamp Engin auf der linken Seite. Der geht bis zur Grundlinie, bringt den Ball halbhoch in die Mitte und Krempicki kommt zum Kopfball. Der Ball geht vorbei. *Jetzt echt?* Keine Minuten später ist es wieder Stoppelkamp, der jetzt Bouhaddouz in den Strafraum schickt. Der zieht von halblinks ab … *wieder vorbei.* So langsam gehen mir da die Adjektive aus. *Noch fünf Minuten.* Es gibt eine Ecke, die Engin und Stoppelkamp kurz ausführen. Am Strafraumeck kommt Frey an den Ball, der direkt abzieht. *Wieder vorbei.* Also, langsam hätte es wieder klingeln müssen. Die Zebras machen so viel richtig. *Es fehlt einfach nur das zweite Tor.* Dafür bekommt Kamavuaka die Gelbe Karte, weil er seinen Gegenspieler umgerannt haben soll. Und weil Dotchev mit dieser Entscheidung nicht einverstanden ist, bekommt der auch gleich die Gelbe Karte. In dieser Szene würde ich auch sagen, dass nicht unbedingt auf Freistoß entschieden werden muss. Aber so grundsätzlich erinnert mich Kamavuaka schon ein wenig an die Titanic, die aufgrund ihrer Trägheit dem Eisberg nicht mehr rechtzeitig ausweichen kann. Den folgenden Freistoß will Mannheim direkt verwerten, was nicht klappt. Die Zeit der ersten Hälfte ist auch um, aber es gibt noch einen Angriff des MSV und noch eine Ecke. Aber die bringt erwartungsgemäß nichts ein, sodass es mit dem Unentschieden in die Pause geht. Mit einem Schmeichelhaften für Mannheim, was aus Duisburger Sicht umso ärgerlicher ist. Chancen zur Führung sind ausreichend vorhanden gewesen.

Die zweite Hälfte ist eine Minute alt und Engin kommt nach einer Hereingabe und durch den Fehler eines Mannheimers an den Ball. Er stoppt, lässt den Gegenspieler ins Leere laufen und wartet mit dem Schuss dann die Millisekunde zu lange, sodass sein Schuss abgewehrt werden kann. Ich spreche nicht aus, dass sich das Vergeben von Chancen rächen kann. *Was? Ich habe es doch ausgesprochen?* Mist. Auf der Gegenseite gibt es an der Strafraumgrenze einen Freistoß, der nicht unbedingt gegeben werden muss. Und die Mauer scheint mir auch mehr als den erforderlichen Abstand zu haben. *Der Ball geht dann trotzdem drüber.* Aber die Anfangsphase gehört trotzdem den Gästen, die nach guten zehn Minuten der zweiten Halbzeit das Spiel besser im Griff haben. Dafür passiert die nächsten zehn Minuten nicht viel. Die erste Ecke der zweiten Hälfte führen Stoppelkamp und Scepanik kurz aus. Stoppelkamp bringt den Ball hoch an den zweiten Pfosten. Schmidt kommt zum Kopfball, aber der Keeper klärt auf der Linie. *What the fuck?* Im Gegenzug muss Scepanik im letzten Moment per Kopf zur Ecke klären.

Kamavuaka hat heute echt nicht seien besten Tag. Schon wieder verliert er im Mittelfeld völlig unbedrängt den Ball. Jetzt zum Glück ohne negative Folgen. Aber es bleibt dabei, dass wir weit weniger offensive Aktionen haben als noch in der ersten Halbzeit. Nach einem Torwartfehler kommt Engin an den Ball, dem selbiger aber zu weit wegspringt. Wenn wir schon nicht selbst zu weiteren Chancen kommen, sollten wir solche Gastgeschenke nicht so einfach abschenken. In der 70. Minute kommt Ademi für Krempicki. Aber auch die nächsten fünf Minuten vergehen ereignislos. Die Duisburger scheinen dem hohen Tempo der ersten Halbzeit Tribut zu zollen. Oder sie wollen einfach nichts mehr riskieren. Ich denke, dass wir mit dem Unentschieden heute sehr gut leben könnten. In der 80. Minute geht Engin und Mickels kommt. *Das muss nicht verkehrt sein.* Was langsam nervt ist, dass der Schiedsrichter mittlerweile gar nichts mehr pfeift. Selbst das Umgrätschen von hinten bleibt ungeahndet. *Noch fünf Minuten. Warum spielt Mickels eigentlich auf rechts?* Er kann dennoch mit seinem starken rechten Fuß schießen, was dann aber doch nur eine stärkere Rückgabe ist. In der 88. Minute gibt es dann noch Vermeijs Comeback. *Für ihn geht Bouhaddouz.* Die nächste Szene hat aber Mannheim. Die stehen frei vor Weinkauf und der Schuss geht … vorbei. Aber es gibt Elfmeter für Mannheim. *Was? Warum?* Weil Schmidt völlig übermotiviert noch reingrätscht und den Mannheimer foult. *Wie doof ist das denn?* Dazu gibt es auch noch die Ampelkarte gegen Schmidt. *„Hatte der schon die Gelbe Karte?",* so meine Frage in den Raum. *„Nein",* vernehme ich beiläufig. Das bedeutet, dass er erst aufgrund seines Foulspiels verwarnt und dann in der Folge wegen Meckerns vom Platz gestellt wurde. *Wie doof ist das denn?* Zumal die Entscheidung auf Elfmeter zu entscheiden völlig korrekt ist. Hier noch zu foulen, obwohl der Gegner den Schuss bereits abgesetzt hat, ist demnach auch als nicht besonders geschickt einzuordnen. *„Weinkauf ist jetzt nicht wirklich ein Elfmeterkiller",* verkünde ich meine angstgeschwängerte Meinung sowohl in den echten als auch in den virtuellen Raum. *„Es wäre an der Zeit, diesen Sachverhalt zu ändern",* füge ich hinzu. *Insbesondere zwei Minuten vor Spielende.* Denn das wäre eine so absolut unnötige Niederlage. Der Mannheimer läuft an und … *Weinkauf hält.* Nachschuss *und … Weinkauf hält.* Wir jubeln, als ob wir soeben den Siegtreffer erzielt hätten. *Aber noch ist das Spiel nicht beendet.* Die folgende Ecke wird abgewehrt und wir können unsererseits nochmals angreifen. *Letztendlich passiert aber nichts mehr.* Ich denke, dass wir mit dem Punkt zufrieden sein müssen und wohl auch können. *Positiv denken.* So auch, dass Vermeij zwar keinen Ballbesitz mehr hatte, aber wieder welche haben könnte. Durch diesen Punkt haben wir aufgrund der anderen Ergebnisse jetzt auch fünf Punkte Vorsprung vor dem ersten Abstiegsplatz. *Wer weiß, wofür das noch gut sein wird.*

Endstand: MSV Duisburg - Waldhof Mannheim 1:1 (1:1)

MSV: Weinkauf, Sauer, Schmidt, Gembalies, Scepanik, Frey, Kamavuaka, Engin (82. Mickels), Krempicki (72. Ademi), Stoppelkamp, Bouhaddouz (88. Vermeij)
Mannheim: Königsmann, Marx, Verlaat, Seegert, Costly, Schuster, Gouaida, Boyamba (72. Jastrzembski), Ferati, Garcia, Martinovic
Tore: 0:1 Martinovic (20.), 1:1 Stoppelkamp (24.)
Gelbe Karten: Schmidt, Kamavuaka, Gembalies - Marx, Costly
Gelbrote Karte: Schmidt
Schiedsrichter: Franz Bokop (Vechta)
Zuschauer: Keine

20. April 2021- 33. Spieltag
MSV Duisburg - 1. FC Kaiserslautern

Der aufmerksame Leser stellt sofort fest: *Da fehlt doch ein Spiel.* Und tatsächlich wurde die Partie in Dresden am vergangenen Samstag abgesagt. Schon Montag vor einer Woche beklagten sich die Dresdner über sehr viele verletzte Spieler. Ich brachte schon zum Ausdruck, dass mich ein plötzlicher Fall von Corona nicht überraschen würde. Mittwoch war es dann soweit: *Dresden meldet einen Infektionsfall.* Die Absage folgte dann am Freitagmorgen. Die Dresdner Mannschaft musste aufgrund weiterer Fälle schließlich in Quarantäne. Ob Dynamo jetzt bewusst die Coronakarte gezogen hat, *wir werden es nie erfahren.* Fakt ist, dass wir aufgrund des personellen Engpasses beim Gegner gute Karten gehabt hätten, etwas Zählbares aus dem Osten mitzubringen. Nun gut, *so sei es.* Also geht es heute mit Kaiserslautern gegen einen direkten Konkurrenten. Ein Sieg würde uns dem Klassenerhalt einen riesigen Schritt näherbringen. Doof, dass durch die Absage am Samstag sowohl Schmidt als auch Coach Dotchev für *heute* gesperrt sind. Dafür stehen Bitter und Sauer nebeneinander in der Startelf. Mal schauen, ob diese Kombination gutgeht. Das gilt auch für den Co-Kommentar in Form von Rudi Bommer. Die ersten Halbchancen von Kamavuaka und Frey nehme ich nur beiläufig wahr, weil ich noch mit dem Start der Videokonferenz zugange bin. Mittlerweile ist auch Thomas per Konferenz dabei, allerdings vier Sekunden vor mir. Seinem „*Scheisse*" entnehme ich, dass in Kürze etwas passiert, was mir nicht gefallen wird. So der Pass an Gembalies und Sicker vorbei in den Strafraum. Es folgt der Querpass in die Mitte und das 0:1. „*Scheisse*", bestätige ich Thomas. *Kurz danach tritt auch Björn der Konferenz bei.* Mittlerweile sind fünfzehn Minuten um und der

150

MSV ist noch nicht wirklich im Spiel. Eine Niederlage würde natürlich bedeuten, dass wir wieder fett im Abstiegsstrudel wären. *Das muss echt nicht sein.* Auch nicht, dass ich immer noch vier Sekunden mit dem Bild hinterherhinke. *Das nervt auch.*

Mitte der ersten Halbzeit spielen nur die Gäste. Wir kommen kaum aus der eigenen Hälfte, geschweige denn in den gegnerischen Strafraum. Und wenn wir uns diesem nähern, fehlt die zündende Idee. So habe ich mir das jetzt nicht vorgestellt. *Oder erhofft.* Vielleicht geht heute den Gästen irgendwann die Luft aus, so wie uns zuletzt gegen Mannheim. Derzeit sieht es aber nicht so aus. Da fehlen den Zebras sowohl Gift als auch Galle. *Auch nach dreißig Minuten.* Man merkt, dass die Gäste nach dem Sieg gegen Saarbrücken Oberwasser haben. *Jetzt setzt sich aber Bouhaddouz im Strafraum durch.* Er zieht von halblinks ab. Der Ball wird abgefälscht und ... *klatscht an den Außenpfosten.* Das Glück ist nicht auf unserer Seite. Ich hoffe, dass sich das noch ändert. Ecken werden in dieser Spielzeit allerdings nicht mehr zu unseren Stärken zählen. *Wie so fast alles Andere auch nicht.* Auch das Holen eines Bieres ändert nichts am Spielstand. In der Folge nimmt der Druck der Lauter zwar ab, unser aber nicht zu. *So sind es nur noch fünf Minuten bis zur Pause.* Heute sind wir leider wieder auf dem Pfad der Ernüchterung unterwegs. *Ich will das nicht.* Die Zeichen der Duisburger sind dann eher übertriebener Körpereinsatz statt spielerischem Geschick. So stehen gegen Kamavuaka und Bitter zwei weitere Gelbe Karten auf unserem Konto. Bezeichnend, dass Sauers Distanzschuss von Bouhaddouz abgewehrt wird. Krempicki entgeht dann nur knapp seiner Gelben Karte. Und einem Elfmeter, nachdem Gembalies aus einem Meter an den Unterarm geschossen wird. Da scheiden sich auch wieder die Geister. Die einen sagen, der kann sich den Arm schließlich nicht abschrauben und der andere lamentiert wieder über die Vergrößerung der Körperfläche. *So geht es mit dem 0:1 in die Pause.*

Sämtliche Versuche der zeitlichen Aufholung scheitern. Noch immer bin ich vier Sekunden hinter den anderen Teilnehmern der Videokonferenz. So höre ich schon das Seufzen, bevor Stoppelkamp seinen Distanzschuss ansetzt, den der Keeper problemlos aufnehmen kann. *Aber die ersten fünf Minuten gehören den Zebras.* Nach einer Ecke kommt Kamavuaka zwar zum Kopfball, der aber zu harmlos ist. An dieser Stelle möchte ich nicht unerwähnt lassen, dass wir seit achtzehn Spielen immer ein Tor geschossen haben. Diese Serie hat kein anderes Team der dritten Liga vorzuweisen. Nun gut, erzielte Tore sind nicht zwangsläufig ein Garant für Punkte. Mir wäre lieber, wir hätten nicht die schlechteste Defensive der dritten Liga. *Mittlerweile sind schon wieder zehn Minuten um.* Der MSV bringt den Ball von rechts hoch in den Strafraum. Etwas zu hoch und zu lang, aber Bouhaddouz kommt mit dem Kopf dran und der Ball fliegt in Richtung des langen Pfostens. Der Keeper kommt dran und wehrt ab. Allerdings prallt der Ball gegen das Knie seines eigenen Mitspielers und von da aus ... *ins Tor*. Andreas Zeigler wird sich freuen, hat er doch jetzt wieder ein *Kacktor des Tages*. Uns eigenen soll es auch recht sein, haben wir jetzt doch zumindest den Ausgleich.

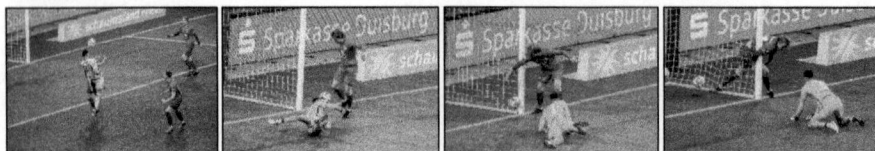

Kacktor des Tages: *Der Ausgleich zum 1:1*

Der MSV bleibt dran. Es gibt einen Einwurf für uns und weil der Lauterer Offizielle den Ball nicht hergibt, holt ihn sich Stoppelkamp selbst. *Und bekommt dafür die Gelbe Karte.* Vermutlich aufgrund einer verbalen Attacke in Richtung des Lauterers, der ebenfalls die Gelbe Karte bekommt. *Aber werten wir das mal als positives Zeichen.* Denn auch nach fünfzehn Minuten sind die Zebras jetzt weiter dran. Engin geht über rechts in den Strafraum und schießt ... *vorbei.* Ach Ahmet. Seit Wochen prophezeie ich seinen Doppelpack. Irgendwann muss er doch wenigstens mal wieder einfach treffen. Allerdings dürfen wir die Gäste nicht wieder ins Spiel kommen lassen. Jetzt starten die aber einen schnellen Angriff, an dessen Ende Weinkauf den Distanzschuß zur Ecke abwehren muss. Quasi im Gegenzug bringt Engin den Ball von der Grundlinie in den Strafraum. Bouhaddouz geht zum Kopfball, will aber nochmal ablegen. So kommt der Gegner an den Ball. Vielleicht hätte er es selbst machen sollen. *Warum gibt es eigentlich keine Gelbe Karte gegen den Lauterer, als er Sauer humorlos umsenst?* Vermutlich, weil er nicht mal auf Freistoß entschieden hat. *Das ist absolut lächerlich.*

Zwanzig Minuten vor dem Ende kommt Ademi für Krempicki. *Ist das die kontrollierte Offensive?* Mittlerweile beherrscht der Schiedsrichter das Spiel. Leider durch extrem merkwürdige Entscheidungen. Zum Glück lassen sich die Spieler davon kaum beeindrucken. *Noch fünfzehn Minuten.* Kaiserslautern ist in unserem Strafraum, deren Schuss wird aber abgeblockt. Vielleicht sollte ich die Option *Unentschieden* in Erwägung ziehen. Kurz danach kommen Tomic und Vermeij für Engin und Bouhaddouz. Die nächste Möglichkeit hat aber Stoppelkamp. Seine Schüsse aus der Distanz sind heute allerdings maximal Mittelmaß. Auf der Gegenseite ist dann Durchatmen angesagt, als ein abgefälschter Schuss an den Außenpfosten knallt. Die Ecke kommt und wieder muss Weinkauf den Schuss abwehren. Der Ball geht steil nach oben und Weinkauf will ich Fangen. Dabei wird er im Fünfmeterraum beim Hochspringen aber weggedrückt, sodass er den Ball nicht festhalten kann. *Wann kommt der Pfiff?* Gar nicht. Der zweite Lauterer im Dunstkreis von Weinkauf kann aus der Drehung den Ball ins Netz jagen. *Und der Treffer zählt.* Das kann ich nicht mehr kommentieren. Da fehlen mir echt die Worte. *Arschlochalarm* fällt mir da noch am ehesten ein. Natürlich ist mir klar, dass die *Torwartregel* so nicht mehr existiert. Aber wenn ich mit meinem Körper jemanden wegdrücke, der sich gerade in der Luft befindet, dass ist das ein Foulspiel. Da helfen auch sämtliche Proteste nichts und wir rennen erneut einem Rückstand hinterher.

Geht in den letzten sieben Minuten noch was? Ich habe da Bedenken, weil der Gegentreffer uns echt den Nerv gezogen hat. Da nutzt es auch nichts, dass Grilc von der Tribüne nach unten kommt und das Gespräch mit dem Linienrichter sucht. *Allerdings kann ich es nachvollziehen.* Vielleicht wurde der Schiedsrichter darauf hingewiesen, dass er möglicherweise eventuell in der ersten Halbzeit einen Elfmeter für Kaiserslautern hätte geben können. *Scepanik kommt für Frey.* Aber die Minuten verrinnen. *Die neunzig Minuten sind um.* Es gibt eine Ecke für uns. *Die wird abgewehrt.* Sauer versucht es direkt. *Abgewehrt.* Lautern kommt dran, aber Stoppelkamp holt sich links nahe des Strafraums den Ball. *Kein Foul.* Die Flanke kommt, Kopfball Kamavuaka und … *TOOOOR! JAAA! Meine Fresse.* Der Ausgleich ist mehr als verdient und das absolute Minimum. Und Kamavuaka läuft mit gespreizten Armen Richtung Bank, als wolle er gleich abheben. Ich meine zu sehen, dass er auch noch einen netten Gruß Richtung der Lauterer Bank sendet. *Geht noch was? Geht noch mehr?* Es sind noch drei Minuten. Bis auf eine Rudelbildung passiert aber nicht mehr. An diesen Aggressionen ist hauptursächlich der Schiedsrichter schuld. Und warum sich der Lauterer Trainer nachträglich über den Schiedsrichter beschwert, *keine Ahnung.* Er hätte den Elfmeter haben wollen, hat eine Rote Karte gegen uns, für wen auch immer, gesehen und der Treffer für Kaiserslautern sei regulär gewesen. Was für ein Arschloch. *So wie der Schiedsrichter.* Dabei belasse ich das heute. *Punkt mitnehmen und abhaken.*

Endstand: MSV Duisburg - 1. FC Kaiserslautern 2:2 (0:1)

MSV: Weinkauf, Sauer, Bitter, Gembalies, Sicker, Kamavuaka, Frey (87. Scepanik), Engin (78. Vermeij), Krempicki (70. Ademi), Stoppelkamp, Bouhaddouz (78. Tomic)
Kaiserslautern: Spahic, Hercher, Rieder, Götze (66. Bakhat), Senger, Zuck, Sickinger (57. Sessa), Ouahim, Zimmer (57. Redondo), Hanslik (81. Ritter), Pourié (66. Huth)
Tore: 0:1 Hanslik (11.), 1:1 Götze (55./ET), 1:2 Senger (79.), 2:2 Kamavuaka (90.)
Gelbe Karten: Bitter, Stoppelkamp, Weinkauf, Engin, Ademi - Ouahim, Bakhat
Schiedsrichter: Jonas Weickenmeier (Frankfurt/M.)
Zuschauer: Keine

Eigentlich wollte ich das Spiel heute beim Thomas anschauen. Aber nachdem ich gestern im Garten quasi Übermenschliches geleistet habe, hat mir mein Körper gesagt: *Ne, lass mal.* Darum bewege ich mich kurz vor den Anstoß unter maximaler Anstrengung auch nur von der Couch zum PC, um zumindest meiner journalistischen Pflicht nachzukommen. So langsam neigt sich die Saison dem Ende entgegen und die gestrigen Ergebnisse fordern für heute: *Verlieren verboten. Also wie immer.* In Wehen haben wir bisher zwar nur selten bis nie mehr als den berühmten Blumentopf gewonnen, aber heute wäre ein guter Tag für eine Veränderung. Leider ist Wehen derzeit auch sehr gut drauf, auch wenn der Aufstieg nur eine kleine Chance sein kann. Dafür haben die sicher noch einen dicken Hals bezüglich des Hinspiels, als wir 4:1 gewonnen haben. Aber das sollte uns keinesfalls beeindrucken. Für Bitter, Gembalies und Engin stehen heute Schmidt, Mickels und Scepanik in der Startelf.

Nach einem ersten Ballverlust startet Wehen sofort den ersten Angriff. Dabei wirken die Duisburger etwas unsortiert und bekommen den Ball nicht aus dem Strafraum. Letztendlich senkt sich eine Bogenlampe gefährlich nach unten und Weinkauf muss den Ball über die Latte zur Ecke lenken. Diese führt dann zu einem Zweikampf und der Wehener Forderung nach einem Strafstoß. Mein erster Eindruck: *Nein.* Mein zweiter Eindruck: *Nun gut.* Und wir befinden uns noch in den ersten beiden Spielminuten. Zumindest kann ich nach zehn Minuten festhalten, dass diese erste Chance für die Gastgeber kein den Weg weisenden Zeichen gewesen ist. Sie haben zwar mehr vom Spiel, was aber nichts Bedrohliches darstellt. Schade, dass Bouhaddouz bei seinem ersten Ansatz das Anspiel nicht zum Mitspieler bringen kann.

Fünfzehn Minuten sind gespielt und die Zebras haben einen Freistoß auf der linken Seite zugesprochen bekommen. Der Ball kommt an den kurzen Pfosten, aber der Keeper ist da. Immerhin die erste Torchance der Zebras. *Und sie bleiben dran.* In der Folge setzen wir uns etwas in der gegnerischen Hälfte fest. Der nächste Versuch eines Freistoßes ist dann aber wieder zu flach. *Wieder setzen wir nach.* Der Ball kommt in die Mitte zu Bouhaddouz ... *einen Zentimeter zu lang.* Das sieht mittlerweile aber durchaus nach koordinierten Versuchen aus, spielerisch zum Abschluss zu kommen. *Auch nach dreißig Minuten.* Schade, dass Bouhaddouz den Ball im Strafraum nicht verarbeiten kann. Aber das sieht nach Fußball aus und ich habe den Eindruck, dass der jeweils nächsten Angriffe zu einem erfolgreichen Abschluss kommen kann. Jetzt kommen die Zebras überrechts und Frey an der Strafraumgrenze an den Ball. Er bekommt ihn nicht richtig unter Kontrolle, versucht es dann aber dennoch aus der Luft. Auch dieser Versuch scheitert mangels korrekter Ballkontrolle. Das hätte durchaus schon diese eine Szene mit erfolgreichem Abschluss sein können. *Vielleicht jetzt.* Wieder der Pass in den Lauf von Bouhaddouz ... *und wieder zu lang.* Warum sich Kamavuaka dann über die Gelbe Karte aufregt, *keine Ahnung.* Das ist richtig und er muss jetzt nicht mit nach Dresden fahren.

Wieder der MSV über rechts. Der Ball kommt flach in den Strafraum, wo in der Mitte Krempicki völlig freisteht. Er muss nur den Fuß hinhalten ... *und trifft den Keeper.* Also, noch näher müssen die jetzt dem gegnerischen Tor nicht kommen. *Das ist völlig ausreichend, um einen Treffer zu erzielen.* Mittlerweile müssen wir uns darüber ärgern, dass wir noch nicht in Führung gegangen sind. Warum dann der Wiesbadener nach einem Foul an Kamavuaka *nicht* die Gelbe Karte bekommt, *auch keine Ahnung.* Mittlerweile ist der MSV die deutlich aktivere Mannschaft. Stoppelkamp bringt die Ecke von links. Kamavuaka stürmt heran und ... *kommt nicht dran.* Der Kommentator Markus Höhner, *ich hatte zu Beginn Markus Söder verstanden*, bringt einen Elfmeter ins Spiel. Ich hake das eher als normales Zweikampfverhalten ab und es geht mit dem torlosen Unentschieden in die Pause.

Den ersten Angriff der zweiten Halbzeit startet der MSV. Bouhaddouz kommt über links und geht in den Strafraum. Ein Verteidiger kommt dazwischen, spielt aber zu Krempicki. Der leitet direkt weiter, wieder in den Lauf von Bouhaddouz. Zwei Schritte später legt er den Ball rechts am Keeper vorbei und ... *trifft.* „YES", brülle ich in die Konferenz, wobei Björn gerade Bier holt und auch Thomas nicht zugegen ist. Vier Minuten später ist es wieder der MSV, der sich gefährlich in den Wiesbadener

Strafraum spielt. Stoppelkamp kommt zum Abschluss, aber ein Abwehrbein der Gastgeber ist dazwischen. *Kacke.* So ein Doppelschlag hätte was Beruhigendes gehabt. Plötzlich ist mein Stream weg. *Was soll das denn jetzt?* Angesichts der Reaktionen aus der Konferenz habe ich wohl zwei gute Szenen der Zebras verpasst. Aber da der Jubel ausbleibt, ist es beim 1:0 geblieben. *Doch der MSV bleibt dran.* Mickels kommt über links und bringt den Ball in die Mitte. *Aber wie!* Das ist mehr Schuss als Flanke. Wenn Bouhaddouz den Ball mit dem Kopf erreicht hätte, wäre er mit Gehirnerschütterung vermutlich auf dem Weg ins Krankenhaus. Nach zehn Minuten bekommen die Wiesbadener eine weitere Ecke zugesprochen. *Aber Weinkauf ist zur Stelle.*

Eine Stunde ist um. Wieder sind die Gastgeber in unserem Strafraum. Der folgende Drehschuss stellt für Weinkauf aber keine Gefahr dar. *Noch nicht.* So ein 2:0 wäre schon Drehschuss. Und ein 3:0 und ein 4:0. *Ist das etwas zu viel verlangt? „Natürlich nicht",* werde ich bestätigt. Primär wäre ich aber natürlich zufrieden, wenn wir heute keinen Gegentreffer mehr kassieren. Auf jeden Fall kann das nicht passieren, wenn wir unsererseits im Angriff sind. Was für ein geiler Pass entlang der linken Außenlinie. *Inklusive Hackentrick.* Krempicki spurtet Richtung Strafraum und legt quer in die Mitte. Stoppelkamp nimmt an und schießt flach Richtung langes Eck. *Der Keeper kommt aber dran und wehrt ab.* Allerdings direkt vor die Füße von Kamavuaka, den verlangt Abpraller aus acht Metern humorlos in Netz hämmert. Ich springe auf und schreie es heraus. *„JAAAA!!!"* Im Gegensatz zum letzten Spiel bin ich streamtechnisch heute vorne, sodass der Jubel der anderen erst Sekunden später erfolgt. *Es tut der Freude aber keinen Abbruch.* Wir führen 2:0 und es sind noch zwanzig Minuten zu spielen. Es sollte doch eigentlich für ein Unentschieden reichen. Dotchev sieht derweil Handlungsbedarf und bringt Vermeij und Bitter für Bouhaddouz und Mickels.

Zwei Minuten nach dem Wechsel greift der MSV wieder über links an. Stoppelkamp spielt in die Mitte. Vermeij nimmt an der Strafraumgrenze den Ball an und spielt den Doppelpass. So steht Stoppelkamp frei vor dem Keeper und haut den Ball ins kurze Eck. 3:0. *„JUHUHU"*, brülle ich es raus. Und die anderen folgen mit unverzüglich. *Wie geil ist das denn?* Und ich wage es kaum zu fragen, *aber darf ich schon von einem Sieg ausgehen?* Innerlich sträube ich mich dagegen. Beruhigt wäre ich vermutlich erst bei einem 4:0 in der vierten Minute der Nachspielzeit. *Bis dahin sind es aber noch fünfzehn Minuten.* Dennoch ist es schon amüsant, weil Dotchev unter der Woche davon gesprochen hat, dass er gerne mal einen entspannten Sieg sehen würde. *Ist es heute bereits soweit?*

Noch zehn Minuten. Jetzt kommt der MSV über rechts und Bitter spurtet in den Strafraum. Aber sowohl er als auch Krempicki bekommen den Ball nicht auf das Tor. Und nur eine Minute später kommt Stoppelkamp nach spielerischer Torannäherung erneut zum Abschluss und verfehlt das Ziel nur knapp. Stand jetzt ist der Sieg verdient und geht auch in dieser Höhe völlig in Ordnung. Und im Grunde besteht auch kaum bis gar keine Gefahr, dass es nochmal eng werden könnte. *Die Zebras machen alles richtig.* Dotchev zieht die nächste Wechselkarte und bringt Ademi für Krempicki. *Noch fünf Minuten.* Der MSV zieht sich jetzt aber etwas weiter zurück und Wiesbaden versucht es nochmal. Der Schuss von der Strafraumgrenze geht denkbar knapp neben das Tor. Demnach wäre es vielleicht doch nicht verkehrt, den Gegner durch eigene Angriffe wieder vom Tor fernzuhalten. Es folgt ein weiterer Wechsel und Fleckstein kommt für Frey. *Richtig so.* Alle Wechseloptionen ziehen, *aber schön hintereinander.* So nähern wir uns stetig der letzten Minute und eine Nachspielzeit dürfte es eigentlich überhaupt nicht geben. *Das Spiel hatte quasi keine Unterbrechungen.* Der Offizielle entscheidet sich für eine Minute. *Sag ich doch.* So siegen wir deutlich und ohne Gegentor. Und das verdient und nach einem geilen Spiel, vielleicht dem besten des MSV in dieser Saison. So macht das Zuschauen und das darüber Schreiben doch Spaß. Jetzt fehlt nur noch eins: *Der Besuch im Stadion.*

Endstand: Wehen Wiesbaden - MSV Duisburg 0:3 (0:0)

Wiesbaden: Boss, Ajani (58. Brumme), Mockenhaupt, Carstens, Chato (46. M. Niemeyer), Walbrecht (79. Lais), Lankford (79. Guthörl), Medic, Korte, Malone, Wurtz (79. Kuhn)
MSV: Weinkauf, Sauer, Schmidt, Sicker, Kamavuaka, Frey (87. Fleckstein), Mickels (71. Bitter), Krempicki (83. Ademi), Stoppelkamp, Scepanik, Bouhaddouz (71. Vermeij)
Tore: 0:1 Bouhaddouz (46.), 0:2 Kamavuaka (66.), 0:3 Stoppelkamp (72.)
Gelbe Karten: Carstens - Kamavuaka
Schiedsrichter: Patrick Hanslbauer (Stein)
Zuschauer: Keine

Ausgerechnet vor dem Nachholspiel entlässt Dresden den Trainer. Ich hoffe, dass die Mannschaft mittlerweile gefestigt ist und sich von derartigen Begleitumständen mehr nicht beeindrucken lässt. Ich will jetzt nicht von einem Sieg sprechen, denn mit einem Unentschieden wäre ich sehr zufrieden. Andererseits wären drei nicht erwartete Punkte in diesem Nachholspiel fast schon mit dem Klassenerhalt gleichzusetzen. *Aber das ist Wunschdenken.* Schade, dass Kamavuaka heute aufgrund seiner zehnten Gelben Karte gesperrt ist. Der ist zwischenzeitlich zu einer festen Größe geworden, was nicht nur mit seinen Treffern in den beiden letzten Spielen zu tun hat. Weil aber auch Schmidt ausfällt, rückt Max Jansen in die Startelf. Sicker geht nach innen und Scepanik spielt außen.

Weil ich auch heute wieder vier Sekunden vor Stream der Anderen bin, halte ich ihn kurz an und schaffe es somit zur Synchronisierung. Das ändert aber nichts daran, dass die ersten Minuten den stürmischen Dresdnern gehören und Weinkauf schon zweimal energisch zufassen muss. Nach fünf Minuten muss Gembalies auf dem Platz länger behandelt werden, als sein Gesicht in einem Zweikampf Kontakt mit einem Gegenspieler hatte. Bitter macht sich derweil zur Einwechslung bereit. Zunächst kommt aber die Ecke der Gastgeber, jedoch ohne Gefahr. *Und Gembalies kehrt zurück.* Nach zehn Minuten ist das Bild unverändert, sodass Duisburg eher auf Abwarten spielt. *Um es positiv auszudrücken.* Der erste nennenswerte Angriff erfolgt dann über Bouhaddouz, der Stoppelkamp in Szene setzen will. Leider ist der Pass zu ungenau. Aber sogleich fängt Krempicki einen Pass der Dresdner kurz vor deren Strafraum ab. Er legt weiter zu Bouhaddouz, der per Übersteiger zum Schuss kommt. *Pfosten.* Schade, denn das wäre mal die passende Reaktion auf die anfänglichen Bemühungen der Dresdner gewesen. Aber zumindest zeigt diese Szene, dass wir durchaus in der Lage sind, einen Treffer zu erzielen. So wie wir in den letzten sechszehn Spielen immer getroffen haben. *Aber jetzt Dresden.* Es sieht nach einem Foul gegen Jansen aus, der Schiedsrichter lässt aber laufen. Von rechts kommt der Querpass in die Mitte, wo der Dresdner fünf Meter vor dem Tor blank steht. *Das muss der Rückstand sein.* Aber Weinkauf ist mit dem Fuß dran. *Unfassbar.* Der Abpraller prallt Sicker dann an den Fuß. Und nochmal muss Weinkauf eingreifen, um den Ball abzuwehren. Den dann folgenden Schuss von Dresden lenkt Sauer endgültig zur Ecke. Oha, *da brannte aber lichterloh.*

Die Hälfte der ersten Halbzeit ist um. Nach einer Ecke landet der Ball in unserem Tor, aber der vorherige Pfiff hat das Spiel bereits unterbunden. *Es gibt einen Freistoß für uns.* Den Grund dafür kann ich auch in den Wiederholungen nicht entdecken. Also beschweren wir uns besser auch nicht. Aber die Zebras täten gut daran, sich nicht wieder zu weit nach hinten zu orientieren. Als ich noch vor zehn Minuten gedacht habe, der erste Druck der Gastgeber wäre überstanden, so setzt er sich jetzt doch wieder fort. Nun gut, auch wenn Dresden die letzten vier Spiele nicht gewonnen haben, ist das natürlich keine Kirmestruppe. Die wären mit zwei Siegen in deren Nachholspielen punktgleich mit dem Tabellenführer. Ich hoffe natürlich, dass es anders kommt und deren Sieg heute ausbleibt. Nach einem üblen Tritt in die Hacke von Bouhaddouz gibt es die Gelbe Karte gegen Dresden. Der beschwert sich, dass es doch sein erstes Foul gewesen wäre. *Egal.* Der Freistoß wird kurz ausgeführt und der Ball kommt nach rechts zu Stoppelkamp. Der flankt stramm in die Mitte, wo der Ball von einem Dresdner auf das eigene Tor gelenkt wird. Aber der Keeper kommt dran und wehrt ab. Bouhaddouz setzt nach, aber vorher wird der Ball zur Ecke geklärt. Erst die Wiederholung zeigt, dass sich Bouhaddouz in dieser Szene mal lustig für das vorherige Foul gegen sich gerächt hat. Aber ohne Karte und ohne Freistoß. „*So geht das*", entnehme ich der Videokonferenz. Mir wäre es allerdings lieber gewesen, er hätte den Abpraller zur Führung versenkt.

Acht Minuten sind es bis zur Pause. Gembalies verliert im Mittelfeld den Ball und Dresden macht das Spiel schnell. Sicker grätscht dazwischen und der Schiedsrichter entscheidet auf Foul und Gelbe Karte gegen Sicker. Die Wiederholung zeigt aber, dass es kein Foul gewesen ist. Aber ich gebe zu, dass auch ich es im ersten Moment so gesehen habe. Jedenfalls gibt es von einer nicht ungefährlichen Position aus Freistoß für Dresden. *Aber der Ball prallt an der gestreiften Mauer ab.* Die nächsten Minuten vergehen dann zwar intensiv, chancentechnisch aber ereignislos. Zwei Minuten vor der

Pause versucht es Stoppelkamp per Direktabnahme aus der Distanz, *aber drüber*. Bei Dresden bekommt Luka Stor dann die Gelbe Karte. *Heißt der so?* Nicht etwa *Lukas Tor?* Ok, der ist halblustig. Aber irgendwie muss ich die Zeit bis zur Pause jetzt überbrücken.

Auch die ersten drei Minuten der zweiten Halbzeit drücken die Gastgeber sofort Richtung Duisburger Tor. Aber wir lassen uns nicht beirren und zeigen in Form von Stoppelkamp an der Grundlinie, dass mit uns zu rechnen ist. Allerdings findet sein Pass in die Mitte keinen Abnehmer. Auf der Gegenseite haben wir dann Glück, dass Sicker den Ball nach einem Direktschuss zur Ecke lenkt. *Mit der Hand.* In Summe ist es ein sehr intensives Spiel. Gefühlt kann auf beiden Seiten was passieren, im Augenblick aber eher für die Gastgeber. Die Dresdner haben mehr Ballbesitz und auch mehr Hereingaben in unseren Strafraum. Die Zebras wären gut beraten, selbst mal wieder aktiv zu werden. Zunächst gibt es nach einem dummen Foul von Frey nebst Gelber Karte aber einen Freistoß für Dresden. Doch der geht weit über das Tor. Ich sag mal so: *Von mir aus könnte jetzt Schluss sein.* Aber es ist noch eine halbe Stunde. Sicker startet aus der eigenen Hälfte heraus einen Konter. Über Stoppelkamp geht es zu Bouhaddouz. Der ist im Strafraum und zieht ab ... *drüber.* Es ist gut die Dresdner wissen zu lassen, dass wir durchaus wach und angriffsbereit sind. In der 65. Minute kommt es auf unserer Seite zum Doppelwechsel. Bitter und Vermeij kommen für Mickels und Krempicki. Das bedeutet, dass jetzt Vermeij und Bouhaddouz auf dem Platz stehen. *Ich bin gespannt.* Vermeij hat nach einem Dresdner Fehlpass dann auch die Riesenchance zur Führung. Aber trotz freier Schussbahn haut er den Ball über das Tor. *Scheiße.* Aber viel Zeit zum Lamentieren bleibt nicht. Es geht jetzt irgendwie rauf und runter. Ich denke, dass Dotchev eine mögliche Niederlage in Kauf nimmt, indem er den Sieg avisiert. Uns würde eine Niederlage auch nicht wirklich zurückwerfen. Und fast hätte Vermeij seiner Taktik die Bestätigung folgen lassen.

Noch fünfzehn Minuten. Der MSV macht das mittlerweile sehr gut und hat auch mehr Spielanteile. Derzeit sieht es eher so aus, als würde Dresden einen Konter benötigen, um in Führung zu gehen. Und jetzt kommen sie über links und bringen den Ball in den Strafraum. Dort grätscht ein Dresdner im Rücken von Gembalies ein und trifft ins kurze Eck. Das ist jetzt doch ärgerlich. Das ist unnötig. *Waren wir doch zu offensiv unterwegs?* Aber noch ist Zeit. Vielleicht raffen wir uns nochmal auf und nehmen den Ausgleich ins Visier. *Mittlerweile ist Ademi für Jansen auf dem Feld.* Das bedeutet, dass wir drei Mittelstürmer auf dem Platz haben. Dotchev lässt nichts unversucht. *Sekt oder Selters.* Natürlich werden sich jetzt Räume für Dresdner Konter bieten. Wir selbst agieren derzeit leider zu überhastet und ungenau. Bei Stoppelkamp bin ich mir mitunter nicht sicher, ob er flanken oder schießen will. Mit dem letzten Duisburger Wechsel kommt Tomic für Sauer. *Mehr Offensive geht nicht.* Aber uns fehlt die Kontrolle. Und ausgerechnet jetzt steht beim Stream einer auf der Leitung. Alle paar Sekunden bleibt das Spiel stehen. *Und zwar bei uns allen.* Aber nur ich werde dann komplett rausgeschmissen und ich kann mich auch nicht mehr anmelden. *Im dritten Versuch klappt es dann.* Die neunzig Minuten sind mittlerweile um das Bild stockt schon wieder. *Würde es noch 0:0 stehen, wäre ich weniger genervt.* Zumindest kann ich erkennen, dass es drei Minuten Nachspielzeit gibt. „*Noch drei Minuten Bangen und Hoffen*", so der Kommentator. In echt dürfte das Spiel schon um sein. Hier kämpfen wir uns im *Stop & Go* dem Ende entgegen. *Noch neunzig Sekunden.* Der Ball kommt hoch in den Dresdner Strafraum, aber der Keeper ist da. Ich schätze, das dürfte es gewesen sein. Ja, *das ist es gewesen.* Die Niederlage bringt uns nicht um, musste aber dennoch nicht sein. Ich resümiere, dass die glücklichere Mannschaft gewonnen hat. Mehr gibt es heute nicht mehr zu sagen.

Endstand: Dynamo Dresden - MSV Duisburg 1:0 (0:0)

Dresden: Broll, Ehlers, Mai, Knipping, Löwe (83. Kühn), Stark, Will (54. Kreuzer), Kade, Hosiner (62. Wlachodimos), Stor (46. Diawusie), Daferner
MSV: Weinkauf, Sauer (86. Tomic), Gembalies, Sicker, Scepanik, Jansen (82. Ademi), Frey, Mickels (67. Bitter), Krempicki (67. Vermeij), Stoppelkamp, Bouhaddouz
Tor: 1:0 Daferner (77.)
Gelbe Karten: Mai, Stor - Sicker, Frey
Schiedsrichter: Asmir Osmanagic (Stuttgart)
Zuschauer: Keine

5. Mai 2021- 35. Spieltag
MSV Duisburg - FC Bayern München II

Vor fast einem Jahr hat uns das Spiel in München am vorletzten Spieltag den Aufstieg gekostet und gleichzeitig wurde Bayern Meister. Heute könnten wir Bayern ein Stück weiter Richtung Abstieg treten und selbst den Klassenerhalt unter Dach und Fach bringen. Dazu ist natürlich ein Sieg erforderlich und gleichzeitig darf Uerdingen nicht gegen Köln gewinnen. Nach einer zwischenzeitlich extrem bedenklichen Phase am Tabellenende wäre es dann vier Spieltage vor Schluss ein zumindest versöhnliches Ende. Aber das wird schwer genug, zumal Kamavuaka aufgrund eines positiven Coronatests ausfällt. *Ich sehne den Tag herbei, an dem derartige Nachrichten der Vergangenheit angehören.* Ausgerechnet jetzt, wo der Wilson zu einer festen Größe im Team geworden ist. Auch Gembalies muss aufgrund eines Nasenbeinbruchs passen. Dadurch kehrt Schmidt zurück und der Rest ist quasi identisch mit der Aufstellung gegen Dresden.

Die erste Möglichkeit haben die Gäste nach einer Minute mit einem Schuss aus spitzem Winkel, der für Weinkauf aber kein Problem darstellt. Dann stockt mein Stream und ich bin acht Sekunden hinter Björn. Was für ein Mist, dieses Leben mit dem Stream. *Ich wieder an den derartigen Nachrichten TV.* Darum stöhnt Björn schon auf, während ich noch den Rückpass von Krempicki in die Mitte sehe, den Bouhaddouz nicht trifft. *Laut Reporter quasi ein vergebener Elfmeter.* So weit würde ich nicht gehen, aber es wäre durchaus mehr möglich gewesen. Im Gegenzug muss Sicker im letzten Moment zur Ecke klären. Ich bin aber noch immer acht Sekunden hinter dem Stream von Björn, weshalb ich kurzerhand den Computer neu starte. Es sorgt zumindest für

162

eine Annäherung auf vier Sekunden. Der MSV kommt jedenfalls über links und Krempicki bringt den Ball in die Mitte. *Es ist aber wohl Abseits gewesen.* Auf der Gegenseite kommt Bayern seinerseits über links in den Strafraum und zum Abschluss. Und der Ball zappelt im Netz. *Scheisse.* Das sind in Summe einfach zu viele Rückstände. Aber die Zebras kommen mit Krempicki über rechts. Er spielt in den Lauf von Mickels, der, *sich schon im Strafraum befindend,* den Ball in die Mitte bringt. An allen vorbei kommt der Ball am zweiten Pfosten zu Bouhaddouz. Der hält den Fuß hin und … *trifft zum Ausgleich. Yes!* Das ist die richtige Antwort. Am besten noch sofort das 2:1 nachlegen. *Aber nach zwanzig Minuten steht es nach wie vor 1:1.*

Mitte der ersten Hälfte halte ich fest, dass der MSV so langsam besser ins Spiel findet. Aber die Münchener sind dennoch extrem gefährlich, insofern sie schnell zum Angriff kommen. Und kaum notiere ich es, kommen die Gäste wieder etwas stärker auf. In Summe passiert vor den Toren aber nicht wirklich viel. Da ist sehr viel Quergeschiebe. Vor allem, wenn der MSV den Ball hat und sich die Bayern sehr weit zurückziehen. Und ich zucke immer zusammen, wenn die dann schnell nach vorne spielen. Sie sind allein aufgrund ihres bloßen Präsenz kaum zu ertragen. *Können wir denen durch Tore unsererseits nicht einfach den Nerv ziehen?* Aber auch nach dreißig Minuten steht es unverändert 1:1. *Bouhaddouz schickt Mickels in den Strafraum.* Der zieht nach innen, bleibt mit etwas Glück am Ball und zieht ab. *Aber vorbei.*

Warum auch immer, aber auf einmal ist mein Stream wieder weit hinter dem der anderen. Wieder höre ich das Seufzen und Stöhnen der Anderen, als ich den erst extrem verzögert den Pfostenschuss von Bouhaddouz sehe und die Glanzparade des Keepers nach Stoppelkamps Nachschuss. Ähnlich ist es mit Mickels Tor, welches wegen einer Abseitsstellung aber keine Anerkennung findet. *Es nervt gerade alles.* Wir treffen das Tor nicht und ich sehe alles zeitversetzt. Dafür mache ich jetzt Zebra-fm an und bin zumindest tontechnisch vorne. Das ist aber unbefriedigend, weil ich jetzt drei Quellen habe und gleichzeitig mitschreiben muss. *Ich bin quattrotaskfähig.* Nach einem Zweikampf bekommt Bayern einen Freistoß und Sauer die Gelbe Karte. *Es war aber kein Foul.* Nun gut, schwer zu entscheiden. Der Freistoß bringt keine Gefahr. Dass Sauer nach einem Angriff dann in der Hälfte des Gegners bleibt und behandelt werden muss, wirkt bedenklich. Und dass sich Bitter bereits die Jacke auszieht, weist auf einen Wechsel hin. So geht es in Unterzahl und mit dem 1:1 in die Pause. Gleichzeitig führt Uerdingen gegen Köln, was stimmungstechnisch jetzt eher kontraproduktiv ist.

Sogleich die erste Chance in der zweiten Halbzeit haben wieder die Bayern, weil Schmidt viel zu träge in den Zweikampf geht. Den strammen Schuss muss Weinkauf mit den Fäusten abwehren. Auch die nächste Szene gehört den Bayern, aber der Schuss geht am langen Eck vorbei. Nachdem ich den Computer nochmal neu gestartet habe, bin ich jetzt wieder nur zwei Sekunden hinter dem Stream der Anderen. *Nicht toll, aber besser als vorher.* Schade, dass den Zebras die Pause nicht ganz so bekommen ist. Die müssen sich erst wieder ins Spiel hineinfinden. *Im Gegenteil.* Der MSV hat Glück, dass nach einem Lupfer der dann freistehende Bayer den Ball nicht trifft und Weinkauf aufnehmen kann. *Ist das doch die Angst vor dem Klassenerhalt?* Auch den nächsten Schuss muss Weinkauf abwehren. *Hallo? Werdet endlich wach.* Im Moment machen die Gäste das Spiel. So wird das sicher nichts mit dem vorzeitigen Klassenerhalt. Auch hier: *Im Gegenteil.* Eine Niederlage würde uns wieder zurück in den Sumpf ziehen.

Nach einer knappen Stunde geht Sauer dann doch runter und Bitter kommt ins Spiel. Ob das jetzt ein verletzungsbedingter Wechsel ist, vermag ich nicht zu beurteilen. Es sieht jedenfalls nicht so aus. Es sieht auch nicht so aus, als ob wir uns in absehbarer Zeit auf die Siegerstraße begeben würden. Dafür kommt nach vorne einfach zu wenig. *Vielleicht jetzt.* Scepanik kommt über links uns bringt den Ball wuchtig in die Mitte. *Und plötzlich ist der Ball drin.* Und zwar vom Bein eines Bayernspielers durch die Beine des Keepers. Demnach ein lupenreines Eigentor. *Egal. Nehmen wir!* Vielleicht und auch hoffentlich ist das der Dosenöffner, uns endgültig auf die Schiene zum Klassenerhalt zubringen. *Egal, was Uerdingen heute macht.* Denn ich wette, dass ein heutiger Sieg hierfür ausreichen wird. Aber zunächst gilt es, den Vorsprung zu halten. Denn erwartungsgemäß geben die Bayern nicht auf und wir müssen zwei Ecken überstehen. Zwischenzeitlich ist auch die Hälfte der zweiten Halbzeit wieder um. *Ich habe kein Bock auf Zittern.* Aber angesichts der wieder vermehrt anrennenden Münchener scheint es darauf hinauszulaufen. Wir schaffen es auch nicht, die erforderliche Ruhe ins Spiel zu bringen. Irgendwie machen uns die Münchener durch ihre Agilität zu hektisch. So geht es in die letzten zwanzig Minuten.

Nach einem weiteren Angriff der Bayern und einem Zweikampf an der Strafraumgrenze erfolgt der Pfiff zum Elfmeter. *Innerhalb?* Ja. *Foul?* Puh. Und heute hat Weinkauf keine Chance, sodass der Ausgleich Realität ist. Dabei habe ich gerade erst festgestellt, dass Köln in Uerdingen den Ausgleich erzielt hat, was für uns den Klassenerhalt bedeutet hätte. *Ich hasse das.* Fünfzehn Minuten vor dem Ende reagiert Dotchev und bringt Vermeij, Tomic und Ademi für Krempicki, Bouhaddouz und Mickels. In der Zwischenzeit folgt die Wiederholung des Zweikampfs, der zum Elfmeter führte. Und ich lege mich fest: *Kein Foul. Ball gespielt.* Mittlerweile laufen die letzten zehn Minuten und es sieht eher so aus, als würden die Bayern auf den dritten

Treffer gehen. Nun gut, die sind Drittletzter und ein Unentschieden wäre zu wenig. *Wir könnten da schon eher mit leben.* Das wäre aber die berühmte, weil mühsame Eichhörnchentaktik. Nun gut, mir soll es recht sein, wenn es ganz am Ende reicht. Für heute fehlen auf diesem Weg noch fünf Minuten. Schade, dass Vermeij nach Stoppelkamps Hereingabe mit rechts den Ball nicht trifft und mit links quasi klärt. So wie auch Ademi knapp den Ball verfehlt, als Stoppelkamp den Ball von links in den Strafraum bringt. Mittlerweile laufen die beiden letzten Minuten der offiziellen Spielzeit. Als die um sind, werden drei Minuten Nachspielzeit angezeigt. Die beginnen mit dem Wechsel Fleckstein für Jansen. Ich denke, dass Dotchev mit diesem Punkt zufrieden ist. Und das muss er dann auch, denn es bleibt beim 2:2. Da Uerdingen und Meppen auch nur Unentschieden gespielt haben und Kaiserslautern gestern bereits verloren hat, bleibt es beim Vorsprung von sechs Punkten. *Ärgerlich aufgrund des unberechtigten Elfmeters.* Sonst wären wir schon durch. *But life sucks sometimes.* In Summe geht das Unentschieden aber in Ordnung. Der Blick auf die Tabelle zeigt, dass es sechs Punkte Vorsprung bei noch neun zu vergebenden Punkten sind. *Das sollte doch reichen.* Obwohl ich Bouhaddouz Ansicht, dass wir nächste Woche in Magdeburg alles klarmachen, nicht so ganz teilen kann. Ich hoffe eher darauf, dass nicht alle Mannschaften unter uns alle Punkte holen und wir eher passiv die Klasse halten. Vielleicht mit einem oder zwei Punkten aus den letzten drei Spielen.

Endstand: MSV Duisburg - FC Bayern München II 2:2 (1:1)

MSV: Weinkauf, Sauer (59. Bitter), Schmidt, Sicker, Scepanik, Jansen (90. Fleckstein), Frey, Mickels (77. Tomic), Krempicki (77. Ademi), Stoppelkamp, Bouhaddouz (77. Vermeij)
Bayern: Hoffmann, Waidner, Che, Feldhahn, Vita, Welzmüller (64. Arp), Singh, Stiller, Günther (35. Kühn), Scott (64. Zaiser), Sieb (79. Stanisic)
Tore: 0:1 Sieb (13.), 1:1 Bouhaddouz (14.), 2:1 Che (62./ET), 2:2 Arp (73./FE)
Gelbe Karte: Sauer
Schiedsrichter: Steven Greif (Gotha)
Zuschauer: Keine

Wenn ich ganz ehrlich bin, dann könnte ich auf diese Spannung verzichten. Letztendlich benötigen wir aus den letzten drei Spielen zwei Punkte. *Das sollte machbar sein.* Aber es geht heute gegen die derzeit starken und seit dem letzten Spieltag geretteten Magdeburger. Nächste Woche kommt dann Ingolstadt zu uns, die selbst noch aufsteigen wollen. Und am letzten Spieltag geht es nach Meppen, die sich wie wir noch im Strudel des Abstiegs befinden. Und das alles nur, weil Bayern einen unberechtigten Elfmeter bekommen hat. *Ok, nicht nur.* Aber an dieser Szene lässt es sich einfacher ausmachen. So müssen wir darauf hoffen, dass die Magdeburger um Zuge der Feierlichkeiten zum Klassenerhalt noch nicht wieder ganz nüchtern und deren Kampfansage, bis zum Ende durchziehen zu wollen, nur das erforderliche Gebrüll sind. Oder um es anders zu formulieren: *Ein Punkt kann helfen, drei würden helfen.* Leider befindet sich Kamavuaka noch immer Quarantäne.

Leider hinke ich auch heute streamtechnisch wieder hinterher. So höre ich Thomas bereits wieder aufstöhnen, bevor ich Engin den Ball verstolpern sehe. Und Peter ist nach längerer Abwesenheit heute auch mal wieder mit am Start. Wir dachten schon, er wolle nichts mehr mit uns zu tun haben. *Und auf dem Spielfeld?* Das reicht ein simpler Doppelpass im Strafraum, um frei zum Schuss zu kommen und das Tor zu erzielen. Wieder schlafen wir in der Anfangsphase den Schlaf des Gerechten und gehen nach sieben Minuten in Rückstand. *Zeitgleich geht Uerdingen in Kaiserslautern in Führung.* Ich sag mal so: *SCHEISSE!* Fünf Minuten später kommt der Ball hoch in unseren Strafraum. Scepanik hat den Ball im Blick, geht aber nicht zum Kopfball. *Dafür der hinter ihm stehende Magdeburger.* Das wäre vielleicht nicht so tragisch, wäre Weinkauf nicht schon auf halben Weg Richtung Ball. Selbiger geht dann über ihn hinweg zum 0:2 ins Tor. *Und wieder ein Kandidat zum Kacktor des Tages.* Das nenne ich dann mal den absoluten Stimmungskiller und der Klassenerhalt am heutigen Tag scheint weg. Umgekehrt betrachtet ist der Abstieg plötzlich wieder ganz nah. *„Ich will kein Endspiel gegen Meppen"*, so Björn. *Dem schließe ich mich an.* Ich habe auch keine Erklärung für dieses bislang lethargische Auftreten des MSV. Im Moment sieht es nach einer deutlichen und aus Duisburger Sicht extrem unerfreulichen Entwicklung aus. *Na klar haben wir gezeigt, dass wir Spiele auch drehen können.* Aber der heutige Gegner ist extrem gut drauf und irgendwann ist das Hinterherlaufen auch ermüdend. *Selbst beim Zuschauen.* Zwanzig Minuten sind um und Stoppelkamp setzt am Strafraum Krempicki in Szene. Der kommt frei zum Schuss, aber der Keeper nimmt den halbhohen Ball dankbar an, um spektakulär abzuwehren. Immerhin, *ein Lebenszeichen.* Aber meine Hoffnung, dass es jetzt etwas mehr wird, bleibt unerfüllt. Die Hereingaben kommen bevorzugt in die auffangbereiten Arme des Magdeburger Keepers.

Eine halbe Stunde ist um und Kaiserslautern ist gegen Uerdingen mit 2:1 in Führung gegangen. Ein Unentschieden wäre vermutlich besser, aber wenn schon einer dieses Spiel gewinnt, dann besser Kaiserslautern. *Irgendwie muss ich mir den Tag doch positiv reden, wenn es der MSV nicht schafft.* Ja, ich hatte Respekt vor dem heutigen Spiel. Aber ich habe mir trotzdem etwas mehr erhofft. Was auch nicht schwer wäre, weil da im Grunde *nichts* ist. Am Mittwoch kurzfristig gerettet und jetzt wieder den Schritt am Abgrund. *Es ist zum kotzen.* Zumal Magdeburg sofort wieder Gefahr ausstrahlt, wenn sie etwas anziehen und die Duisburger Spieler wie Statisten aussehen lassen. Andrea ist heute bei ihrem Cousin in Magdeburg und hat sicher kaum Spaß am Spiel. Irgendwer muss da jetzt den Schalter zum Umlegen finden und auch betätigen. In der ersten Halbzeit stehen hierfür aber nur noch fünf Minuten zur Verfügung. Die beginnen nach einer Duisburger Ecke, die zu einem Magdeburger Konter mutiert, an dessen Ende der Lupfer über Weinkauf hinweg knapp am Tor vorbeigeht. Das sind Chancen, von denen wir derzeit nur träumen können. *Was ist nur los?* Plötzlich rastet Bouhaddouz total aus und bekommt die Gelbe Karte. Was der provozierende Magdeburger gesagt oder gemacht haben soll, werden wir maximal nach dem Spiel erfahren. Da unvermittelt der Pausenpfiff erfolgt hoffe ich zumindest darauf, dass jetzt mehr Adrenalin im Blut ist, um den Kampf gegen den Abstieg endlich wieder anzunehmen.

Die zweite Halbzeit beginnt mit Vermeij für Bouhaddouz. Angesichts der letzten Szene der ersten Halbzeit vermutlich die richtige Entscheidung. Überraschend ist aber der Wechsel Tomic für Stoppelkamp. *Plötzlich ist die Videokonferenz weg.* Ich kann mich aber nicht darauf konzentrieren, weil der MSV angreift. Vermeij verlängert per Kopf zu Tomic. Der nimmt den Ball an, geht einen Schritt und zieht mit links ab. *Und der ist drin.* Zwar abgefälscht, aber egal. *Wir sind wieder im Spiel.* Und das durch die beiden Einwechselspieler. Von mir aus kann das jetzt so weitergehen. *Zumindest bis zum Unentschieden.* Zwischenzeitlich kann ich auch den Stream reaktivieren. *Zehn Minuten sind wieder gespielt.* Magdeburg kommt über rechts und wechselt nach links. Der folgende Schuss geht denkbar knapp am rechten Pfosten vorbei. Aber kurz danach kommt Magdeburg wieder über rechts. *Und jetzt geht der Flachschuss unten links rein.* Zum einen nervt der Gegentreffer und zusätzlich, wie einfach das möglich gewesen ist. Jetzt muss schon eine Menge passieren, dass noch was Zählbares herausspringt. Leider kommt der für Krempicki eingewechselte Palacios nach einer flachen Hereingabe nicht an den Ball.

Wir sind bereits in der 65. Spielminute. Magdeburg zieht sich etwas zurück, was aber nicht gleichbedeutend heißt, dass der MSV mehr Chancen hat. Jetzt aber Engin über rechts mit der hohen Hereingabe an den zweiten Pfosten. Vermeij kommt dran, bekommt aus spitzem Winkel den Ball aber nicht am Keeper vorbei. *Erwartungsgemäß bringt die Ecke nichts ein.* Leider erklingt der Abseitspfiff des Schiedsrichters, als der herauslaufende Keeper der Gastgeber über den Ball tritt und Engin den Ball in das leere Tor schiebt. Das Zeigen einer aufschlussreichen Wiederholung bleibt aus. *Noch zwanzig Minuten.* Vermeij kommt im Strafraum nach einem Freistoß zum Kopfball, aber wieder ist der Keeper mit den Fingern dran. *Das ist heute nicht unser Tag.* Dabei würde uns ein simples Unentschieden schon helfen. *Aber wie?* Auf jeden Fall nicht, wenn wir den Ball am gegnerischen Strafraum direkt zum Gegner spielen. *Zeit Bier zu holen.* Nach meiner Rückkehr höre ich von Palacios Chance, der frei vor dem leeren Tor stehend daneben geköpft hat. *Gut, dass ich das nicht gesehen habe.*

Es laufen die letzten fünfzehn Minuten. Keine Ahnung, was mir Hoffnung machen soll. *Der Wechsel Karweina für Frey?* Keine Ahnung. *Vermutlich nicht.* Vielleicht passiert morgen das Wunder und Bayern gewinnt nicht gegen die bereits abgestiegenen Unterhachinger. *Aber da rechne ich aber nicht wirklich mit.* Derweil kommt Fleckstein für Jansen. Ich kann mir schon vorstellen, dass Dotchev zumindest versuchen will, dass es nicht *noch* schlimmer kommt. Möglicherweise kann auch das Torverhältnis noch ausschlaggebend sein. Mittlerweile sind es nur noch acht Minuten und es gibt nichts, was noch diskussionswürdig wäre. *Auch die Flanke von links ist zu lang.* Aber Tomic erläuft den Ball und bringt ihn von der Grundlinie zurück in die Mitte. Vermeij kommt völlig blank zum Kopfball und macht das 2:3. *Und jetzt?* Plötzlich ist der eine Punkt wieder im Visier, der am Ende so unfassbar wichtig sein könnte. *Aber es sind nur noch zwei Minuten.* Es wäre so ärgerlich, wenn es am Ende doch nur Ergebniskorrektur ist. Jetzt ist Engin im Strafraum. Er schießt ... *drüber. Argh!* Mittlerweile sind die neunzig Minuten um und es gibt noch einen Freistoß für uns. Der bringt aber keine Gefahr. *Es gibt drei Minuten Nachspielzeit.* Und den Distanzschuss der Magdeburger, der aber genau auf den Keeper kommt. In der Folge versucht es der MSV mit der Brechstange, kommt aber weder zu Chancen noch zum Ausgleich. *Es ist so surreal.* Letzten Mittwoch kurzfristig gerettet und heute wieder Zittern ohne Ende. *Ich will das nicht.*

Endstand: 1. FC Magdeburg - MSV Duisburg 3:2 (2:0)

Magdeburg: Behrens, Ernst (68. Koglin), Müller, Bittroff, Bell Bell, Müller, Jacobsen, Malachowski (46. Rorig), Atik (87. Bertram), Kath (68. Conteh), Brünker (33. Beck)

MSV: Weinkauf, Bitter, Schmidt, Sicker, Scepanik, Jansen (80. Fleckstein), Frey (78. Karweina), Engin, Krempicki (46. Palacios), Stoppelkamp (46. Tomic), Bouhaddouz (46. Vermeij)

Tore: 1:0 Brünker (8.), 2:0 Ernst (13.), 2:1 Tomic (47.), 3:1 Atik (58.), 3:2 Vermeij (84.)

Gelbe Karten: Rorig, Bittroff - Bouhaddouz

Schiedsrichter: Tom Bauer (Neuhofen)

Zuschauer: Keine

12. Mai 2021- Niederrheinpokal (Viertelfinale)
KFC Uerdingen - MSV Duisburg

Nach der Niederlage in Magdeburg hatte ich unendlich schlechte Laune. Alle Zeichen deuten auf einen Showdown am letzten Spieltag in Meppen hin. Und ich wusste, dass sie Sonntag nicht besser werden würde, wenn die Konkurrenz gegeneinander spielt. So spielte Meppen gegen Lübeck, die am Strohhalm kleben und Bayern II gegen Unterhaching, die schon als Absteiger feststehen. Also verzichtete ich darauf, mir die Spiele anzuschauen. Doch nach Beendigung der Partien könnten wir bereits übermorgen den Klassenerhalt feiern, obwohl wir erst Samstag spielen. *Was ist passiert?* So um 15h stellte Björn eine Nachricht in unsere Gruppe mit dem Text: *Dritte Liga jetzt bitte abpfeifen.* Natürlich schaute ich dann doch nach und sah, dass Lübeck in Meppen mit 2:0 führte und Unterhaching bei Bayern II mit 1:0. Das erste Spiel hatte auch schon um 13h beginnen, sodass die Meppener Niederlage kurz danach feststand. Dennoch weigerte ich mich, mir das Münchener Derby anzuschauen. Ich aktualisierte lediglich den Live-Ticker, wo plötzlich sogar das 2:0 für Unterhaching auftauchte. Leider kurz danach auch das 1:2. Fünf Minuten vor dem Ende habe ich es dann doch nicht mehr ausgehalten und den Live-Stream gestartet. Und es blieb, *wenn auch mit etwas Glück*, beim Sieg der Unterhachinger. Letztendlich bedeutet es, dass Bayern II uns nicht mehr einholen kann. Und sowohl Meppen als auch Uerdingen benötigen zwei Siege und zwei Niederlagen unsererseits, um noch an uns vorbeizuziehen. Auf den Showdown in Meppen würde ich dabei natürlich gerne verzichten. Und dazu würde es ausreichen, wenn Meppen am Freitag in Saarbrücken maximal unentschieden spielt. Wenn es so kommt: *Danke Lübeck. Danke Unterhaching. Danke Saarbrücken.*

Heute startet dann die verkürzte Version des Niederrhein-Pokals, an dem letztendlich sieben Teams versuchen, selbigen zu gewinnen und den begehrten Startplatz für den DFB-Pokal zu erreichen. Gegen ein kleines Entgelt von zehn Euro könnte ich mir das Spiel per Livestream sogar anschauen, nur muss ich zur Anstoßzeit um 15h noch arbeiten und sitze dabei auch noch im Kundenbereich an der Kasse, sodass diese Option keine ist. So vernehme ich zwischendurch per Live-Ticker lediglich die Nachrichten, dass Uerdingen lediglich mit einer B-Elf spielt, welche wir in der Folge mit 5:0 besiegen. Erst wieder daheim kann ich mir zumindest die Zusammenfassung des Spiels anschauen.

Endstand: KFC Uerdingen - MSV Duisburg 0:5 (0:1)
Uerdingen: Königshofer, Dorda (46. Schneider), Girdvainis, Traoré (46. Jeroch), Yeboah, Anapak-Baka (46. Minio), Kobiljar, Pfannenroth, Kretschmer, Mallek, Marcussen (46. Göbel)
MSV: Deana, Bitter, Fleckstein, Frey (57. Jansen), Krempicki, Mickels (71. Engin), Scepanik (71. Sauer), Stoppelkamp, Ademi, Tomic, Vermeij
Tore: 0:1 Stoppelkamp (45.+2, FE), 0:2 Stoppelkamp (63.), 0:3 Tomic (70.), 0:4 Stoppelkamp (74.), 0:5 Ademi (90.)
Gelbe Karten: Mickels, Scepanik
Rote Karte: Girdvainis
Zuschauer: keine

15. Mai 2021- 37. Spieltag
MSV Duisburg - FC Ingolstadt

ZEBRASTROM.de

PRÄSENTIERT

VS

37. SPIELTAG

"GEISTERSPIEL"

SA, 15.05.2021, 14:00 UHR

#GEMEINSAM
FÜR DUISBURG FÜR DEN MSV

STADTWERKE DUISBURG

KLASSENERHALT! Ich schreie es allen Fans jetzt einfach mal so ins Gesicht. Dank der gestrigen Niederlage der Meppener in Saarbrücken sind wir durch. Egal, wie unsere beiden letzten Spiele ausgehen. Meppen kann nicht mehr an uns vorbeiziehen, selbst wenn wir heute gegen Ingolstadt und das direkte Duell am letzten Spieltag in Meppen verlieren sollten. So endet eine eher anstrengende Saison zumindest nicht mit dem Schlimmsten. Oder wie Thomas es gestern im Chat so schön schrieb: *Klassenerhalt und vier Kilometer am Saisonziel vorbei. Aber besser vier als sechs.* Ich denke, das können wir so stehen lassen. Jedenfalls war das ein schöner Abend gestern, da ich mir die passive Rettung natürlich angeschaut habe. Und so machte das Anschauen des Online-Konzerts von Midge Ure in der Folge natürlich auch entsprechend mehr Spaß, weil das Bier deutlich besser schmeckte. *Darum bin ich heute auch mit entsprechenden Kopfschmerzen aufgewacht.*

Da das Spiel heute live im WDR übertragen wird, sollten wir zeittechnisch alle den gleichen Stand habe. *So sollte es sein.* Ich bin aber vier Sekunden vor Björn, was ihn dazu nötigt, von DBVT auf Satellit umzuschalten. So kommt er zumindest auf eine Sekunde an mich heran. Derweil ist das Spiel fünf Minuten alt und es ist noch nicht wirklich viel passiert. Während es für uns jetzt um nicht mehr als die Ehre geht, benötigt Ingolstadt zwecks Aufstieg unbedingt einen Sieg. Ärgster Konkurrent sind da die Münchener Löwen, weshalb ich als Motto ausgebe: *Siegen für Sascha.* Damit meine ich natürlich Sascha Mölders, der weder gegen uns getroffen noch mit seinen Löwen gegen uns punkten konnte. Zehn Minuten sind um und der Befreiungsschlag der

Ingolstädter kann unsererseits abgefangen werden. Der Ball kommt halbrechts an der Strafraumgrenze zu Sauer. Der zieht nach innen und zieht ab. Sein Schuss wird abgefältsch und … *landet im Tor.* Fast hätte ich das das Tor verpasst, weil ich mehr auf die Videokonferenz als auf das Spiel geachtet habe. Und ich halte fest: *1:0 für Sascha.* Die spielen allerdings erst morgen im Derby gegen die Bayern. Nach zwanzig Minuten halte ich fest, dass der MSV alles richtig macht und die Gäste kaum zur Geltung kommen lässt. Ich denke mal, dass das gestrige Ergebnis schon zur Sicherheit im Duisburger Spiel beiträgt. Andererseits kann ich zumindest bis jetzt nicht erkennen, dass es für Ingolstadt noch um den Aufstieg geht. Da vor den Toren nicht wirklich viel passiert, habe ich auch nicht viel aufzuschreiben und kann mich mehr mit den Anderen unterhalten. Auch mal entspannend, frei von Stress und negativen Emotionen ein Spiel verfolgen zu können. Ich muss schon sagen froh darüber zu sein, dass es in Meppen nicht zum Showdown kommt. *So sind es nur noch fünfzehn Minuten bis zur Pause.* Nach eienr Flanke von rechts kommt Palacios an den Ball. Er versucht es auch achtzehn Metern direkt, verfehlt das Tor aber deutlich. Nervend sind diese ständigen Versuche der Gäste, einen Strafstoß zu erschinden. Nach einem deutlichen Tackling und der Ingolstädter Bewschwerde ist selbst Dotchev über die Mikrofone zu hören: *„Ihr könnt doch nicht jedes Mal einen Elfmeter haben wollen"*, ist er zu hören. *Und da liegt er völlig richtig.* Auf der Gegenseite geht Stoppelkamps direkter Freistoß deutlich drüber. Bei Ingolstadt spielt mit Caiuby übrigens ein alter Bekannter mit. *Ist das echt schon zwölf Jahre her, dass er das gestreifte Trikot getragen hat?* Wahnsinn. *Zeit, wo bist du geblieben?* Das passt auch zum Spiel, denn auf einmal ist Halbzeit. Aber erst, nachdem Weinkauf nach einem Kopfball der Gäste per Glanztat auf der Linie den Ausgleich verhindern muss.

Die zweite Halbzeit beginnt sogleich mit einer Ingolstädter Flanke von rechts. In der Mitte kommt wiederholt ein Ingolstädter zu Fall. *Und es gibt den Strafstoß und die Gelbe Karte gegen Schmidt.* Ich sag mal so: *Das stetige Fallen hat sich dann doch ausgezahlt.* Oder um Björn zu zitieren: *„An der Theke wäre der nicht umgefallen."* Auch in der dritten Wiederholung kann ich beim besten Willen kein Foul erkennen. *Vermutlich ist es dann doch die Summe der Versuche.* Weinkauf ist am stramm geschossenen Schuss dran, kann den Ausgleich aber nicht verhindern. Und das mit der Konsequenz, dass die Gäste jetzt besser im Spiel sind und uns kaum Zeit zum Spielaufbau lassen. So kommen sie wenige Minuten nach dem Ausgleich über links in den Strafraum und aus spitzem Winkel zum Schuss. *Und der geht ins lange Eck.* Das ist doch scheisse. Und kaum läuft das Spiel wieder, kommen die Gäste jetzt über rechts in den Strafraum. Knapp von der Grundlinie kommt der Flachpass in die Mitte, wo am ersten Pfosten ein Ingolstädter schneller am Ball ist und aus fast unmöglichem Winkel das 1:3 erzielt.

Was ist los? Da verschlafen die Zebras mal nicht die Anfangsphase der ersten Halbzeit, da machen sie es in der zweiten. *Drei Gegentreffer in zehn Minuten.* Das ist krass und ein Rückfall in vergessene Zeiten. Vermutlich können wir noch froh sein, wenn diese Saison endlich vorbei ist und wir als letztes Ziel den Niederrheinpokal holen, um erneut am DFB-Pokal teilnehmen zu können. Keine Ahnung, warum wir seit dem Sieg in Wiesbaden kaum noch was auf die Kette bekommen. Dotchev bringt in der Folge Bitter für den verletzten Schmidt sowie Mickels und Ademi für Palacios und Tomic. Aber tatsächlich können wir froh sein, dass es nach zwei weiteren Chancen nicht schon 1:5 steht. *Jetzt* wäre ein guter Zeitpunkt, um mal wieder am Spiel teilzunehmen. Das würde ich auch dem Schiedsreichter empfehlen, der nach einem klaren taktischen Foul an Bitter auf die Gelbe Karte gegen Ingolstadt verzichtet. *Warum?* Das ist mir echt zu hoch. *Zwanzig Minuten sind um.* Nach einem langen Pass stürmt Ingolstadt dem Tor entgegen. Bitter stellt ihn, läuft aber zweifach ins Leere, sodass der anschließende Schuss aus pitzem Winkel an Weinkauf vorbei zum 1:4 im Tor landet. *So langsam wirkt das aber komisch. Noch zwanzig Minuten.* Nach einem Ingolstädter Fehler stehen dann drei Duisburger vor zwei Ingolstädtern. Bouhaddouz legt nach links zu Stoppelkamp, der offensichtlich das lange Eck anvisiert. Aber das so lasch, dass der Keeper problemlos abwehren kann. Weitere fünf Minuten kommen noch Engin und Krempicki für Stoppelkamp und Frey. Zu beschreiben, wie kurz danach das 1:5 zustande kommt, erspare ich mir. *Das sind Auflösungserscheinungen.* Laut Kommentator geht es jetzt nur noch um Schadensbegrenzung. Das wirkt angesichts des Spielstands schon etwas höhnisch. *Der Schaden ist schon da.* Immerhin schaffen wir es, das Spiel ohne weitere Gegentreffer zu beenden. *Sorry, Sascha.*

Endstand: MSV Duisburg - FC Ingolstadt 1:5 (1:0)

MSV: Weinkauf, Sauer, Schmidt (57. Bitter), Fleckstein, Scepanik, Jansen, Frey (75. Engin), Tomic (59. Ademi), Palacios (59. Mickels), Stoppelkamp (75. Krempicki), Bouhaddouz

Ingolstadt: Buntic, Heinloth, Paulsen, Schröck (82. Kotzke), Gaus, Stendera, Krauße, Kaya (46. Bilbija), Caiuby (46. Franke), Butler (46. Eckert), Kutschke (75. Beister)

Tore: 1:0 Sauer (10.), 1:1 Kutschke (47. FE), 1:2 Bilbija (54.), 1:3 Gaus (55.), 1:4 D. Eckert (65.), 1:5 Bilbija (76.)

Gelbe Karten: Krempicki, Schmidt - Bilbija

Schiedsrichter: Eric Müller (Bremen)

Zuschauer: Keine

19. Mai 2021- Niederrhein-Pokal (Halbfinale)
Wuppertaler SV - MSV Duisburg

Heute bin ich, *natürlich coronakonform*, beim Björn. Dank eines Livestreams und heutiger Anstoßzeit um 19h kann ich das Spiel auch verfolgen. Letzte Woche war es wegen meines Spätdienstes und der extrem frühen Anstoßzeit nicht möglich. Die Aufstellung der Zebras beinhaltet ein paar Änderungen. So steht Deana im Tor und Welkov in der Viererkette. Es ist auch egal wer spielt, heute ist ein Sieg Pflicht. Denn die Teilnahme an DFB-Pokal sollte dann doch noch irgendwie bewerkstelligt werden. Interessant ist, dass Marc Zeller und sein Wuppertaler Pendant das Spiel gemeinsam kommentieren. Etwas gewöhnungsbedürftig ist die Qualität des Streams, weil das Bild doch stark ruckelt.

Nach zehn Minuten ist noch nicht viel bis gar nichts passiert. Es gibt halbrechts einen Freistoß für uns, den Stoppelkamp in den Strafraum bringt. Der folgende Kopfball, *ich kann nicht den Abnehmer erkennen*, geht am Tor vorbei. Und im Gegenzug muss der MSV nach einem schnellen Angriff im letzten Moment zur Ecke klären. *Zwanzig Minuten sind um.* Der MSV hat das Spiel unter Kontrolle, ohne selbst Chancen zu bekommen. Derzeit nervt aber auch der Livestream, der ständig stehenbleibt. So auch, als der MSV mit Ademi über rechts in den Strafraum kommt und der Ball nach einem mißglückten Schussversuch und eines ebenso mißglückten Klärungsversuchs der Wuppertaler mühselig die Torlinie überquert. Aber weil der Stream in der Folge alle zehn Sekunden für zwanzig Sekunden stehenbleibt, bekommen wir zunächst keine Wiederholung. *Eine Frechheit, dass wir dafür zehn Euro bezahlen.* Nach zehn Minuten pegelt sich der Stream zum Glück wieder ein. Das Spiel selbst ist wie die Qualität des Bilds bei 640 x 480 Pixeln. Und Ademi kommt nach Pass von Stoppelkamp im Strafraum aus der Drehung zum Schuss, aber auch dieser geht vorbei. *Eine halbe Stunde ist um.* Wuppertal kommt nach vorne und der MSV bekommt auch im dritten Versuch den Ball nicht weg. So landet der Distanzschuss zum Ausgleich im Tor. *Was für ein Schrott.* Und das, nachdem Zeller seinem Kollegen gerade erklärt hat, dass die Wuppertaler die beste Chance zum Sieg vertan haben, da sie in der Anfangsphase nicht gegen uns getroffen haben. Weil der Stream gerade vier Minuten hinter der Realität ist, aktualisiert Björn den Stream. Wir sehen jubelnde Wuppertaler und vermuten die Wiederholung des Ausgleichs. *Mitnichten.* Es ist der Jubel zur Wuppertaler Führung. *Jetzt im ernst?* Das kann doch nicht deren Ernst sein. *Doch.* Das Spiel des MSV ist jetzt eine einzige Katastrophe mit offensiven und Defensiven Offenbarungseiden. *Was ist seit dem 3:0 in Wiesbaden passiert?* Zu recht lassen die Kommentatoren kein gutes Haar an den Zebras. *„Deana ist die ärmste Sau auf dem Platz"*, so Zeller. *„Und der spielt passenderweise ein Rosa"*, fügt sein Co-Kommentator hinzu. Es macht gerade überhaupt keinen Spaß und wir können froh sein, dass es nur 1:2 steht. Leider schafft es Bouhaddouz nicht, seinen Angriff mit einem Torschuss abzuschliessen. Die brauchen in der Halbzeit gleich *den* Arschritt, denn Ingolstadt im letzten Spiel gegen uns bekommen hat.

Etwas überraschend kommen die Zebras ohne Wechsel auf den Platz zurück. Und gleich die erste Szenen haben auch die Wuppertaler. Nach einer Ecke drischt ein Spieler der Gastgeber den Ball in die Mitte. Der wäre auf der anderen Seite ins Seitenaus geflogen, würde der vom Rücken von Scepanik nicht abgelenkt werden und am zweiten Pfosten im Tor landen. *Es ist nicht zu fassen.* Im Gegenzug kommt Bouhaddouz im Strafraum zum Kopfball, der aber daneben geht. *Wenn es nicht läuft, dann läuft es eben nicht.* Nach zehn Minuten machen die Zebras aber deutlich mehr Druck. Aber entweder wird der Zeitpunkt des richtigen Passes versäumt oder der abgesetzte Schuss landet in der vielbeinigen Abwehr der Gastgeber. Den nächsten Versuch startet Engin mit einem Distanzschuss. Der geht drüber, aber der Schiedsrichter entscheidet auf Elfmeter. Mangels Wiederholung kann ich mir kein Urteil erlauben. Stoppelkamp läuft an und … *unten links drin.* „Knapp", so Björn. *„Souverän"*, so ich. *Eine Stunde ist um.* Wuppertal flankt von links, kommt zum Kopfball und es steht 2:4. *Was für ein dilettantisches Abwehrverhalten.* Für Ademi, Engin und Krempicki kommen Karweina, Mickels und Palacios. Es ist noch nichts verloren, aber bei diesem Abwehrverhalten kann ich kaum glauben, dass wir dieses Spiel noch drehen werden. Und meine Hoffnung blüht kurz auf, als Stoppelkamp völlig frei vor dem Tor steht. Er kann es direkt machen, stoppt aber und will ins lange Eck schieben.

Der Ball geht vorbei. *Es passt zum Moment des Grauens.* Beispiel: Der Freistoß von Mickels von rechts geht viel zu weit nach links und der erlaufene Ball von links dann viel zu weit nach rechts. Das ist rational nicht mehr zu erklären. *So verrint die Zeit.* Mittlerweile laufen die letzten fünfzehn Minuten. *Es gibt nichts, was mit Mut macht.* Und wenn dann doch ein Schuss auf das Wuppertaler Tor kommt, ist der Keeper zu Stelle. Acht Minuten vor dem Ende fällt dann das 2:5 und das ist der Punkt, an dem selbst ich den Kaffee endgültig auf habe und meine schreibtechnische Aktivität einstelle. Da kann doch innerhalb der Mannschaft was nicht mit rechten Dingen zugehen.

Endstand: Wuppertaler SV - MSV Duisburg 6:2 (2:1)
Wuppertal: Patzler, Salau, Uphoff, Pytlik, Römling, Pires, Saric (79. Akritidis), Müller, Ametov (56. Holtkamp), Königs (88. Aramburu), Hagemann (86. Gencal)
MSV: Deana, Tomic, Fleckstein, Welkov, Scepanik, Engin (62. Mickels), Krempicki (62. Palacios), Frey (84. Kamavuaka), Stoppelkamp, Bouhaddouz, Ademi (62. Karweina)
Tore: 0:1 Salau (20., ET), 1:1 Königs (31.), 2:1 Ametov (35.), 3:1 (Scepanik (48., ET), 3:2 Stoppelkamp, (58., FE), 4:2 Königs (61.), 5:2 Salau (83.), 6:2 Pires (87.)
Gelbe Karten: Pytlik - Tomic, Welkov
Zuschauer: Keine

Natürlich war nach dem Spiel in Wuppertal in den sozialen Netzwerken die Hölle los. Allerdings auch sehr viel unter der Gürtellinie. Sachliche Kritik kann und muss berechtigt sein, aber dann bitte mit Anstand. Leider scheint sich nur der Trainer zu Wort gemeldet zu haben. *Er schäme sich für die erbrachte Leistung.* Vielleicht haben die Spieler aber auch einen Maulkorb erhalten, um noch größeren Schaden abzuwenden, damit die Saison noch halbwegs über die Bühne gebracht werden kann. Und ich frage erneut: *Was ist nach dem Spiel in Wiesbaden nur passiert?* Zum Glück geht es für uns heute um nichts mehr. Aber dennoch wäre es rufschädigend, wenn wir auch heute durch desolates Auftreten den Abstiegskampf zwischen Bayern II, Meppen und Uerdingen beeinträchtigen würden. Übrigens, das Finale im Niederrheinpokal bestreitet neben Wuppertal Strealen, die im Elfmeterschiessen gegen RW Essen gewonnen haben. *Und wo findet es statt?* In Duisburg. *Na toll.* Aber kommen wir auf das heutige Spiel. Natürlich hoffe ich, dass die Mannschaft doch noch irgendwie eine Reaktion zeigt, weil es das letzte Spiel der Saison ist, wir uns bezüglich des Abstiegsgeschehens nichts vorwerfen lassen wollen und weil es einfach schöner ist, mit einem gutem Ergebnis die Saison zu beenden. In der Startaufstellung finden sich heute Ghindovean, Gembalies und Kamavuaka wieder. Dazu kehrt Weinkauf ins Tor zurück. Das ist jetzt nicht der ganz große Rundumschlag, *aber was soll's.*

Der Ball rollt. Die erste Halbchance hat der MSV, weil der Meppener Keeper auf dem nassen Rasen eine bessere Rückgabe von Stoppelkamp nicht festhalten kann. Im

Gegenzug muss Weinkauf dann einen Schuss der Gastgeber mit beiden Fäusten abwehren. *Richtig aufgregend, insofern davon noch gesprochen werden kann,* ist es nach sieben Minuten zumindest für die Meppener, weil diese Elfmeter forden. Es gibt nach dem Zweikampf mit Schmidt aber Abstoß. Eine endgültige Aufklärung dieser Szene gibt es nicht. Albern ist, dass Meppener Zuschauer eng beieinander vor dem Stadion stehen dürfen. Entweder, die werden reingelassen, um deutlich mehr Abstand zu bekommen oder die Versammlung muss aufgelöst werden. *Aber so ist es total lächerlich.* Glück haben die Zebras dann, als ein Meppener Treffer wegen Abseits nicht zählt. *Knappe zwanzig Minuten sind um.* Meppen kommt im Strafraum zum Schuss, aber Gembalies kann zur Ecke abwehren. *Der hätte vermutlich gesessen.* Zeitgleich spielt Mannheim gegen Uerdingen, wo es auch noch 0:0 steht. Zumindest kann uns derzeit nichts in Richtung Wettbewerbsverzerrung vorgeworfen werden. Dennoch würde ich gerne auch mal wieder über eine Duisburger Offensivaktion berichten. Da ist aber gerade totale Flaute angesagt. Die anfängliche Drang- und Druckphase der Zebras ist verschwunden. So endet das erste Viertel des Spiels. Nach einem hohen Ball in unseren Strafraum kommt Meppen zum Kopfball, trifft das Tor aber nicht. Der mitgelaufene Schmidt erweckt dabei nicht den Eindruck höchster Motivation. *Aber das ist vermutlich nur meine subjektive Wahrnehmung.* Nach dreißg Minuten haben die Zebras zumindest wieder deutlich mehr Spielanteile, kommen aber trotzdem nicht zum Abschluss. Und im Gegenzug fordern die Meppener schon wieder einen Elfmeter, wobei nicht jeder Körperkontakt auch ein Foul ist. Oder um Freiburgs Trainer Streich zu zitieren: *„Es lag ein Körperkontakt vor? Nun gut, ich dachte, dass es ein Foul sein müsste."*

Noch zehn Minuten bis zur Pause. Meppen bekommt halbrechts einen Freistoß zugesprochen. Der Ball kommt scharf nach innen. *Was macht Sauer?* Der grätscht im Fünfmeterraum rein und schiesst seinen eigenen Keeper an. Und der Abpraller fällt einem Meppener vor die Füsse, der direkt abnimmt und auch direkt Weinkauf anvisiert. Allerdings kann er den Ball erst hinter der Linie unter Kontrolle bringen und sogleich haben wir einen weiteren Gegentreffer der Kategorie Slapstick. Ich denke, dass wir auch in dieser Statistik weit vorne liegen. Es bleibt also wie gehabt: *Anstrengend und depremierend.* Ich hoffe auf eine sofortige Reaktion des MSV, die erwartungsgemäß ausbleibt. *Im Gegenteil.* Eher hätte Meppen durch einen weiteren Distanzschuss fast den zweiten Treffer erzielt. So sind es noch drei Minuten bis zur Pause und wir sind noch immer ohne Torabschluss. Das ändert sich auch nach Tomic Flanke von der linken Torauslinie nicht, weil der Ball nach einem potenziellen Rückpass beim Meppener Keeper landet. *Pfeiff ab, die Scheisse.*

Die zweite Hälfte beginnt der MSV unverändert. Ob ich damit nur die Aufstellung meine, lasse ich mal dahingestellt. Ok, *ich löse es auf.* Die ersten fünf Minuten der zweiten Hälfte gehören ganz klar den Meppenern. Möglicherweise ist es nicht deren Absicht, aber die Zebras lassen die eigene Spielweise wie Alibifußball aussehen. Nach Absicht sieht es nicht aus, was die Sache aber auch nicht besser macht. *Vielleicht nur weniger schlimm.* Sauer hat den Ball und spielt den perfekten Pass in den Lauf. *Aber doch nicht in den des Meppeners!* Doch. Der spurtet dann bis zum Sechzehner und spielt den Ball flach an Weinkauf zum 0:2 ins Tor. Wenn wir meinen, es könne doch nicht mehr schlimmer kommen, dann belehren uns die Zebras eines besseren. *Und was ist heute mit Sauer los?* Er hat heute beide Gegentreffer vorbereitet. Eigentlich sollten wir keinen Grund mehr zur Aufregung haben. *Aber die Zebras schaffen es einfach, die Fans immer noch weiter zu quälen.*

Nach einer Stunde kommen Ademi und Palacios für Stoppelkamp und Bouhaddouz. *Irgendwas muss ich ja schreiben.* Der MSV versucht zwar irgendwie den Ball in den Strafraum zu bekommen, aber es bleibt bei Versuchen. Interessanter ist da schon die Nachricht, dass Uerdingen in Mannheim führt. Demnach kann Meppen machen, was sie wollen, *sie würden absteigen.* Wenn es so bleibt, wird das hier der Ort der Tristesse. Meppen siegt und steigt trotzdem ab. Wir bekommen ohnehin nichts auf die Kette und sind einfach nur froh, wenn wir, *zwischenzeitlich wieder Sechzehnter,* die Saison endlich beenden können. *Und dazu regnet es in Strömen.* Spaß am Fußball, Spaß am Hobby sieht definitiv anders aus. Das kann ich mir nichtmal mehr schön trinken. *Noch zwanzig Minuten.* Ich denke, die Meppener haben mitbekommen, dass Uerdinger führt. Anders ist es nicht zu erklären, dass die Zebras seit einigen Minuten die gegnerische Hälfte belagern. Palacios kommt aussichtsreich zum Schuss, trifft aber auch nur den Keeper. Kurz danach kommt noch Karweina für Ghindovean, derweil das Grau der gestreiften Seele immer deprimierender wird. Aber Karweina setzt sich links im Strafraum durch und bringt den Ball flach und stramm in die Mitte. Da steht Palacios völlig frei und kann aus zwölf Metern flach ins linke Eck versenken. *Immerhin.* Vielleicht können wir doch noch den einen Punkt holen, um wieder vor Uerdingen zu landen. Irgendwie muss man sich die letzten fünfzehn Minuten nochmal motivieren. Frey kommt für Kamavuaka auf den Platz. *Noch zehn Minuten.* So richtig kommen wir jetzt nicht wieder vor das Tor. Eher wacht Meppen wieder auf und versucht das zu tun, was sie selbst beeinflussen können. *Nämlich den Sieg zu manifestieren.* Dann keimt kurzfristig Hoffnung auf, als Ademi sich anschickt, auf das Meppener Tor zuzustürmen. Der Linienrichter entscheidet aber auf Abseits, was Dotchev überhaut nicht gefällt, weshalb er meckert und die Gelbe Karte bekommt. Ob es Abseits gewesen sein könnte, erfahren wir mangels Wiederholung nicht. *Was gibt es sonst zu berichten?* Nichts. *Doch!* Mannheim erzielt den Ausgleich gegen Uerdingen. Demnach fehlt den Meppern nur noch ein Tor zum Klassenerhalt. *Das muss allerdings Mannheim erzielen.* Insofern es für uns etwas Positives zu berichten gibt, dann die Tatsache, dass wir dadurch wieder Fünfzehnter sind. Wie unschwer zu erkennen versuche ich, die letzten Minuten irgendwie über die Bühne zu bekommen. *Eine ist es noch.* Aber wir kommen nicht mehr nach vorne und dann hat das Leid, das Elend endlich ein Ende. Aber in Mannheim läuft das Spiel noch. *Der vollständigkeit halber warte ich noch ab.* Es bleibt aber beim 1:1 und Meppen steigt ab. *Soll ich zum Ausklang der Saison noch ein paar Worte sprechen?* Hm, ich denke nicht. Hoffen wir einfach, dass es nächste Saison wieder besser läuft. Denn das machen die Fans des MSV eben: *Nach vorne schauen.*

Endstand: SV Meppen - MSV Duisburg 2:1 (1:0)

Meppen: Domaschke, Ballmert, Al-Hazaimeh, Bünning, Jesgarzewski, Egerer, Andermatt (65. Piossek), Hemlein (82. Krüger), Tankulic (82. Düker), Rama (65. Bozic), Guder (90.+2 Tattermusch)

MSV: Weinkauf, Sauer, Schmidt, Gembalies, Scepanik, Kamavuaka (78. Frey), Jansen, Tomic, Ghindovean (73. Karweina), Stoppelkamp (60. Palacios), Bouhaddouz (60. Ademi)

Tore: 1:0 Tankulic (35.), 2:0 Tankulic (52.), 2:1 Palacios Martínez (74.)

Gelbe Karten: Andermatt- Kamavuaka, Ghindovean, Sauer, Schmidt

Schiedsrichter: Robert Kampka (Mainz)

Zuschauer: Keine

Abschlusstabelle

Platz	Verein	Tore	Diff.	Punkte
1.	Dynamo Dresden	61:29	32	75
2.	Hansa Rostock	52:33	19	71
3.	FC Ingolstadt	56:40	16	71
4.	1860 München	69:35	34	66
5.	1. FC Saarbrücken	66:51	15	59
6.	Wehen Wiesbaden	57:53	4	56
7.	SC Verl	66:55	11	55
8.	Waldhof Mannheim	50:55	- 5	52
9.	Hallescher FC	51:58	- 7	52
10.	FSV Zwickau	46:45	1	51
11.	1. FC Magdeburg	42:45	- 3	51
12.	Viktoria Köln	52:59	- 7	51
13.	Türkgücü München	45:55	-10	47
14.	1. FC Kaiserslauterm	47:52	- 5	43
15.	MSV Duisburg	52:67	-15	43
16.	SV Meppen	37:61	-24	41
17.	Bayern München II	47:58	-11	37
18.	VfB Lübeck	41:57	-16	35
19.	SpVgg Unterhaching	40:57	-17	32
20.	KFC Uerdingen*	38:50	-12	41

*Dem KFC Uerdingen wurden am 12. Februar 2021 gemäß § 6 Nr. 6b der DFB-Spielordnung wegen eines Antrags auf Eröffnung eines Insolvenzverfahrens 3 Punkte abgezogen. Uerdingen konnte die erforderliche wirtschaftliche Leistungsfähigkeit im Rahmen des Verfahrens nicht nachweisen und hat daher keine Zulassung für die Saison 2021/22. Demnach wird der KFC an das Ende der Abschlusstabelle gesetzt.

Relegation Aufstieg:

FC Ingolstadt - VfL Osnabrück   3:0 (2:0)
VfL Osnabrück - FC Ingolstadt   3:1 (2:1)
Sieger: *FC Ingolstadt*

Bisher erschienen

2008/2009 Einmal Zebra, immer Zebra

2009/2010 Doppelpack

2010/2011 Drei Ecken, ein Elfer

2011/2012 Nur der MSV

2012/2013 Steht auf, wenn Ihr Zebras seid

2013/2014 Das Jahr danach

2014/2015 Alles auf Anfang

2015/2016 Vorbei

2016/2017 Das Double

2017/2018 Klassenerhalt

2018/2019 Datt war nix

2019/2020 Freude, Frust und Fragezeichen

2020/2021 Abpfeifen

9 783754 325353